普通高等教育"十四五"规划教材

播音与主持艺术专业核心教材

当代播音主持艺术概论

[第二版]

毕一鸣 著

DANGDAI BOYIN ZHUCHI
YISHU GAILUN

[DI-ER BAN]

中国传媒大学出版社
· 北京

图书在版编目(CIP)数据

当代播音主持艺术概论 / 毕一鸣著. -- 2版. -- 北京：中国传媒大学出版社，2022.4（2024.9重印）
普通高等教育"十四五"规划教材　播音与主持艺术专业核心教材
ISBN 978-7-5657-2988-1

Ⅰ.①当… Ⅱ.①毕… Ⅲ.①播音—语言艺术—高等学校—教材　②主持人—语言艺术—高等学校—教材　Ⅳ.①G222.2

中国版本图书馆 CIP 数据核字（2021）第 140107 号

当代播音主持艺术概论（第二版）
DANGDAI BOYIN ZHUCHI YISHU GAILUN(DE-ER BAN)

著　　者	毕一鸣
策划编辑	赵　欣
责任编辑	张　笛　赵　欣
封面设计	拓美设计
责任印制	李志鹏
出版发行	中国传媒大学出版社
社　　址	北京市朝阳区定福庄东街1号　邮　编　100024
电　　话	86-10-65450528　65450532　传　真　65779405
网　　址	http://cucp.cuc.edu.cn
经　　销	全国新华书店
印　　刷	北京中科印刷有限公司
开　　本	787mm×1092mm　1/16
印　　张	15.5
字　　数	350千字
版　　次	2022年4月第2版
印　　次	2024年9月第4次印刷
书　　号	ISBN 978-7-5657-2988-1/G・2988　定　价　58.00元

本社法律顾问：北京嘉润律师事务所　郭建平

**毕一鸣**，教授，南京师范大学新闻与传播学院原副院长、博士生导师。曾担任教育部高等学校广播影视类专业教学指导委员会委员，国家广播影视总局岗位考核专家、江苏省广播电影电视协会常务理事等，并在多所传媒院校任客座教授、研究员。

具有多年媒体实践工作经验，曾在新闻媒体从事播音、主持、采编以及管理工作。

2001年调入南京师范大学新闻与传播学院。主要从事新闻与传播学、广播电视艺术学等领域的研究。先后出版《现代广播电视论纲》《世界广播电视发展史》《语言与传播——广播电视播音与主持艺术新论》《传必求通》等20多部专著，主编4套系列丛书以及30多部教材，在核心期刊发表100多篇专业论文。在媒体传播实践中，获得20多项国家和省级作品奖，主持策划的《晚间经济桥》节目获得江苏省"十大优秀专栏"称号。

目 录 Contents

序　张　颂　/ 1

前　言　/ 1

绪　论　/ 1
　第一节　广播电视新媒体的概念　/ 1
　第二节　播音的概念　/ 1
　第三节　主持的概念　/ 9
　第四节　播音与主持的关系　/ 12
　第五节　学科性质　/ 12

上编　播音中的语言艺术

第一章　广播电视新媒体语言概说　/ 20
　第一节　广播电视新媒体语言的研究范畴　/ 20
　第二节　广播电视新媒体语言的语用功能　/ 23

第二章　广播电视新媒体语言的口头形式——播音语言　/ 29
　第一节　播音语言是社会语言　/ 29
　第二节　播音语言是媒介语言　/ 32
　第三节　播音语言是艺术语言　/ 56

第三章　广播电视新媒体播音语境　/ 67
　第一节　现代媒介环境　/ 68
　第二节　广播电视新媒体语境　/ 74
　第三节　广播电视新媒体语境制约下的功能语体　/ 88

第四章　广播电视新媒体播音语体　/ 94
第一节　播读语体　/ 94
第二节　阐说语体　/ 99
第三节　谈话语体　/ 128

下编　主持中的传播艺术

第五章　传播学原理与主持人节目　/ 150
第一节　传播学意义上的媒介人物——Anchorman　/ 150
第二节　传播学意义上的节目形态——双向交流　/ 157

第六章　主持是传必求通的艺术　/ 163
第一节　主持人传播的目的、方法与手段　/ 163
第二节　主持人"传通"的途径　/ 167

第七章　主持是整合节目的艺术　/ 172
第一节　整合节目的传播学原理　/ 172
第二节　节目形态的整合　/ 174
第三节　节目流程的整合　/ 179
第四节　节目信息要素的整合　/ 186

第八章　主持是引导舆论的艺术　/ 193
第一节　社会舆论场与主持人节目　/ 193
第二节　引导舆论的传播学原理　/ 199
第三节　把握舆论导向　/ 204
第四节　坚守文化品位　/ 206
第五节　完善法制观念　/ 209

第九章　世界各国的传播制度与播音策略　/ 212
第一节　威权主义传播制度与播音策略　/ 213
第二节　自由主义传播制度与播音策略　/ 215
第三节　社会责任传播制度与播音策略　/ 217
第四节　共产主义传播制度与播音策略　/ 220
第五节　中国传播制度的发展与播音策略　/ 223

后　记　/ 231

序

张　颂

毕一鸣同志的著作《语言与传播——广播电视播音与主持艺术新论》[①]，是一本深入研究广播电视语言传播的新作，是对播音主持艺术理论进行前沿性探索的力作。

我认为，这本书不但搜集了大量的相关资料，而且汇聚了诸多不同的观点，然后条分缕析地给以归纳和判别，从而使作者的立论更显得坚实、充分。因此，读完这本书，不仅可以增长知识，还能够拓宽学术视野，有利于实践经验的提升，开阔理论研究的思路。我确实感到，这本书值得认真一读。

一

我们首先遇到的问题，是一个长期困扰人们而又似乎争论不休的"概念"，即"播音"与"主持"，如何界定？

1980年7月12日中央电视台开办了《观察与思考》节目，并且在屏幕上正式打出了"主持人"字样，成为中国广播电视史上第一个主持人节目。从那时以来，究竟什么是"主持人"，一直是仁者见仁、智者见智，各抒己见，众说纷纭，至今也没有统一的定论。当时，"主持人"一词，确是"舶来品"，因此，才有"能力""权力""采编播合一""个人身份""记者型""小音量、近话筒、一对一、快节奏""即兴口语""交谈式""平等、平视"等说法。到现在，仍然不能形成理论上比较一致的意见。毕一鸣同志认为，"播音是一种应用语言艺术，而主持则是一种传播行为，需要在传播过程中加以考察"。他指出："必须从多学科的角度，借

[①] 本书是《语言与传播——广播电视播音与主持艺术新论》的修订版。《语言与传播——广播电视播音与主持艺术新论》于2005年出版，被数十家院校选为"播音主持艺术概论"课程的教材，故修订版将书名改为《当代播音主持艺术概论》。

助语言学和传播学的最新理论来加以研究和分析,并尽可能用实践的例证加以说明。"这又从另一个视域帮助人们认识这一对概念,确实有他的道理。

我们现在已经剔除了某些不合理的界定,如:"播音是有稿子的","播音是念稿"而"主持是无稿的";"主持是即兴口语";"播音与主持有本质的不同,有原则的区别";"播音员的时代已经过去,主持人的时代正在到来"等。虽然还有把二者截然划分开来的观点,却并不再走红了,原因是在广播电视的实践中,在广大受众的心目中,区分它们、廓清它们的必要性和重要性,正在逐渐淡漠,而只有强调大众传播的公众形象,强调广播电视传播中的喉舌意识、群体意识、服务意识,强调"三贴近",才能真正专注于播音主持艺术的新闻敏感、道德修养、文化水准,尤其专注于语言功力深刻内涵的开掘与阐发。我们一再强调,"播音员"也好,"节目主持人"也罢,都是"党、政府和人民的喉舌",都是"以有声语言(包括副语言)为主干或主线,出头露面,驾驭节目进程的人",都应该走"以播为主,一专多能"的道路,坚持"有稿播音锦上添花,无稿播音出口成章"的高质量传播。也就是说,既可以把文字稿件转化为有声语言,也可以把内部语言外化为有声语言,在"以事醒人、以理服人、以情感人、以美愉人"的传播中,充分发挥有声语言(包括副语言)"创作主体"的聪明才智、语言功力,展现自身的艺术个性、风格魅力,达到"信息共享、认知共识、愉悦共鸣"的传播目的。

至于"语体"特征,主要是"朗诵式""宣读式""讲解式""谈话式"的语言样式同"高雅庄重""平实正规""通俗灵动""消闲自在"的语言体式的具体融合。把"播"与"说"对立起来,并用以区分播音和主持,不但造成语言表达的单一,而且极大地限制了有声语言创作的天地,容易消解创作主体的风格特色。事实上,创作主体必须以本真的身份融入节目中,并且应该加以调整,即强化、美化节目中所需要的那部分自我,淡化、弱化节目所不需要的那部分自我,才能为创作主体以真实的身份、真诚的态度、真挚的感情、真切的语气塑造出来的公众形象,打下坚实的基础。

如果我们非要区分"播音员"和"节目主持人",那就要研究传播史,研究传播规律。自从广播出现以后,就有了"播音员"或"广播员"的指称。后来,"电视播音员""体育播音员"等相继出现。此外还有"解说员""评论员"等。当节目中出现"节目主持人"的时候,似乎又有一个新的岗位,需要新的指称了。而且,除了命名,还要"证明"其"新",努力寻找其"特点",以便发挥其优势,促其成熟。但是,这很容易走向脱离历史、脱离规律的"形式化""浅表化""模式化"的概括。一个新形式刚刚出现,就意味着它的内涵还在发育、成长。这一形式同已经存在的形式之间究竟是什么关系,还需要认真考察、分析,急于求成,拔苗助长,往往会事与愿违。更何况,现在广播电视节目的形态正迅速发生前所未有的变化,如果把"播音"简单看作"播读稿件",把"主持"简单看作"即兴谈话",那么,它们不是也在发生融合和交叉吗?各种样式和样态不是正在进行互补和互通吗?今天,再锲而不舍地追寻"二元对立",还有没有理论和实践的价值呢?!

二

广播电视语言传播,主要是指播音主持的"有声语言创作"。当我们说到有声语言的时候,一般就包含着"副语言";当我们说到创作的时候,一般就是指把文字语言转化为有声语言,或者把内部语言外化为有声语言的"明确目的——艰苦劳动——转变形态——取得成果"的创作历程。"有声语言创作"包括三个维度:话语权力的显性、隐性维度;语言功力的功底(天赋条件、养成要素)、能力(观察、理解、思辨、感受、表现、鉴赏、调检、回馈)维度;表达典范(民族化、风格化、意境美、韵律美)维度。其中,既有传播观念、传播形态,又有创作主体、语言样式;既有传承经验、传受关系,又有文化蕴涵、美学理想。我们认为,中国播音学(或曰播音主持艺术理论)作为新兴学科,它是建立在四大学科群(哲学美学、新闻与传播学、语言学与应用语言学、文学艺术)的基础之上的,正因为如此,任何单一学科的归属,都会极大地限制它的长足发展。

例如,在有声语言的创作中,面临的一个重要问题就是"样式"和"体式",我们不能简单地加以"文体"类别阐释,也不能笼统地进行"语体"类别划分。从中华民族的语言流变、新中国播音经验和普通话实践来看,我们的有声语言样式一定涵盖"朗诵式""宣读式""讲解式""谈话式";我们的有声语言体式一定涵盖"高雅庄重""平实正规""通俗灵动""消闲自在"。在不同的传播内容和形式的节目中,这些样式和体式总会以各种特有的形态汇聚、凝结在一起,尽管主体形态凸显情况不一,却很难加以拆割分离。面对各种文体,它们会各显其能、各展所长;处于各种语境,它们能扬长避短、避实就虚。就说新闻文体,只要抓住"新鲜感"这一要素,并落实到具体内容,那么,采取任何一种样式,融入任何一种体式,都是可以准确、鲜明、生动地表达出来的。囿于"说",就会被当下、零散、浅表、轻快所束缚,有时甚至在"流畅"的遮蔽下,丢失了主次、分寸,遗落了基调、底蕴。有时也会在"亲切"的满足中,忘记了身份、感受,放弃了性灵、风格。因此,我们必须强化语言功力,在刻苦的磨炼中,使有声语言样式和体式进行高效、高质的融会贯通,从而达到"有稿播音锦上添花,无稿播音出口成章"的境界。

广播电视语言传播,应该成为有声语言表达的典范,绝非仅指学习和推广普通话。在普通话方面,我们确实应该成为模范、表率。一字之失,全篇为之阻塞;一音之舛,全句为之嵯峨。我们应该做到传者与受众的"信息共享",同时,我们还应该做到传者与受众的"认知共识"和"愉悦共鸣"。我们的社会责任是进行有效、有益的语言传播；我们的历史责任又是引领全民族语言素质大面积、大幅度地提高。广大人民群众，在收听、收看广播电视节目时，长期地耳濡目染、潜移默化，可以不断地获得知识、开阔眼界、积累体验、增长智慧、加强美感。同时，学习并涵化语言、锤炼并提升表达，这是完全可以预期的，完全能够实现的。我国自从"书同文"以后，有声语言的传承几乎只存在于文字的表述之中。人们的日常语言里，虽然保存着这方面的财富，却已经被人际交流的汪洋大海淹没了，竟造成了难于"以今识古""由己辨人"的状况。我们的有声语言表达如果屈从于、同流于这个现状，毫无精粹、典范可言，就不能不说是一种失职。而真正有生命活力的有声语言，就在其中；真正能够流传久远的有声语言，也在其中。只有如此，才称得上贴近生活、贴近现实、贴近群众，才可能倾听时代的脉搏跳动，应和时代的气韵节奏。

三

广播电视传播，特别是有声语言传播，很容易走上"时尚"和"流行"的路径。当"写规范字，说普通话"的口号妇孺皆知的时候，似乎只要字音准确，就万事大吉了。那种急功近利、心浮气躁的氛围，会导引人们追新求异、集怪猎奇，认定凡是正规的、倡导的，就都是保守的、道统的，应该一律消解，以显示自己的"新潮"。殊不知这种观念，用在理论上会造成混乱，用在实践上会引向迷茫。毕一鸣同志在本书中，旁征博引，做了很多相当有价值的解析和判别，对于深入研究，大有裨益。当然，也有一些论证并非没有争议，可以通过讨论进一步澄清。其实，我们的中国播音学，的确还有稚嫩之处，需要不断完善，有些问题还没有进行充分的阐述，有些问题仍然缺乏足够的普及和广泛的宣传。例如"播音腔""字正腔圆""语感通悟""整体和谐"以及各条规律等。这里，仅对"字正腔圆"的认识，简单说几句。

"字正腔圆"是从戏曲中借鉴来的，流传很广。我们用以要求和衡量话语主体在吐字归音、用气发声方面的规格，并表现为语流的珠圆玉润、气盛言宜。而不像有些人认为的那样，字字夯实、声声强劲。"字正腔圆"要求，在训练时，充分调动喷弹力度、发音亮度，努力达到字词的清晰度、声音的圆润度；而在话筒前、镜头前使用时，必须根据具体内容、主次关系、思想感情、语气基调、轻重缓疾、抑扬顿挫等的千变万化给予恰切地、控纵有节的表现。在有声语言创作中，一定要解决诸如含混不清、绵软无力、字拙声浊、苍白生硬等问题，在一系列练声的必要程序中，一定要强化"字正腔圆"的意识，否则，便会走上自然主义、形式主义的斜路。"字正腔圆"并不必然导致呆板、僵化，只是练习过程中、使用过程中，应该警惕任何"以不变应万变"的机械状态，以防半途而废或功亏一篑。

也许是过于追求"生活""自然"，也许是刻意逃避"规范""高雅"，有些人总是有意无意地抛弃播音基本功——语言功力。这是一种相当严重的"时弊"，它诱惑人们的话语染上"男声女气""女声嗲气""洋气""痞气"的底色,甚至不惜去迎合媚俗、招欢买笑。于是,"字正腔圆"不见了,语言功力破碎了,还以"编导规定""受众偏爱"自诩。不知我们的"中国作风和中国气派"还能不能继承和发扬?大众传播究竟不同于人际传播,因为大众传播必须而且只能反映人生百态、大千世界,纷繁的人际关系和变迁的事物态势。一旦脱离现实情状,它自身也就枯竭、固化了。如果还要一味凸显人际交流的品格,淡化大众传播的引导功能,恐怕只会使大众传播深深陷入人际交流的汪洋大海吧?西方传播学的要义,大多忽略了民族文化传承中的经典性,而过分关切市场经济中文化商品的消费性。我们切莫进入"西方中心主义"的沟壑。

　　读过毕一鸣同志的专著,我异常兴奋。我们有一大批理论研究工作者,有的在播音主持实践岗位,有的担负着繁重的教学任务,有的还在其他领域工作。他们都在坚持不懈地进行着播音学术探索,甘于寂寞,志存高远,聚精会神,刻苦钻研,陆续撰写出相当出色的论著。其间虽然不免出现这样那样的欠缺,像播音的定位、传播的规律、节目的形态、发展的趋势等,还不那么周延、缜密,有待于更加科学地整合。但是,我们都从中看到了中国播音学丰收的希望,那累累硕果必将有利于这个学科的日益成熟和渐臻完善。

　　拉拉杂杂信笔写来,也不见什么"创新"之处,以此抒怀并致贺。

　　是为序,当否?

张　颂

2003年12月7日草成

前　言

《当代播音主持艺术概论》是根据2005年出版的《语言与传播——广播电视播音与主持艺术新论》进行修改补充后再版的著作。已故中国播音学学术泰斗、令人敬重的张颂教授生前曾为《语言与传播》作序，留下了弥足珍贵的指导意见。出版后多所院校把它作为本科教学用书，还有一些院校把它列入了研究生考试参考书。本书得到了许多读者的肯定。《当代播音主持艺术概论(第二版)》根据这些意见和建议进行了修改和完善。

时光荏苒，岁月如梭，科技的发展为广播电视媒体服务的播音主持专业必然要找到新的生存之道，改革旧有的模式，以适应当代新媒体的现实需要。这就是修订本书的初衷。修订的重点主要有三个方面：第一，传统广播电视被认为是"旧媒体"，网络媒体促成的"融媒体"则被认为是"新媒体"。网络媒体是借助多种媒体的平台整合后，通过网络途径进行传播的"新媒体"，可以定义为：充分利用媒介载体，把广播、电视、报纸等既有共同点，又存在互补性的不同媒体，在人力、内容、宣传等方面进行全面整合，实现资源整合、内容兼容、传播互通、利益共享的"新型媒体"。本书对新媒体中的播音主持进行了分析解剖。第二，根据当前广播电视发展的现状和播音主持的具体实践，对播音概念的外延做了适当的扩充。播音不仅是各种文体的播音，还应该涵盖主持人谈话交流、记者口播报道等语体现象。第三，从新学科的角度审视主持人的传播行为。主持人不仅从事语言传播，还要从事大量的非语言传播；不仅传播语言信息，还传播观念、文化和伦理等。

全书围绕书名中的三个关键词"当代""艺术""概论"谋篇架构，从两个层面揭示了播音与主持艺术专业发展的新方向。

通常意义上的"当代"，是对人类社会历史发展阶段的界定。广播电视是20世纪工业技术革命的产物，"当代"应该是指以第三次世界新技术革命为标志的发展时期。它以原子能、电子计算机和空间技术的广泛应用为主要标志,是涉及信息技术、新能源技术、新材料技术、生物技术、空间技术和海洋技术等诸多领域的一场信息革命浪潮。这场新技术革命推动广播电视进入了新的发展阶段,它面临的是"三网融合""新媒体发展""传统媒体转型"等变革形势。本书借重的"当代"概念,也主要是指处在这种改革形势下的广播电视和播音主持专业,以及它们所面临的新制播环境和客观实践。

"艺术"指的是播音与主持是一种语言艺术,它并不是艺术门类下的独立学科,但它得到新闻学、传播学、语言学、艺术学等学科的滋养和支持,正在逐步成熟完善起来。我们使用它的"转引义",即"富有创造性的方式、方法"[《现代汉语词典(第7版)》]。正所谓:"中吾矩者谓之方,不中吾矩者谓之不方,是以方与不方,皆可得而知之。此其何故?则方法明也。"(《墨子·天志中》)

"概论"主要是对这门学科概述性的总结。由于它涉及两个较为宏大的学科——应用语言学和现代传播学,因此只能对播音与主持这门学科框架作出概括性的描述。发展一门新兴学科,不仅需要一系列科学的概念,还要建立严谨、合理的知识结构,这些都需要更加深入的研究与阐发。有鉴于此,本书增加了"绪论"一章,对相关的概念和学理做了简要分析。

张颂教授是我十分敬重的师长。他学识渊博,思维敏捷,虚怀若谷。在学术问题上和我有过许多的交流和讨论。正如他在本书序言中所指出的"也有一些论证并非没有争议,可以通过讨论进一步澄清"。现在先生已经作古,没有机会再深入切磋了。这些需要讨论的问题,包括20多年前在广播电视界曾产生的"是播音员涵盖主持人"(简称"涵盖论"),还是"主持人取代播音员"(简称"取代论")的争论。这项争论长期困扰着播音主持专业的发展,需要有实践中的验证和理论上的说明。事实上,这两种实践"你中有我,我中有你",难分伯仲。如何在一个新的学科框架内妥善解释它们之间的关系?这是本书力求回答的问题。本书试图从"播音中的语言艺术"和"主持中的传播艺术"两个方面来说明这些问题。

首先,从播音行为上分析需要研究的语言现象。"广播电视诱发了次生口语文化,其中的遗存性口语和'文字性口语'尚待我们深入研究。"①如果只是从书面文化角度认识广播电视语言现象,那么可能就只存在一种播音方式,就是"有稿播音"。(播音学把它纳入"文体播音"的范畴来研究)但是,"有稿播音"的规律是无法解释"无稿播音"现象的。事实上,我们所说的"无稿播音"指的是广播电视中出现的另外两种次生口语文化现象:阐说和谈话。如果我们完整解释了广播电视中已经存在的这三种语言文化现象,才可以说"播音涵盖了主持"。

---

① 翁.口语文化与书面文化[M].何道宽,译.北京大学出版社,2008:123.

其次,"主持"会不会取代"播音"?这与广播电视改革发展进程密切相关。在现代传播理念中,广播电视最重要的社会功能就是社会交流。因为传播学是研究人类一切传播行为和传播过程发生、发展的规律,以及传播与人和社会关系的学问。简言之,传播学是研究人类如何运用符号进行社会信息交流的学科。三网融合后的现代广播电视越来越多地显现出它的这项社会交流功能。播音员、主持人和受众之间正在形成一种新型关系。应该说"播音"和"主持"都是一种社会交流活动,只是交流的方式有所不同。播音往往是"单向交流",而主持呈现的是"双向交流"。

希望《当代播音主持艺术概论(第二版)》能够回答这些问题。本书拟借鉴较为成熟的相邻学科——新闻学、传播学和广播电视艺术学的有关原理,来重新审视播音与主持专业,以充实完善播音学的内容。虽然浅薄,但不乏新意。当然,这些都还只是作者的一孔之见,难免会以偏概全,如有不妥之处,还望读者提出批评,不吝指教。

毕一鸣

2021年10月

绪　论

　　播音与主持是广播电视节目的传播工作,既具有大众传播的性质,也具有社会交流的功能。播音与主持中的有声语言是广播电视新媒体中重要的信息形式,同时也承载着大量的非语言信息。节目中的许多内容都需要进行语言艺术再创造与信息传播再整合。从概念上来理解,播音与主持既相互区别,又彼此交融。

第一节　广播电视新媒体的概念

　　大百科全书为"新媒体"所作的定义是:"新的技术支撑体系下出现的媒体形态,如数字杂志、数字报纸、数字广播、手机短信、移动电视、网络、桌面视窗、数字电视、数字电影、触摸媒体等。"事实上,对于新媒体的界定,学者们可谓众说纷纭,至今没有定论。有学者认为,新媒体应该被称为数字化新媒体。新媒体具有交互性与即时性、海量性与共享性、多媒体与超文本、个性化与社群化等特征。

　　历经几十年的广播电视改革,网络新媒体的许多数字功能正逐步融入传统广播电视,使其传播功能日益更新、强化,传统媒体正在加强与新媒体平台的交流合作,共同培育新业态,在不同程度上也都呈现出交互性、共享性和个性化等特点。譬如,在传统广播电视中融入了"微信""微博""交互电话""视频互动""短视频"等新的媒体平台,这些新的传播手段已经或正在改变广播电视的传统功能,形成了许多新的特点。因此,相对于传统媒体,我们就把这种媒介形态定义为"新媒体"。所谓"融媒体""自媒体""全媒体""流媒体"等,其实都可以统称为"新媒体",只是角度不同,解读方法不一样而已。本书把改革中的传统广播电视与高科技的新媒体暂且合称为"广播电视新媒体"(简称"广电新媒体"),也是可以理解的,不会引起歧义。其中,播音与主持的基本表达方法也在逐步适应这种变化,衍生出许多新的传播技能。换句话说,如今的播音员、主持人如果不能掌握这些传播技能,恐怕就将难以适应新的岗位要求了。

第二节　播音的概念

　　播音——作为学科的基本概念,首先需要揭示它的基本内涵,然后对它的外延做出明确的界定,才能够成为严格的定义。《现代汉语词典》(第 7 版)对这个词义的说明是:"广播电台等播送节目。"还有一种更加宽泛的理解是"指电台、电视台等传播媒介所进行的一切有声语言和副语言传播信息活动(包括各种声音、音响、音乐、语言、文字、图像等的传播)。如'中央人民广播电台,现在开始播音''今天全天的播音到这里结束'"①。这样的概念显然不是在说明某类专业的特点。事实上,我们通常是从"播出声音"这个动词的词性意义上来理解它的真实含义的。但是新媒体广播电视播出的声音包含三类要素:有声语言、音乐、音响。因此,我们只是借用了它的狭义作为特定概念,即"播音员和节目主持人运用有声语言和副语言,通过广播、电视传媒所进行的传播信息的创造性的活动"②。这个概念大致说明了播音员、主持人所从事的专业工作的性质,并排除了广播电视新媒体中的另外两个声音要素——音乐和音响。也就是说,音响和音乐不属于"播音学"的研究范畴。

一、播音的内涵——广播电视有声语言的传播

播音是运用有声语言进行艺术创作的活动。它不仅仅是依据稿件进行有声语言的再创造,还包括"无稿播音"的各种话语艺术。从口头语体来分类,可以分为播读语体、阐说语体和谈话语体等。有声语言有三个基本要素:语音、词汇和语法。对这些要素进行不同程度的艺术加工,使之语音清晰规范,选词形象生动,表达明白晓畅等,就成为有声语言艺术。

(一)语音清晰规范

播音是一种媒体语言,而媒体又是面向大众的。大众传媒本身要求信息有较高的清晰度、可懂度和可感度,同时由于它对社会的影响广泛,因此必须承担相应的社会责任。推广规范的全民族共同语——普通话,就是其中的一项重要社会责任。实现广播语言文字的规范化、标准化,是普及文化教育、发展科学技术、提高工作效率的一项基础工作,对社会主义物质文明建设和精神文明建设具有重要意义。广播电视工作者应该模范地贯彻推广普通话的方针政策,成为语言文字规范化的宣传者和实践者。在人们的心目中,广播电台、电视台播音员及主持人的语言就是标准语言,在实践中面临许多模棱两可的读音问题时,往往以他们的语言为榜样。所以,目前国家对播音员、主持人的普通话水平要求较高,这一方面是为了向社会示范,另一方面也是为了达到最通晓、最广泛、最生动的传播效果。要满足这些要求,播音员、主持人就必须不断锤炼自己的有声语言,使自己的播音语言准确、清晰、圆润并富于变化。

准确是指吐字发音要合乎规范,发音部位和发音方法要准确无误。在语流中,尽

---

① 张颂.中国播音学[M].北京:北京广播学院出版社,2003:2.
② 姚喜双.播音学概论[M].北京:北京广播学院出版社,1998:1.

管存在音变、语调等因素的影响,但都必须遵循普通话的规范,在语音准确的基础上,提高语言的表现能力。例如,对声母中发音部位相同的 n 和 l,要把握住它们之间不同的发音方法;而对发音方法相同的 z－c－s 和 zh－ch－sh,则要把握住它们之间不同的发音部位等。播音吐字对准确度的要求很高,它的规范性要求也更为严格。

清晰是与含混相对应的。它不是指声音的大小,而是指字音的纯净度。例如,播音中有一种"音包字"的现象,就是指一味追求声音的响度,却忽视吐字清晰度的情况,"音包字"往往会影响语义的表达,给人只留下声音大的印象;反之,羸弱的声音也不利于语义的清晰表达。可以说,播音对吐字归音清晰度的要求要高于对嗓音的响亮度的要求。

圆润是播音吐字的基本要求。如果说吐字归音的准确、清晰指的是"字正",那么圆润就是指悦耳动听的"腔圆"了。人们常常把吐字的圆润比喻为"珠落玉盘",但是,这里的"珠落玉盘"和其在曲艺说唱中的含义并不一样,曲艺说唱是用抑扬顿挫的曲调来表现艺术效果,而播音则需要通过嗓音来反映汉语音节本身的音乐性,从而达到圆润的效果。

富于变化是吐字归音在表情达意方面的要求。规范的对立面是变异,语言的变异使语言偏离规范,而过于严苛的规范又会导致语言的僵化。语言就是在这种对立统一的过程中不断丰富和发展的。语言来源于社会生活,反映着生活现象,播音要表现丰富多彩的社会生活,就不可能拘泥于固定的模式,这就决定我们的语言是活泼、生动、富于表现力的。著名作家萧伯纳曾说过:"有五十种说'是'的方法,就会有五十种说'不是'的方法。"因此,在播音实践中既要强调语言的规范化,同时也要提倡语言的生活化、大众化。

(二)选词形象生动

有稿件的播音可以不需要考虑选词用句的问题,但是没有稿件的播音就要求播音员能够出口成章。如果没有良好的语言修养是难以"成章"的,即便"成章"也可能会佶屈聱牙,晦涩难懂,不能称为"华章"。主持人大多是在交流状态下使用有声语言,更应该注意这方面的语言修养,如选词用句准确、适度、得体、规范。既要尊重历史词语发展的一般规律,也要考虑约定俗成的社会习惯,恰当吸收并引用一些新的词语。选词用句必须遵循以下三项原则。

1. 普遍性原则

广泛使用、普遍知晓是现代汉语采用新词汇,并加以规范的重要条件。因为普通话词汇是以北方话为基础的,首先就要考虑这些词汇在北方方言中是否普遍使用。例如,"马铃薯"有多种别名,如"土豆""洋芋""洋山芋""洋芋头""山药""山药蛋"等,在北方更多的地方称它为"土豆",我们就可以认定它是规范词语。北京土话里一些俚俗方言,如"傻帽儿""格瑟""耗子""旮旯儿"等就不宜采用。

有的古汉语过去带有文言色彩,但沿用至今,已经家喻户晓,也可以通行。如"诞辰""百姓""拂晓""琢磨""推敲"等。

同一概念有多种语词形式,没有重复的必要,就可以选择一种来加以规范。选择的标准就是看哪一种的使用频率最高、最普遍。如"洋灰、水门汀、水泥"中,取"水泥","巧克力、朱古力、巧格力"中取"巧克力",等等。另外,缩略语也要服从约定俗成的使用习惯,如"中国人民政治协商会议"简称"政协",但是把"杂技艺术家协会"称为"杂协"显然不合适,得不到大家的认同。再如,大家已经习惯把"彩色电视机"叫作"彩电","筹集资金"叫作"集资","立体交叉桥"叫作"立交桥",等等,使用这些词语不会引起歧义,所以一直沿用至今。

2. 必要性原则

无论是古汉语、方言词,还是外来语的引用,都要考虑是否有补充普通话词汇的必要。如果普通话词汇中已经有了相应的、确切表达的词语,就没有必要另外引用其他词语。如上海话中的"白相"(玩)、"辰光"(时间)、"马路"(公路)等,普通话里已经有了明确的表达词语,就没有引用它们的必要了。

引入外来词语也必须遵循这个原则,"饼干"没有必要叫"曲奇","激光"没有必要称"莱塞","话筒"没有必要叫"麦克风",等等。

由于社会中新事物的不断涌现,有时很难用相应的词语来表达准确的含义,于是出现了一些新词和借用词,如"反思""磨合""强势""打造"等。至于"三明治""汉堡包""热狗"等音译词都是特指国外的某种食品,所以也就沿用下来了。

3. 意义明确原则

普通话里所普遍使用的古汉语,都是已为大家所熟知、所了解的,意义很明确;反之,一些含义不明、晦涩难懂的古语词,如"鼎辅""葳蕤""蹭蹬""夭夭"等,没有普遍应用,因此也没有采用价值。

普通话所采用的方言词汇,也要求意义明确、普遍知晓。如我们采用"香肠",而不用方言的"烟肠""酿肠",采用"西红柿",而不用"臭柿仔""番茄俟",取"钞票",而不取"铜钿""纸字""银纸""票子",等等。

汉语吸收外来词的历史远在张骞出使西域的时代就出现了。例如,从波斯语(伊朗)中吸收"葡萄""琵琶""石榴""狮子"等,从梵语(印度)中吸收"玛瑙""玻璃""罗汉""刹那"等。汉语还吸收了许多少数民族地区的词语,如藏族的"哈达""热巴""酥油",维吾尔族的"热瓦甫""冬不拉",朝鲜族的"金达莱""伽耶琴",满族的"福晋""萨其玛"等。现在习惯使用的"胡同""站"等词语也都起源于蒙古族。汉语对外来语的吸收,往往是先借词,后来另造新词,主要还是为了明确地表达词意。在音译的过程中,有不同的注音方法时,应以国家语委确定的统一标准来施行,如"冰淇林、冰搅凌、冰其凌"等的标准写法是"冰激凌"。

(三) 表达明白晓畅

如前所述，播音表达就是指广播电视新媒体节目内容的播报方式。从口语表达的角度分析，播音表达可以分为：转述式播报、陈述式报道、阐述式评论、叙述式交流、描述式解说等。这些口语表述方式在广播电视传播实践中都客观存在，也都具有各自的特点和应用范围。

1. 转述式播报

转述式播报适合代表组织、团体或权威人士发表文论或言论，也适合对文学艺术作品进行朗读。它曾经是广播电视中一种主要的语言表达形式，是在"三级审稿播出管理体制"以及"录播机制"下派生出的一种制播手段。它依托的是一种朗读语言或者说是"有稿播音"方法，它也是当前播音学的主要研究对象。只要广播电视新媒体还需要发挥"转述"作用，这种语言形式就会长期存在，仍然具有较高的应用价值。譬如，政府文告、新闻公报、评论文章、文传电讯等，都需要用转述式播报，才能够准确、鲜明、生动地播报出去，随意地加词改句都是不严肃、不适当的。

再如播送一些经典的文学作品（小说、散文、诗歌等），就常用朗读转述的方法来表达，而很少用其他方法。因为这种语言表达准确、清晰、生动、形象，所以从广播诞生之初，就被一直沿用至今。1906年的圣诞节前夕，当加拿大裔工程师费森登在人类广播史上，首次播出广播节目时，人们听到的就是他朗读《路加福音》的声音。在我国，这种语言传播形式已经发展成为一门学科——播音学。可以说，正是这种广播朗读方法发展并完善了"中国播音学"。

2. 陈述式报道

时效性强是电子媒体新闻的独特优势，有时它甚至可以与新闻事件同时、同步报道。这种时效的发挥主要依赖记者在新闻现场做目击式口头新闻报道。但是，能否真实、客观地报道新闻事件，迅捷、准确地揭示新闻价值，取决于记者的口头语言表达能力。

譬如，记者在奥运会比赛现场，边看边说，边走边播，具有极强的现场感。他陈述的赛场实况，生动清晰地反映了运动员在奥运会赛场为国争光、奋力拼搏的激动人心的场面。主持人灵活调动各个场地最精彩的内容，使听众在有限的时间里，身临其境般地领略奥运会赛场的气氛。

3. 阐述式评论

它通常是主持人在广播电视新媒体中即兴发挥，就某些社会事件或新闻事实发表的观点性评论。这是主持人以新闻评论员身份出现时，普遍采用的话语方式。中央电视台《焦点访谈》节目就是此类表述方式的典型。主持人的评论源于事实,高于事实。有时是观众目击事件,却又难以表达出来的感想,可谓言其心声;有时说出了受众没有意识到的内容,使受众有一种茅塞顿开的感受。

4. 叙述式交流

这主要是指在广播电视新媒体节目中以谈话形式出现的话语方式。中央电视台《实话实说》节目在全国曾有很大的影响力,创办者之一孙玉胜认为:"纪实和谈话是当代电视的两个最重要的元素,新节目的创造和现有节目的提高都离不开这两大基本元素的开发和组合。因为只有纪实和谈话才能使电视接近真实,而接近真实就是接近观众的心理和电视传播的本质。谈话不是一个新概念,但是对谈话节目的使用,不少电视从业者却是经历过一次次全新的认识。"

广播电台中夜话节目、谈话节目也都很受听众的欢迎,这与主持人的叙述能力密不可分。这种叙述能力并非都是先天因素,主要还是后天获得的。因为叙述方法是有一定规律的,按照一定的规律来培养和提高自己的语言能力,就能够变得机敏而健谈。

5. 描述式解说

在广播中,一些大型活动的直播需要现场解说,以弥补受众只能听不能看的遗憾。譬如,球赛解说、演出实况解说等。电视中大量的画外音也属于这种解说性质,因为它是对视觉信息的补充性说明和描摹,以加深受众的感性认识。

广播中的电影解说、戏剧演出解说,也都具有描述性特点。这样的解说需要使用描述性的语言来表达。

二、播音的外延——语境制约下各类播音语体的传播

陈望道先生提出:"修辞以适应题旨情景为第一要义,不应仅仅是语词的修饰,更不应是离开情意的修饰。"①原意是指运用书面语言,要考虑环境因素的影响。我们称它为"语言环境",简称语境。口头语言同样也受到语境制约,我们把经过艺术加工的有声语言,称为"有声艺术语言",凡是在广播电视新媒体中运用话筒进行再创造的有声语言,都属于有声艺术语言。但是,不同的语境对语体的选择和语式的运用都有不同的要求,广播电视新媒体中各类节目的不同语境就是制约播音语言的特定条件。正如斯堪内尔所说:"关键的事实是,虽然广播人控制着话语,但是他们不能控制交流的环境。""这股强大的动力驱使广播的风格和方式靠近普通的、非正式的谈话,而不是接近公开场合讲演的风格。"②

播音就是一种口头语言形式,从语言材料运用的角度分析,可分为"有稿播音"和

---

① 陈望道.修辞学发凡[M].上海:上海教育出版社,1976:11.
② 彼得斯.交流的无奈[M].何道宽,译.北京:华夏出版社,2003:197.

"无稿播音";从应用语言学的角度分析,现存的播音方式中至少涵盖三种口头语体形式:播读(朗读)语体、阐说(演讲)语体和谈话语体(图0-1)。

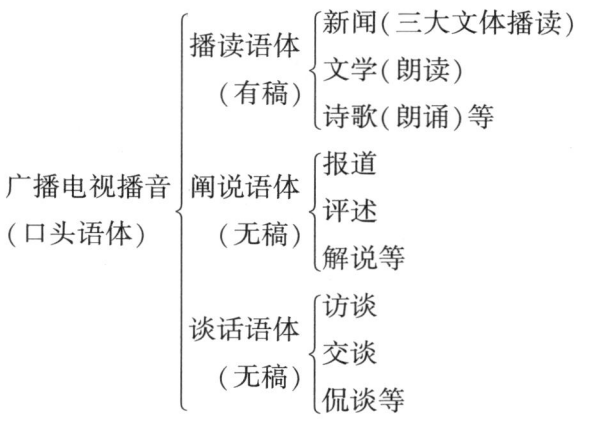

图 0-1 广播电视播音从应用语言学角度分类

张颂教授在《广播电视语言艺术》一书中说:"广播电视播音主持语体研究是一个综合性、实践性很强的研究方向。它的任务是,系统研究各类广播电视节目播音主持的语体特征以及与之相适应的教学训练体系;分析不同言语形式与心理机制、生理机制的关系,研究创作心态差异和肌体反应差异对语言表达模式的影响。它以辩证唯物主义为指导思想,以调查研究、个案研究、系统研究、比较研究为主要研究方法。该方向将立足于总结我国广播电视播音与主持的丰富实践经验,吸收相关学科的理论研究成果,构建中国广播电视主持语体的理论体系。"[1]需要说明的一点是,任何一种语体现象都不会孤立存在。各类语体之间必然会存在相互渗透、相互交叉的情况。特别是广播电视新媒体的语境可塑性较强,这就出现了适应性语体的多种变化。

(一)播读语体

在一些转述播报类节目中,传播是单向的,没有直接的交流对象,也不需要接受反馈。播音员依据文字稿件进行语言艺术再创造。这样的播报方式是朗读式的,运用的就是播读语体。譬如,新闻播报、文学作品播读等。在不增减文字稿件内容,不允许"播错一个字"的要求下,完成"理解稿件——具体感受——形之于声——及于受众"的艺术创作,并不是件轻松的事情。播音艺术家夏青就做到了"播送的新闻、评论、文稿,吐字清晰,浑厚稳重,态度鲜明,感情酣畅,逻辑严谨,跌宕起伏,义正词严,气势磅礴,回荡在中国的天空,深入千家万户,至今袅绕耳际。听他朗诵和讲解的古典诗词,不仅使人增长知识,提高素养,而且是一种美的享受"[2]。张颂教授对夏青的评价更为精当,他认为"夏青的语言艺术,字字珠玑,真是言不尽意;夏青的播音创作,博大精

---

[1] 张颂.广播电视语言艺术[M].北京:北京广播学院出版社,2001:250.
[2] 杨兆麟.从夏青的播音成就想到的[J].中国广播电视学刊,1998(11).

深,的确书不尽言"①。这就是播读语体运用的典范。

(二)阐说语体

阐说语体是以有声语言为主要手段,以体态语言为辅助方式,针对某个具体问题,鲜明、完整地发表自己的见解和主张,阐明事理或抒发情感,进行评述性报道的一种语言艺术。常用于广播电视新媒体的现场报道、现场解说、新闻点评或重大题材的现场转播中。中央电视台的白岩松就是擅长这类报道的新闻节目主持人。他经常在重大新闻的报道现场言约旨远,语妙绝伦。白岩松在回忆"香港回归"的报道时说:"历史时刻终于到了,我只知道开始的时间,语言便脱口而出,十多分钟一闪就过去了,我当时并不知道水均益找我以及有的画面没切到。我只知道,要尽心完成我的职责。当驻港部队的车轮驶过管理线,我和所有关注这一时刻的中国人同样激动。我在结束语中说:驻港部队的一小步是中华民族的一大步。这起源于当初美国宇航员阿姆斯特朗登月时的一句话:我的一小步是人类的一大步。虽有模仿之嫌,但我一直觉得,在经过百年风雨,部队入港的一瞬间,中华民族如释重负,这句话是合适的。"②由此可见,阐说语体就是要在瞬息万变的新闻事件中迅速作出反应,进行准确的点评、生动的阐发。

(三)谈话语体

谈话节目是通过广播电视新媒体再现或还原日常谈话状态的一种节目形态,通常是"面对面,一对一"人际交流式的。谈话节目通常由主持人、嘉宾(有时还有现场观众)在演播现场围绕话题或个案展开即兴、双向、平等的交流。著名谈话节目主持人杨澜有一本采访签名簿,马来西亚前首相马哈蒂尔在上面写道:"你的英语水平让我惊讶,看到你,就让我明白,中国怎么会有今天的成就。"那些政要、名流都非常忙碌,往往是杨澜的文化魅力让他们留步。日本著名指挥家小泽征尔在访问前对杨澜说有一个重要的国际电话要打,但访问进行到三十分钟时,杨澜提醒他别忘打电话,兴头上的小泽却说:"不管它了。"杨澜后来回忆道:"这时候我才知道,主持人身份仅是一个符号,是我汲取文化养分和传播文化的重要途径,社会需要的是可以支撑起生命重任的文化。"③"眼界开创未来,做人物访谈,对我个人来说,最大的收获是眼界开阔了。"

根据上述分析,播音的基本概念可以表述为:播音是在大众传媒节目语境下进行的有声语言艺术创作活动。

至于原"播音"概念中涵盖的另一个因素——副语言,《中国语言学大辞典》中做了这样的解释:副语言"狭义指有声现象。如说话时气喘、嗓子沙哑或者尖溜溜、吃吃

---

① 张颂."字正腔圆"的艺术风范——简论夏青的播音艺术[J].中国广播,1999(2).
② 白岩松.痛并快乐着[M].北京:华艺出版社,2000:137.
③ 杨澜.追寻生命的另一个春天[EB/OL].(2004-11-23)[2016-07-04].www.famehall.com/talk/story/20041123111810.shtml.

笑,整句话带鼻音,某个字音拉得很长,压低嗓音打喳喳,结结巴巴说话不连贯等。这些是伴随话语而发生或对话语有影响的,有某种意义,但是那意义并非来自词汇、语法或一般语音规则"①。美国语言学家 G. L. 特拉格教授是最早提出"副语言"概念的学者,但他认为:"副语言现象不属于语言,不能归入音位系统。"由于这个问题还存在许多不确定性,所以我们在这里不加以讨论,暂且把它放在传播学的非语言现象中认识。

第三节 主持的概念

"主持"是人们在探求广播电视规律的过程中,寻找到的一种比较符合广播电视新媒体特点的传播形式。如果只是用"有声语言创作活动"来说明主持行为显然是不够的,因为"主持"行为使用了包括语言和非语言在内的各种有效传播方式。它不只是播出的最后一环,而且需要协调和控制整个传播过程,营造某种传播氛围。我们可以把播音看作一种语言艺术,而主持则主要是一种交流行为,需要在传播过程中加以考察。

一、主持的内涵——广播电视新媒体的交流性传播

如何理解"主持"的概念呢?对这个概念的理解来源于"主持人",这是借用的外来语。但即便是外来语,词义也在不断地变化中。譬如在美国,播音员和主持人并没有明确的分工与不同。他们认为:"我们使用播音员这个术语,因为其保持着一般的使用习惯且仍然适用于对广播行业工作的描述,但这一过时的术语最终将被取代。一个现代的演播者不可能再简单地播音。他娱乐他人,与他人交谈,报道新闻,并且提供情感的共鸣,很少用旧时期播音员那样的古板程式化的方式来陈述一个节目内容。"②

从上面的分析中可以看出,"播音员"和"主持人"的身份区别并不是问题的关键,他们的工作方式和行为特征才是需要揭示的基本内涵。《中国播音学》曾对我国传统播音与主持人节目播音的现状做过以下分析(表0-1):③

表0-1 传统播音与主持人节目播音比较

	传统播音	主持人节目播音
创作起点	一篇稿件	一次节目
创作依据	文字稿件	文字稿件、提纲、资料、腹稿
内容提供	由编辑提供成型的稿件	由创作集体提供成型的稿件或自编
播音方式	以播读为主的录播方式	以交谈为主的直播方式
创作位置	第三人称的客观述评的播音	第一人称的主导地位

① 《中国语言学大辞典》编委会. 中国语言学大辞典[M]. 南昌:江西教育出版社,1991:624.
② 豪斯曼,本诺特,唐纳,等. 美国播音技艺教程[M]. 王毅敏,刘日宇,译. 上海:复旦大学出版社,2007:12.
③ 张颂. 中国播音学[M]. 北京:北京广播学院出版社,2002:485.

虽然上述表格并没有列出"播音与主持"所有行为特征的可比项，但仍可以看出传统播音和主持人节目播音的重要区别是"播读"与"交谈"的不同。如果说"播读""录播"是"单向传播"模式，那么"交谈""直播"显然就是"双向交流"模式了。因此，"交流传播"应该是"主持"的基本内涵。

"主持"是从节目形态的变化中产生的传播行为，这种节目形态的显著特点就是双向交流。这就是它与传统节目"单向广播"模式的本质区别。传播学的一个重要原则是：信息是共享的。有效传播是一个双向的过程，只有不断地调整"传"与"受"之间的关系，才有可能达到共享的目的。在大众传播的过程中创造出"交流情境"，几乎是所有主持人和节目努力的方向。从这样的认识角度可以得到许多合理的解释，譬如，主持人所谓"人格化""个性化"是由于真情交流的需要，面对不真实的人就不可能展开积极的交流；交流的情境是双向的，交谈总是在平等的"主客关系"中进行的；日常生活中的人际交流和团体互动一般都会有一个主持者，把这种交流形式引入广播电视，就必须有"主持人"，等等。

通过分析主持人节目的传播过程，我们可以看到，主持人发挥的作用恰似这样的现代传播者。一方面，他作为"主人"（Host）需要提供大量的信息；另一方面，他需要调制整合各类信息，以便大家能够共同分享。由于被放在了社会交流的过程中，所以他不可能再照本宣科地转述稿件内容。1981年5月14日，美国著名电视新闻主持人克朗凯特访华期间曾应邀座谈，他在介绍工作经历和经验时说："自从我开始从事这项工作以来（指从1952年以来，他主持报道了美国两大政党的历届代表大会），我就开始研究美国的政治历史，这已经成了我的习惯。我每年都要重新编写几百页的有关资料。因为这是帮助我记忆的最好的方法。我把它称作案头书。这是一本活页厚书，有些页数的纸张由于年长月久，已经变黄了。我极少翻阅它。除非偶尔查阅过去的一些日期。因为在编纂这部'作业'时，有关资料就在头脑里扎下了根，届时无须查阅，所需要的资料就会涌现在我的脑海里。"

二、主持的外延——各类广播电视新媒体节目的交流性传播

"主持"的外延主要是指主持不同节目内容的传播。譬如新闻类节目主持、综艺类节目主持、谈话类节目主持等。因为主持人在特定的节目中是相对固定的，要求与节目共同形成鲜明的风格。这与传统意义上的播音员不同，播音员并不被要求固定在某个栏目中，甚至可以实行轮班式播音。

主持人节目内容的专业性特点，要求主持人具有较为深广的与节目内容相关的专业知识。主持人的知识储备和积累是个长期的过程，并不是只通过狭义备稿就可以完成的。在直接面对受众交流的过程中，主持人必须持之有故，言之成理。

(一)新闻节目主持人

新闻节目要求主持人具有较高的新闻素养、较强的新闻敏感,能够准确把握新闻价值,迅速形成报道角度。他们往往是大众传媒的"旗帜",具有无可替代的权威性。由于责任重大,新闻节目主持人主要由资深记者、新闻评论员来担任。譬如克朗凯特在《记者生涯》中回忆说:"在我担任哥伦比亚广播公司电视节目主持人的绝大部分时间里,每天还做五分钟的评论……弗兰德利当上公司新闻主席后,建议我在每晚的《晚间新闻》节目结尾时也做个相似的评论。"事实上,创造"新闻节目主持人"这个概念的初衷,就是要选择一个在新闻报道的"接力赛"中能够发挥冲刺作用的新闻传播者。

(二)综艺节目主持人

综艺节目主要是以文艺内容为主的节目形式,具有明显的艺术特征,主持人需要具备一定的艺术素质。中央电视台《综艺大观》主持人倪萍在谈自己的工作体会时说:"我的舞台素质好,受过严格的训练。山东艺术学院的学习和山东话剧院的培养使我有着很到位的舞台感觉……这种严格的训练方法对我一生的为人、艺术创作都有好处。没有那一段训练,就没有今天的我。"综艺节目主持人在英文中常用"Showman"来与其他类型的主持人加以区别。

(三)谈话节目主持人

谈话节目方兴未艾,内容也涉及方方面面。根据美国学者斯克特的分析,"在既包括信息性节目又包括表演性节目的众多谈话节目中,可以归纳出四大类型:新闻信息节目,杂耍喜剧访谈节目,人际关系、心理和日常生活节目以及为特殊观众服务的特别谈话节目"。如《实话实说》《对话》《鲁豫有约》《锵锵三人行》《杨澜访谈录》等。颇负盛名的美国著名谈话节目主持人拉里·金主持的《拉里·金现场》就属于新闻信息类谈话节目。这类主持人具有的共同特点是通才练识、善解人意、妙语连珠。

(四)专题节目主持人

专题节目几乎包罗万象,根据节目的特定宗旨来设置相应的节目主持人。如体育节目主持人、气象节目主持人、读书节目主持人、金融节目主持人、法律节目主持人,等等。在英语中,这类主持人用"Host""Master of Ceremonies"等来表述,常由与节目涉及的内容有相关专业背景的人员担当。专家型主持人对节目内容阐述透彻、分析精辟、观点权威,深受大家的欢迎。

(五)对象性节目主持人

对象性节目都有明确的服务对象,指向明确。主持人和受众关系融洽,仿佛朋友一般。譬如,"孙敬修爷爷""鞠萍姐姐""董浩叔叔""月亮姐姐""红果果""绿泡泡"就已经深入童心;央视《夕阳红》主持人黄薇、张悦成了老年人的贴心人;张越在《半边天》中已然成为妇女的代言人……作为对象性节目主持人,必须了解自己的对象、服务于自己的对象,才有存在的价值。

第四节　播音与主持的关系

虽然播音与主持的概念不同,但是它们却存在许多共同点。譬如,主持人在话筒前说话,就是"播音"。因此,播音不仅仅是有稿件依据的播音,还应该包括脱口而出的述评、谈话等语言现象。事实上,播音是广播电视中多种口头语体的表达方式。不仅播音员、主持人需要掌握话筒前的语言技能,记者在现场报道时也需要这种语言能力。之所以说"主持"是节目的传播艺术,是因为主持除了要运用语言传播以外,还要把握更多的非语言传播技巧。因此"播音"不能涵盖有声语言以外的传播行为,而"主持"也不可能取代语言再创造的"播音"艺术。

从传播过程来分析,"主持"需要借助播音的语言表达手段,"播音"也需要补充主持的非语言传播方式。"主持"是目前公认的比较理想的一种传播方式,它不仅运用语言手段,还运用许多非语言手段,传播的信息量大,信息共享程度比较高。但不能因此武断地认为"主持人节目"是现在和今后广播电视唯一的节目形式。如果那样认识问题,广播电视也就无法发展了,节目就太单调了。一些概念是在发展中形成的,昨天被称为"播音员",今天成了"主持人",说不定明天又成了"网络秀"……但也许他们都可以被称为"媒介传播者"。现代传媒需要的传播者是多种多样的,不能以一种模式来强行规范。检验的标准就是社会传播实践,学科建设也必须是经得起实践检验的科学体系。只要我们发扬科学的精神和求实的态度,"主持艺术"必将成为学无止境的艺术宝库。

在广播电视中,播音和主持是既相区别又相联系的传播活动。但无论是"播音"还是"主持",都是一种传播行为,追求传播致效是它们共同的目标。这些传播行为总是在一定的语言环境条件下进行的,不同的节目语言环境有不同的表达方式,目的是达到最佳的传播效果。

第五节　学科性质

播音与主持艺术的学科性质取决于它的学科地位。它属于新闻传播学的研究范畴,又是广播电视学的研究对象,同时还是具有某些艺术特质的专业(播音与主持艺术为艺术学之下"戏剧与影视学"的二级学科)。这样的层级关系,既说明了它的学科结构,也表明了它的学科地位。

一、以新闻与传播学为研究范畴

由于播音与主持艺术创作中大量的、重要的工作就是传播新闻,所以《中国播音学》认为:"从新闻学的角度看,播音是一项新闻实践活动……所以播音创作必须遵从新闻学的基本规律和原则。"新闻要素中的"新鲜性""真实性"和"客观性"要求,在播音创作中同样应得到充分体现。播音与主持艺术是为广播电视新媒体服务的,既是广播电视新媒体的岗位,也是以传播新闻信息为主的特殊专业。

1992年11月,国家标准《学科分类与代码》将"新闻学与传播学"与哲学、语言学、文学、艺术学、历史学、经济学、政治学、法学等同看待,均列为一级学科。1997年,教育部正式将新闻传播学列为国家一级学科,下设新闻学、传播学两个二级学科。"这意味着新闻传播学第一次得到了国务院学位委员会的认同,这对促进整个新闻传播学的发展具有里程碑意义。"[①]

新闻学曾是传播学的前身与源头之一,而传播学形成独立的学科以后,与新闻学形成相互交叉、相互渗透的关系。新闻学与传播学有着不同的研究对象:新闻学把新闻现象和新闻事业的全部工作作为研究对象;传播学研究人类传播现象和行为,传播活动的发生发展规律以及人与人、人与社会的关系。

上海复旦大学《新闻大学》编辑部曾在1996年5月上旬邀请复旦大学新闻学院部分师生与上海外国语大学新闻系教师就"新闻学与传播学的关系"进行了讨论。李良荣教授认为:新闻学理论对传播学理论的构成起了重大作用;而构成以后,传播学与新闻学产生了巨大的区别。[②]

(1)二者的研究领域不同。新闻学研究新闻媒介。比如报纸的四大块——新闻、评论、广告、副刊,尤其是研究前两块,广告研究近几年才起步,副刊只略微涉及。至于电视,只研究其新闻部分,60%以上的娱乐节目不属于新闻学的研究范畴;广播亦然。而大众传播学研究六大媒介的全部内容,领域要开阔得多。

(2)二者的研究侧重点不同。新闻学主要研究新闻媒介内部的规律,而传播学研究媒介与社会的互动关系,大众传播对社会的影响,即效果研究,这部分约占70%。

(3)二者的研究方法不同。新闻学以逻辑推理为主,以某个理论为依据,推导出其他理论,属于直观式研究。至于大众传播学,我们对其批判学派介绍得很多,因为我们的思路、方法与之十分相似,而且它揭露了资本主义国家的很多问题。但不能因而误以为批判学派在传播学中占有主导地位。西方大众传播学的主流是实证学派,无论是数量还是影响力,都远远超过批判学派。

(4)二者的学科背景不同。大众传播学的理论范式很多,涉及的学科广泛,如政

---

① 李建新.中国新闻教育史论[M].北京:新华出版社,2003:247.
② 谢静,张国良.新闻学与传播学的关系——本刊编辑部召开学术研讨会进行研讨[J].新闻大学,1996(30).

治学、经济学、文化学等。可以说,哲学有多少流派,大众传播学就有多少流派。相对而言,新闻学的学科背景比较单一。

在这次研讨会上,与会学者达成了共识:新闻学与传播学之间的关系,既不是互不相干,也不是相互替代,而是相互渗透,共同发展。

广播电视的主要社会功能是在新闻传播学的范畴内实现并完成的,研究广播电视需要了解新闻学与传播学的基本原理。播音主持是广播电视的重要组成部分,因此它必然要遵循广播电视的基本规律,并服务于广播电视的需要。

二、以广播电视学为学科基础

广播电视学有两大特点:一是实践性强,二是综合性强。因此,广播电视学充分运用各相关学科,特别是传播学的成果来滋养和丰富研究内容,拓宽研究领域,使自己的学科体系日臻完善和成熟。在国家学科分类体系中,广播电视学一部分属于新闻传播学下的二级学科,如广播电视新闻学;一部分则属于戏剧与影视学下的二级学科,如广播电视艺术学等。

从亲缘关系看,广播电视学与传播学和新闻学的关系最紧密。从形成历史来看,新闻学最早,传播学次之,广播电视学最晚。广播电视学是在新闻学和传播学的基础上发展形成的,它融合了这两门学科的部分研究成果和研究方法。

在传播学产生之前,新闻学是唯一专门研究社会传播现象和活动的学科。它是20世纪40年代随着美国的无线电广播,特别是电视事业的迅速发展而兴盛起来的。近几年,传播学研究在我国引起了学术界的广泛注意,取得了不少研究成果,它为广播电视学的建立提供了新的研究角度和研究方法。我们应该在引进和借鉴西方大众传播学的基础上,更加深入地研究传播学的基本原理,并建立具有中国特色的应用传播学理论,特别是探讨广播电视中的传播学规律。

广播电视新闻学既是广播电视学的重要内容,也是新闻学的一部分。除了遵循新闻的基本规律外,广播电视学与新闻学基本上各成体系。也就是说,广播电视学和新闻学是两门关系密切但又各自独立的学科。过去,人们总是习惯把广播学和电视学看作新闻学的分支,把广播电视事业看作新闻事业的一部分,只是用研究新闻的方法来研究广播电视。如今,世界广播电视事业飞速发展,除了传播新闻以外,它还有社会交流、文化娱乐、信息服务、产业开发等功能。随着卫星传播、网络电视、网络广播的出现,全球化传播已经成为现实。传统媒体的技术功能也从单极媒体向多媒体进化。这些都说明:现代广播电视可研究的领域已经完全突破了原有的研究范畴。如果仍然局限于新闻节目的研究,那么广播电视的多功能将无法得到完整的解释,这不利于广播电视事业的发展。

"衡量一门学科能否成立,主要应看它是否有特定的研究对象,能否形成自己的理论体系和科学概念,能否与其他学科区别开来。从这几个方面看,广播电视学已经具备了成学立说的基本条件,可以成为一门独立的学科。把广播电视学作为一门独立的学科来研究,不仅有助于广播电视事业的建设与发展,而且有利于新闻学保持自身的特点。两门学科各有自己的研究领域和研究对象,可以相互促进,相得益彰。"①

我们在广播电视学的研究中主要采用传播学的研究方法,因为广播电视研究的六个层面可以用一般的传播活动规律来加以区别和分析:

第一,主要用控制分析的方法,针对广播电视传播者进行研究。

广播电视学主要涉及广播电视机构的性质、任务、作用,以及体制、机制和管理制度等研究。实际上就是广播电视"把关人"的研究,其中包括从业人员的管理培训、人才聘用、媒介素养、职业道德等。

第二,主要用信息分析的方法,针对广播电视节目内容进行研究。

节目研究包括节目系统、节目结构、节目分类、节目要素、节目形式,以及新闻学、传播学、文化学、语言学、美学与节目创作的关系等。

第三,主要用渠道分析的方法,针对广播电视媒介性质和作用进行研究。

广播电视学主要研究媒介功能、媒介特性、运作规律等对社会施加的影响,也研究外部社会环境对广播电视的影响,以及政治、经济、文化对传播渠道所产生的各类作用等。

第四,主要用受众分析的方法,针对广播电视受众视听规律进行研究。

广播电视学针对不同地域、不同文化、不同阶层,以及不同年龄的受众对象进行分析。重点研究分析受众心理、受众收听收看规律、受众信息反馈作用,以及受众参与、交流互动等。

第五,主要用过程分析的方法,针对广播电视节目传播过程进行研究。

研究广播电视节目的流程、时间结构和空间关系。重点研究各类广播电视节目的构成和流程,以及节目策划和节目元素的合理运用等。

第六,主要用效果分析的方法,针对广播电视播出的社会效果进行研究。

重点研究不同的节目究竟采用哪种传播策略更为有效、更容易实现传播目标。分别从大众化传播、分众化传播和网络化传播的角度分析传播效果、传播影响等。

三、以播音主持为专业方向

播音与主持艺术作为戏剧与影视学之下的一门独立学科,同样具有交叉性、应用性和新兴性等特点。所以,应该注意处理好以下几个方面的关系。

(一)交叉性与独立性

在不同学科基础上交叉形成的播音与主持艺术具备交叉性,但它同时也是相对独

---

① 阎玉.中国广播电视学[M].北京:中国广播电视出版社,1990:25.

立的。广播电视学、新闻学、传播学、艺术学等都与播音与主持艺术具有某些相关性，有着学科上的渗透和交融。但是交融的部分一定是对传播有用的部分，否则就将被舍弃。譬如，当人们认为播音与主持艺术具有某些新闻性的时候，就应该指出哪一部分是具有新闻性的，而不能把文艺类或服务类节目的播音主持都看成有新闻性。再如，在把播音看作语言艺术时，就应该指出，它指的是语言表达手段，而不是表达形式。艺术手段和艺术形式是两种概念，不可混淆。这就如同可以把新闻语言看作艺术手段，但不能说新闻语言是艺术形式一样。因为形式必须与内容一致，并为内容服务。

所以，在强调学科的交叉性时，一定要有所扬弃，有所保留。把具有实践价值的部分汇集起来形成严谨的科学内涵。内涵过大、过满，外延就会褊狭、偏颇，难以自圆其说。播音与主持艺术应该具有严谨的科学概念、相对完整的学科体系、坚实的学科基础、广阔的发展空间以及有效统一的学科内容和表达方式，因此它应具有独立的学科地位。

(二) 应用性与理论性

应用学科是直接服务于社会实践的科学，播音与主持艺术有很强的实践应用性。但它也有自己的理论基础和基本原理。它固然是通过直接服务于广播电视新媒体实践获得生命活力，但同时，它也有自己深厚的理论基础和科学价值。播音与主持艺术是对专业发展规律的科学总结和合理阐释，既能"知往"，也能"鉴来"。而且，作为戏剧与影视学的有机组成部分，播音与主持艺术更应完善自己的理论体系，而不能仅仅局限在实践操作层面。

(三) 新兴性与继承性

播音与主持艺术成学立说的时间不长，但是它的历史渊源可以追溯到20世纪初。大家都知道，我们目前总结的并不是广播电视发展的全部历史现象，主要还是"人民广播的发展史"，也就是起源于1940年12月延安新华广播电台诞生以来中国共产党领导下的广播电视发展史。但是无论在这之前，还是在这之后，中国还存在着其他广播电视的客观事实。世界上也存在着很多极具研究价值的广播电视发展经验，这些都被我们忽略了。"实践是检验真理的唯一标准"，这个实践主要就是指被历史经验反复证明了的真理。如果只局限在局部的、个别的经验范畴里，就会导致这门学科存在一定的局限性，影响学科的存在和发展。因此，播音与主持艺术在建构历程中对优秀学术传统的继承必不可少，也只有在合理继承的前提下才能更好地创新。

(四) 社会性与人文性

从根本上说，播音与主持艺术属于社会科学。社会科学属性决定了它的功能是与人的社会活动和生产实践紧密相关的。从这个意义来说，播音主持工作就是一项社会工作。从业者需要和人打交道,学会与各类社会群体和各种人物交流和沟通,这种社会交往实际上就是一种文化现象。广播电视受众,不仅把播音员、主持人看作公众人物,也把他们看作文化人物,其原因也就在于此。

当然,理论的认识从来不是一次到位的,而是在社会实践中不断深化和完善的。我们之所以指出这些问题,就是说播音与主持艺术理论还在发展过程中,还必须拓宽学科视野,依托成熟的理论(新闻学、传播学、语言学、艺术学等)来改造和完善播音学科体系。这就需要解放思想,正视我们所面临的现实问题,在思想方法上更加实事求是,与时俱进。

本章主要是对播音与主持艺术关系的概要性论述。要说明"播音艺术"与"主持艺术"之间的关系,就必须从多学科的角度,借助语言学和传播学的最新理论来加以研究和分析,并尽可能用实践中的例证加以说明。这与过去仅仅从应用语言学角度着手研究的方法有所不同,这样的研究摆脱了那种非此即彼、形而上学的思维方法。注重从实践的、辩证的角度来分析"播音"与"主持"的内涵,既兼顾国情,也顺应潮流;既着重现状,也展望未来。希望本书的研究能够符合现代广播电视新媒体发展的实际需要,使大家能够学有所得、学以致用。

上编

播音中的语言艺术

第一章　广播电视新媒体语言概说

20世纪出现的电子传播媒介大大改变了人类的交往方式,也更新了社会生活的面貌。如今,传统广播电视已发展出许多新的功能,与新媒体一起为人们提供各种信息服务。它们已经成为现代生活中不可缺少的信息传播和思想交流工具,广播电视新媒体语言则是它们的重要传播手段。播音语言是语言的口头表达形式,所以,只有首先了解广播电视新媒体语言的一般规律和研究范畴,才能清楚地揭示其口头表达形式——播音语言的基本特征。

第一节　广播电视新媒体语言的研究范畴

广播电视新媒体语言的研究范畴主要涉及三种基本关系:社会语言与媒介语言、书面语言与口头语言、有稿播音与无稿播音。

一、社会语言与媒介语言

广播电视新媒体是面向大众的传播工具,因此其使用的语言具有最广泛的社会交流特征。从社会语言学的角度来看,语言的差异常常是各种社会因素作用的结果。这些语言差异既体现了语言的客观现状,又反映出语言成分的变化。社会语言学正是联系各种社会因素,通过语言表现的差异及其相互关系来探索整个语言系统在社会生活中的地位和作用,更加自觉地利用其中的规律来为人类社会服务的。广播电视新媒体语言通过电子媒介作用于社会交往,作为社会语言,它既受到各种社会因素的影响,也必然要遵从媒介特性的制约。在这种制约条件下所使用的语言,称为媒介语言。所谓媒介语言包括报刊语言、广播语言、电视语言、网络语言、广告语言等。媒介语言必须遵从社会语言的一般规律。譬如,使用全民族的共同语——普通话,能够发挥规范语言、统一文字、促进民族团结、推动社会进步、传承民族文化等巨大的社会作用,它所产生的社会影响非常广泛,从这些方面反映出来的主要是它的社会性质。但是,我们在使用这种语言时也不能不考虑它的自身发展变化规律,需要关注不同特性的媒介在语言传播和交流的过程中可能受到的各种干扰和影响。譬如,在不同技术传播条件下,媒介语言可能达到的清晰度和可懂度,以及不同媒介环境中有效的交流方式等。特别是在全球化传播的语境中,使用何种媒介语言方式,才能够更加有效地与外部世界沟通,充分把握自己的话语权? 这是媒介在全球化传播的格局中不能不考虑的现实问题。因此,媒介语言经过现代技术的编译,很可能会成为另一种意义上的共同语——"地球村的共同语"。

二、书面语言与口头语言

陈原先生在阐述书面语言和口头语言的关系时说:"人类表达思想,传达感情,交换信息的交际工具——语言,虽然在社会生活中是最重要的,但是分音节的有声语言,往往受到空间和时间的限制,于是人们发展了书面语言——文字。文字是用来记录言语的符号。在留声机和录音机发明以前,能使人的讲话传到远方和不受时间限制传到若干年后,就靠着文字。言语和文字常常合起来通称为语言。有声语言的书面化就是文字。"[①]但是,当广播电视新媒体"延伸了人体"的语言功能,"分音节的有声语言"不再受到空间和时间的限制时,是否还需要由文字来重复记录这些语言符号呢? 我们的广播电视在很长一段时间都无法摆脱"报刊模式"的影响,其中主要就表现在习惯使用书面语而忽视口头语的运用。"我们对于口语文化和书面文化的了解始于电子时代,而不是电子时代之前。电子媒介和印刷媒介的反差使我们对历史上书面文化和口语文化的差异更加敏感。电子时代又是'次生口语文化'(Second Orality)的时代,电话、广播、电视产生的文化是次生口语文化,次生口语文化依靠文字和印刷术而生存。"[②]在我们的广播电视中的确存在着"重文轻语"的现象,这种情况已经严重制约了广播电视节目的丰富和发展。譬如,广播电视新闻的独特优势是快捷、生动,但是我们的记者习惯于用文字记录新闻,再依赖三级审查,交给播音员播出。这既迟滞了新闻的时效,也不能反映现场的实况,大大抑制了自身优势的发挥。再如,一些广播电视中的"直播"有其名而无其实,大多是一种直播"模拟状态"(如电视中使用提示器,广播中满足于口语化的"有稿播音"等)。一旦脱离了稿件,就出现许多极不规范的南腔北调,如所谓的"港台腔""洋泾浜""侃大山"等。因此,我们迫切地希望广播电视新媒体的传播者,无论是记者、编辑,还是播音员、主持人,都能够锤炼和提高自己的口头语言运用能力。从本质上说,广播电视新媒体语言就是一种媒介语言的口头表达形式,它既能够满足电子媒介传播的需要,又符合广播电视新媒体的基本传播规律。与此相反,报刊语言的主要特征表现为媒介语言的书面形式。可以说,不同的媒介环境

---

① 陈原.社会语言学[M].上海:学林出版社,1983:37.
② 翁.口语文化与书面文化:语词的技术化[M].何道宽,译.北京:北京大学出版社,2008:2.

就决定了语言和文字的不同使用方式。

当然,这并不是说广播电视新媒体就不需要书面语了。譬如,一些政府文告、经典的文学作品、精品节目等,仍然需要经过书面语的锤炼。书面语的朗读虽然也是一种口头语言形式,但它是服务于书面语言的。传统广播电视的有声语言主要就是指这样一种朗读表达手段。不能否认,朗读仍然是一种不可替代的艺术语言。它既具有美学欣赏价值,也是一种有效的传播手段。但要"摆脱报刊语体"的影响,不能只依靠朗读语体,还需要发展多种口头语体形式。我们在这里强调口头语言的运用,主要就是针对广播电视新媒体如何摆脱"报刊模式"的影响,发挥自身优势所提出的一种思考。或者说,我们必须从书面语体的交叉渗透研究转到直接对广播电视新媒体口头语体的研究上来。于是,有人就提出了"有稿播音"和"无稿播音"的概念。

三、有稿播音与无稿播音

吴为章教授在《广播语言述评》一文中指出:"有稿播音的语言问题包括两个方面:一是广播稿件的语言运用,一是播音员的语言创作。这两个方面都属于广播语言研究的范围。"[①]广播稿件的语言运用主要是指从广播特点出发,专为利于"播读"和"收听"而编写的一种文章体裁样式。"广播体"的提出较晚,但是作为广播专用体裁样式的实体——各种节目形式的广播稿件早就出现了。美国传播学教授特德·怀特就认为:"广播电视新闻的写作样式与其他写作不尽一致,广播电视新闻稿是给耳朵听的,而不是给眼睛看的。许多在广播电视上听到的'写'出来的新闻,实际上是经过'改写'的。""广播电视新闻稿必须写得简单明了,必须简洁、明快、果断地把思想迅速地表达出来。你的目的是让普通人听懂,也就是说必须让别人用不着细想就能迅速明白你想要表达的东西。如果受众听不懂,那么一切都是白费劲。"[②]这些论述都是对广播书面语言的基本要求,或者说是广播电视"有稿播音"的语言特点。而我们所说的"播音语言"实际上包括两方面的内容:不仅指播音员有稿件依据的播音(简称"有稿播音"),也涵盖在广播电视话筒前脱口而出的播音方式(简称"无稿播音")。所以播音语言的外延应该更加宽泛,它不仅研究广播电视新媒体的书面语体,更应该研究广播电视新媒体的口头语体;不仅关注播读语体,也需要了解广播电视新媒体中客观存在的阐说语体、谈话语体以及其他口头语体现象。新闻报道性语言、访谈语言、评论语言等,都应该被纳入广播电视新媒体口头语言的研究范畴。我们把这些语言现象都称为"播音语言"。正如《中国广播电视学》指出的:"广播电视播音,是指在话筒前进行的有声语言创作活动。"[③]它没有职业身份的限制,无论是播音员还是主持人,也不管

---

① 吴为章.广播电视话语研究选集[M].北京:北京广播学院出版社,1997:72.
② 怀特.广播电视新闻写作与报道[M].吴风,丁未,田智辉,译.北京:新华出版社,2000:10.
③ 阎玉.中国广播电视学[M].北京:中国广播电视出版社,1990:528.

是记者还是编辑,他们在广播、电视中所使用的有声语言传播手段,都是"播音"(播出声音)。因此,我们可以明确:这里所要研究的就是广播电视新媒体的口头语体——播音语言。

第二节　广播电视新媒体语言的语用功能

广播电视新媒体语言的语用功能主要是指广播电视新媒体的话语方式能够对社会施加什么样的影响,发挥什么样的作用。从电子传播媒介的特性出发,它必然有一定的适用范围和特定规律。按照科学的规律加以恰当运用,就能发挥出这种话语方式的最佳传播效应。广播电视新媒体语言的语用功能主要表现在以下几个方面。

一、新闻性告知

在推进社会民主政治建设、发挥舆论监督作用方面,广播电视有着不可替代的作用。1945 年前后,美国著名新闻记者肯特·库柏首先使用了知情权(The Right to Know)这个概念,它指的是民众享有通过新闻媒介了解政府工作情况的权利。而新闻媒介对政府行为的报道就成了公众享有和行使知情权的重要途径。因为在传播新闻方面,广播电视新媒体语言具有自己独特的优势:首先,这种语言通俗易懂,具有最广泛的受众面;其次,它声情并茂,富有感染力;最后,它真实生动,信息量大。在各类大众传媒中,新闻的受众最多、最广泛。

20 世纪 60 年代以来,知情权更从作为保护新闻自由的原则依据被众多学者理解为一种广泛的社会权利和个人权利。我国《宪法》第三十五条规定:"中华人民共和国公民有言论、出版、结社、游行、示威的自由。"在新闻活动中,《宪法》规定的这条权利于是逻辑性地包含:(1)公民有权通过新闻媒体获得和传播国内外信息,参与国家政治生活和社会生活;(2)公民有权通过新闻媒体对国家的重大事务、国家工作人员实行监督,有尊重和保护新闻记者采访、报道和反映真实情况的权利;(3)公民有权获取知识,参加娱乐,满足文化生活的需要。[1] 1990 年,新闻出版署的《报纸管理暂行规定》规定了报纸"宣传中国共产党和中华人民共和国的方针和政策;传播信息和科学技术、文化知识"的职能,说明受众有从报纸获取党和政府的方针政策和各种信息、知识的权利。[2] 中国共产党的十三大报告也提出"重大情况让人民知道,重大问题经人民讨论",体现了中国共产党对人民的知情权的承认和重视。在"禽流感""雾霾""新冠肺炎疫情"等非常时期,中国政府每天及时公布相关信息,使谣言不攻自破,增强了

---

[1] 顾理平.新闻法学[M].北京:中国广播电视出版社,1999:97.
[2] 魏永征.中国新闻传播法纲要[M].上海:上海社会科学出版社,1999:53.

人民群众对政府的信任。这一做法从根本上讲,是国家对公民知情权的尊重和保护。

知情权是现代民主的根本要求。如果不能获取政府的信息,人民就无法行使权利监督政府。所以,知情权是发挥舆论监督的前提条件。美国学者艾默生曾经尖锐地指出:"政府所做的坏事、所参与的邪恶的事情,大部分是秘密干的……倘如事先让公众知道并交付讨论,它们大概不会发生。"①知情权还是公民保护自身利益的手段。它要求政府及时公布与公民利益有关的信息,使公民能了解自己的权益,保护自己。比如,中国政府在总结了"非典"疫情所造成的危害情况后,及时颁布了《中华人民共和国传染病防治法》和《突发公共卫生事件应急条例》。这两个法律文件充分保障了公众对突发公共卫生事件和传染病疫情的知情权。实际上,从1990年代以来,建立信息公开制度、保障公民的知情权,已经成为现代民主发展的一个新趋势。世界上几十个国家制定了《信息公开法》,规定除了涉及国家秘密和个人隐私等的信息外,任何人都可以查阅政府信息。如果向政府请求信息被拒绝时,可以请求司法救济,政府负责文件和信息保密的举证责任。

广播电视在寻求和保护公众的知情权和言论权方面,发挥着积极的作用。在人们心目中,广播电视承担着"代言人"的角色,或者更为形象地表述,就是"党、政府和人民的喉舌"。

二、社会性对话

如果说"新闻性告知"是为了赋予人们更多的知情权,那么"社会性对话"则是满足人们享有更多言论权的需要。我们知道,只要是面对大众的传播活动,就必然要承担一定的社会责任。这其中既包括需要承担的法律责任,也包括维护社会安定、正确引导舆论的责任。美国学者曾提出"社会责任"理论:"权利是伴随着义务的,每一种权利都附带有一项相应的责任。新闻事业享有新闻自由的权利,就应该对社会尽到责任,承担起维护公共利益、正确报道和平衡公正地解释事件,引导公众作出合理判断的义务。"②

社会性对话的功能突出反映在社会民主政治建设的进程中。譬如一些电台电视台开设的《政风热线》《电视问政》等节目,都是通过广播电视开设政府官员与老百姓沟通对话的窗口。但像这种节目形式,还需注意观众来电的隐私性。譬如,美国联邦法规就明确规定:在录下电话谈话用于广播之前,广播台或电视台须告诉电话的双方,它打算播出谈话内容,不管谈话是否正在录音阶段或是现场播放。至于个人采访,联邦通信委员会规定:"任何人不得使用……设备……旨在窃听或录下他人私人的谈

---

① 李佐丰.广播电视语言[M].北京:北京广播学院出版社,1999:16.
② 中国社会科学院新闻研究所.七国新闻传播事业[M].重庆:重庆出版社,1988:120.

话,除非这样的使用得到所有参与谈话的当事人的授权。"①可见,广播电视不仅是党和政府的忠实喉舌,也日益显现出群众喉舌的巨大影响力。想要更好地发挥这种社会性对话的作用,就需要认真研究如何在广播电视中正确运用交流性语言的问题。现在的广播电视新媒体给大众提供了一个"公众讲坛",大家在这个讲坛上广开言路、各抒己见。主持人与受众间互动交流,用言语来启发思考、揭示问题、解除疑惑,使得大家能够实话实说,畅所欲言。

三、公益性服务

广播电视新媒体是带有公益性质的大众传播媒介。它的公益性主要表现在为公众提供各类生活信息、监测社会环境、倡导健康文明的生活方式、稳定社会秩序、疏解社会情绪等方面。

中央电视台《天气预报》是最受大众欢迎的广播电视节目之一。在全国政协十届二次会议上,全国政协委员温克刚等40名委员提出议案,建议中央电视台《天气预报》延长一分钟,以便主持人可以放慢语速,老百姓不用担心错过当地一晃而过的天气预报,也可以对沙尘暴、寒潮、台风、暴雨、大雾、热浪以及农业气象、环境气象等监测预警信息做一些科普宣传,增加社会对防灾减灾的了解。这说明天气预报已经成为广播电视公益性服务的重要内容,而主持人的服务性语言也已经引起了人们的广泛注意。

1997年1月17日日本神户发生里氏7.2级大地震。当灾难来临时,人们对当地的广播电视做了这样的描述:"发生地震这一天,所有的电视台不约而同地取消了一切娱乐节目,有好几个电视频道整天播出震区的实况和采访报道。男女广播员都身着黑色服装,神情严肃。深受观众喜爱的一些著名新闻节目主持人都亲自下到震区,在烈火旁、飞机上、残垣断壁下,手持话筒,不畏艰险采访受灾者,报告救援的进展、交通道路的变化以及提醒避难地点、食品和饮水供应的有关事项。NHK电视台的一位中年新闻广播员,平时西装笔挺,态度得体而潇洒,但他在18日晚间新闻节目做报道时却没有刮胡子。这在日本是难以想象的事,但那天晚上,屏幕前的观众却对他肃然起敬。另一位著名的女播音员樱井良子,带着熬红的双眼和疲惫的面容,仍不失风度地和正在灾区采访的记者们通过设在演播室的大屏幕进行对话,边做记录边用图表和模型向观众直播。电视传播的功能几乎发挥到了极致。它激励着人们救援他人,帮助他人;它通报重大信息,帮助灾民和人们选择行动方案。分秒不停的震区实况图像震撼着全日本,也震撼了全世界。"②在我国所发生的历次自然灾难中,如汶川地震、鲁甸地震等,广播电视新媒体也都发挥了这样的公益性服务功能。人们从播音员、主持人的服务性语言中感受到了温暖,增强了克服困难的信心和力量。

---

① 卡特,盖尼斯,祖克曼,等.大众传播法概要[M].黄列,译.北京:中国社会科学出版社,1997:84.
② 邱质朴.日本神户大地震见闻[N].扬子晚报,1995-01-22.

公益性服务的另一项重要内容是推广普通话。语言学家许嘉璐深有感触地说："媒体语言（包括文字），尤其是广播电视语言，太重要了——它对社会语言和民族文化的走向有着其他任何载体不能比拟的影响力；现代化需要规范的语言文字生活和丰富多彩、积极向上的文化，因而广播电视的语言应该规范而多样，高雅而活泼。"①语言常常能够在很短的时间内在社会上迅速流行，甚至形成语言时尚。因此，大众媒体语言的通用性、规范性和标志性就必然会受到社会的关注。在现实生活中，许多人就是通过大众媒体来学习普通话的，所以国家对广播电视的语言传播岗位提出了比较高的要求，规定"省级以上电台、电视台普通话播音员、主持人上岗的普通话等级达到一级甲等，地市及以下台播音员、主持人普通话等级标准由各省确定的原则不变"。因此，广播电视语言本身也在为大众提供学习普通话的公益性服务。

四、艺术性感染

播音学十分强调语言的艺术性质，它所强调的音声美、意蕴美、分寸美和韵律美就是对这种语言艺术提出的基本要求。鲁迅说："语言有三美：意美的感心，一也；音美的感官，二也；形美的感目，三也。"形美（体态语言）一般体现在电视节目主持人的举止礼仪中，这里强调的是音美和意美。广播电视语言的表达形式多种多样，但是都需要讲求语言美。那种认为在广播电视中运用"闲言碎语"式的大白话就是自然、亲切的认识是片面的、缺乏感染力的。因为广播电视语言需要锤炼，它不仅是全社会语言的规范，也是"语言美"的表率。在日常生活中，表达同样一个意思，在语言上都会有美丑之分、雅俗之别。在社会交往中，优良的言谈举止会传递尊重、友善、平等的信息，给人以美的感受。广播电视语言与一般语言的不同在于它不能使用侵犯他人的污言秽语或攻击性语言，而是通过文明、礼貌的语言建立起情感沟通的纽带。学者韩泽认为大众媒体语言的魅力有以下四个方面特征。②

（一）表现力

广播只凭一丝声音，却要展现无限时空。上下五千年、纵横八万里、纷繁世相、复杂心境，都在它的表现之列。总之，目之所见、耳之所闻、鼻之所嗅、舌之所觉、身之所触、脑之所思、心之所感，都要通过语言来表达。

于是我们面临一个有限表现手段与无限表现内容的矛盾，但我们的祖先经过千万年的努力，开发语言潜力，已使语言进化到如今的程度：足以应付这一切。正如一位绣娘，仅凭手中一根单维的丝线，就能绣出高山耸峙、流云飘忽、飞瀑悬空、长河奔泻的江山万里图。只不过不是每个人都能掌握这个本领。

---

① 姚喜双,郭龙生.媒体与语言[M].北京:经济科学出版社,2002:2.
② 韩泽.语言,广播永远的舞台[J].大众广播,2000(4).

（二）感染力

通过语言来激发他人同样的思想感情，其中的要点是说服和感动。理论、评论类节目的目标是说服，文学类、情感类节目力求动情，谈话类节目则往往兼而有之。梁任公说："笔端常带感情。"意思是，即使论说文也宜有情，情有助于增强说服力。可以说，在文字、图像、有声语言等表现形态中，有声语言激发情感、情绪的力量最大。同样的文稿，到了广播里，经过播音员、主持人的再创造，"如怨如慕，如泣如诉"，其情更深更切。而可以动情的电视图像，如果没有语言的点化，也显得木然。因为只有语言是直叩心灵的，这正是广播的优势所在。

近年流行"煽情"一语，我往往见之而摇头。因为技巧性、炒作性，实质是商业性太明显。同样我也怕见某些娱乐节目里那种导演出来的假鼓掌、假哄笑，一看便知那是在实施诱惑。情贵乎真。节目制作者——记者、编导、播音员、主持人宜对事件、人物、话题有真情的投入。自己不信服而要人信服，自己未感动而要人感动是不可能的。至少顽固如我者的感情是"煽"不起来的。

（三）营造力

营造力即形象地营造出传受双方说话的现实情境。播音界曾经提倡，要对稿件内容深刻把握，只有对其情其境产生内心视像，才能把听众引入其中。这里要补充的是对收听对象以及播讲人自己与对象相聚的场合、场景有恰当的想象，想象自己正是在这样一种场合和氛围中与他们聚会交谈。这种"历历如见"，使自己产生进入感，必然影响听众产生同样的感觉。

听江苏台的《文化星空》，就有夜晚、灯下、促膝谈心之感。主持人特别说了这是灯下两人谈心吗？没有。但听着听着，分明有了这种感觉，好像主持人只是在对自己一人说话。深圳台的《今夜不寂寞》听众数量达百万，应是一个广阔空间，但许多听众却感觉同主持人的对话是私密的。信任、信赖使他们产生安全感和依赖感，从而愿意敞开心扉倾诉。

所以，播讲人、撰稿人在使用语言（文字）时，应让它具备双重功能：既表达内容，又营造环境。让对方始终处在一定的场景、氛围和关系之中，接受这个节目。未来参与类、互动类节目会更多，播音员、主持人要善于使节目内外融成一片，将自己、嘉宾、受众聚拢在一起，产生家的感觉。

（四）大众化

大众化与以上三者不是并列的关系。大众媒体语言的以上三个方面都应归属于大众化。这类语言的特殊之处，在于传受双方互不见面，只凭声音和画面维系；在于受众收听、收看的过程和了解的过程必须同步完成。这些都是局限，但局限中藏有突破的契机。

　　比如注重口语化。这方面我们应该汲取20世纪五六十年代广播人积累的经验。他们善于使语言在表层上顺畅无碍，好让听众思维迅速转入内层。口语化不等于大众化，大众化是一个大得多的概念。它涉及内容的通俗化,涉及叙述结构的安排和文体的选择,涉及表现力、感染力、营造力的发挥,涉及当事人话音和音响实况的引入,涉及音乐的运用,还涉及对受众的理解、关切。如果我们从多方面努力,大众媒体语言将会突破局限而使有声语言的魅力发挥到极致,就如一句俄罗斯人的谚语所说的："语言不是蜜,但它可以黏住一切。"

第二章 广播电视新媒体语言的口头形式——播音语言

播音语言从本质上说是广播电视诉诸听觉的语言,是口头语言的一种类型。但是我们这里阐述的并不仅仅是诉诸听觉的文字,而是播音员、主持人在广播电视中形之于声的语言艺术,我们称它为"播音语言"。播音语言之所以能够产生较为广泛的社会影响,是因为首先它具有规范性和示范性;其次它是借助媒介传播的语言形态,遵从媒介的传播规律;最后它还是一种语言艺术,富有感染力和表现力。这三个方面概括了播音语言的基本性质。

第一节 播音语言是社会语言

广播电视是面向社会大众的传播媒介,播音是通过这个媒介与社会大众进行沟通的重要话语方式。一方面,传播技术本身要求保障媒介信息的清晰度、可懂度和可感度;另一方面,作为一种具有广泛影响的文化形态,它要承担相应的社会责任,推广全民族共同语——普通话,就是其中一项重要的任务。

一、社会语言要求规范化

我国是一个多民族、多语言国家,地方语言纷繁复杂。据不完全统计,目前存在120多种方言,仅汉语方言就存在七大方言区和八大方言区之说。每个方言区还可以划分为若干次方言区。在同一行政区域内,往往会存在多种方言现象。譬如,江苏省就存在淮北方言区、江淮东南方言区、江淮西北方言区和吴方言区等。汉语方言分歧之大,在世界其他语言中是绝无仅有的。语言不通严重妨碍着信息流通和经济交往,成为改革开放、经济发展的制约因素。因此,实现语言文字的规范化、标准化,是普及文化教育、发展科学技术、提高效率的一项基础性工作,对社会主义物质文明建设和精神文明建设具有重要意义。广播电视工作者应该认真贯彻推广普通话的方针政策,成为语言文字规范化的宣传者和实践者,对社会起到示范作用。

在广播电视中使用普通话,一方面是为了向公众示范,另一方面也是为了达到最通晓、最广泛的传播效果。我们注意到,一些国外播音员对华广播的汉语水平,近几年来有很大的提高。他们深知这种语言对中国老百姓的影响最大、效果最好。譬如,美国对外广播部门就认为,"广播电视节目在内容和形式上要做到'本地化'。首先,广播听起来要地道,播音员要用当地的语音语调广播。广播整体上越'本地化',受众就越会把该电台当作'自己人'"[①]。所以,我们的播音员更要掌握好普通话,使它可以为每一个人服务,成为全民的交际工具。不管是社会贤达、名人雅士,还是普通群众、寻常人家,都可以通过大家通晓的语言自由地交流思想,获取信息。播音语言就是一种可以在社会范围内被人们感知并用来交流的语言,应该有一定的规范化要求。

二、影响语言规范化的社会因素

播音语言是一种社会性语言,一方面它可以发挥广泛的社会影响,另一方面它又容易受到社会各种因素的影响。目前,影响语言规范化的社会因素主要有以下四个方面:

(一) 外来语的影响

当前社会极速发展,新鲜事物层出不穷,由此产生了许多新词语、新概念,一时间在中文里很难找到准确对应的语词概念,无论是意译、音译,还是音意结合,都没有统一的规则,往往是先入为主。特别是中国加入世贸组织后,形势更为严峻,大量英语缩写词长驱直入汉语系统。如 MBA、MPA、VCD、DVD、IT、PC、CD、MTV、KTV、WTO、APEC、DOS、SOS……央视带头,各地电视台纷纷效法,英语缩写词显现在电视上、采访车上、话筒上……更有中英文拼接的词,如卡拉OK、T恤、IP卡、IC卡……这些词语在汉语中夹杂使用,对规范语言的推广普及和社会交流产生了不小的影响。更严重地来看,汉语面临着中英文拼盘化的危险。倘若一个民族的文字支离破碎,其民族精神靠什么来表达和传播?英、法、德、俄诸国为什么努力维护各自语言的纯洁性?原因就在于此。语言的规范化在其他国家同样受到重视,英国广播公司BBC就是"纯正的英语"的同义词,BBC为了清除掉粗话、土语、美国腔以及其他有悖于优雅和规范的语言,积极采取措施,净化语言。1996年,BBC出版了其68年历史中最为翔实的一本《广播体例手册》,目的是提高媒体质量和鼓励公众就语言使用进行讨论。《伦敦时报》说,这本体例手册是"一件期待已久的净化广播语言的东西,也许今后英国人语言中的粗话、美国腔,不准确和不雅的用词会因此减少"。

---

① 胡耀亭.冷战后美国对华广播的战略走势[J].世界广播电视参考,2004(1).

(二) 港、澳、台和海外华语的影响

广播电视改革启动较早的沿海地区,从各地引入了许多新颖的节目形式,在全国产生了广泛的影响和示范作用。但是,在引入外来节目形式的同时,难免会出现良莠不齐的现象,比如把语言中的"港台腔"也当成改革的产物。一些主持人明明可以说标准的普通话,但在节目中却有意夹杂一些"港台腔"。这是一个误区,也是一种误导。第一,这种港台腔,实际上并不是普通话。它的出现,是一些年轻播音员盲目崇拜和模仿港台播音员的结果。这是以拿腔拿调为时髦,以倒退为进步。第二,港台腔出现在屏幕上,就是在起"示范"作用。在潜移默化中,人们会把这种港台腔当作真正的普通话,这就是一种语言的误导。针对这种现象,不少人都提出了尖锐的批评:"如果是港台人操港台腔,本无可厚非——且不说港台那边也已有热心提倡普通话的——但大陆的主播、主持人学港台腔,就有点东施效颦了。比如拉长尾音,一个'啊'字拖长三四秒钟,再挑一下,以显媚态;故意混淆声调区别,把'妹妹'说成'美眉',把'哥哥'说成'葛革';再就是把平舌音发成卷舌音,这样从口腔中发出的音全变成软软的、嗲嗲的、嗡嗡的,当然也有点病态的。最典型的是滥用各种语气助词,其中用得最多的就是'哇'。综合起来,比较典型的一句是'哇噻——你长得好好帅啊——胃审摩(为什么)还没有女朋友哪?'于是在我们的生活中,听取'哇'声一片不再是宋人笔下'稻花香里'里的醉人境界,而是近乎市井街头呕呀嘈哑的噪声。"①

(三) 汉语方言的影响

中国的汉语方言之多、方言语音上的差距之大,远远超过欧洲许多国家之间的语言。如西班牙人、葡萄牙人和意大利人可以用各自的母语进行基本交流;波兰人和南斯拉夫人也可以猜出俄国人在说什么;而闽南人和北方人用各自的方言交谈,则几乎是在相互"对牛弹琴"。这种现象对欧洲人而言几乎不可思议。因而他们常常用"语言"(Language),而不是用"方言"(Dialect)来描述汉语的这一现象。从方言分布来看,汉语可分为七大方言区:北方方言区、吴方言区、湘方言区、赣方言区、客家方言区、闽方言区、粤方言区等。各方言区使用的语言中语音、词汇、语法都存在差别。即使在各方言区内,语言也互有区别,譬如,吴方言区内不仅保留了较多的入声现象,声调的调类也各不相同。同处吴方言区的无锡和苏州,就分别存在 8 个和 7 个调类。随着现代社会的发展,人际交往中客观上已经形成了一种语言大交流的环境。各地杂陈的方言现象也反映在这个交流过程中,所谓"南腔北调"指的就是由于方言相互影响所产生的语言不规范的现象。

---

① 少一点"哇"声![N].解放日报,2002-09-08.

(四)网络语言的影响

有一所小学的语文老师在批阅五年级学生的作文时,看到学生作文的开头是这样写的:"XSWL(笑我了),昨天我 PYQ(朋友圈)发了一张别人的生日蛋糕图,老爸居然祝我 SK(生日快乐),他连我的生日都记糊涂了,不过 U1S1(有一说一),他永远是我最爱的老爸!"这简直就是一个"字母+数字+汉字"的大杂烩,难怪教了一辈子语文的老师都看不懂。其实,语言文字学界关注网络语言已经有相当长一段时间了。在2001 年 12 月 17 日举行的全国汉语词汇规范问题学术研讨会上,40 多位专家学者达成共识:不能用一般词语规范的特点来要求新词语。对待新词语要宽容,既要有"词语保护"意识,也要有"品位"意识和"规范"意识。新词的诞生更多是靠约定俗成,大家共同认可,它就有生命力。网络语言的发展将来也会有这样的趋势:一部分自生自灭,另一部分从网上"走"下来,成为人们的日常生活用语。语言是活的、变化的,一直处于发展中,如果那些充满活力的网络语言能够经得住时间的考验,约定俗成后我们应当接受。

第二节 播音语言是媒介语言

广播电视语言是一种媒介语言,它借助电子传播媒介传递语音、表达语意。它同时又是一种面向大众、影响广泛、具有感染力的语言艺术形式。与其他语言艺术相比,它具有明显不同的特点:它把传者的生理过程、媒介的物理过程和受者的心理过程紧密联系起来,形成了一个维系"传与受"关系的链条。"由此,我们看到,言语交际是一条连接说话人头脑与听话人头脑的许多事件的链条。这条由一系列事件串接而成的链条,就叫作言语链。"[1]这个链条上的三个环节都不同程度地反映出它的媒介性质。"链条"上这些媒质的相互作用,决定了广播电视的传播效果。

一、播音的生理媒介

广播电视中的声音既有音响、音乐,也有语言,而播音就是指广播电视中的语言声音。语言是思想的直接体现,是人类高级神经活动的结果。广播电视面向社会大众,但播音语言与生活语言有所不同,它有着一些特殊的发声要求。

(一)口腔控制

要取得播音语言"准确、清晰、圆润、富于变化"的艺术效果,就需要提高口腔控制

---

[1] 邓斯,平森.言语链——说和听的科学[M].曹剑芬,任宏谟,译.北京:中国社会科学出版社,1983:6.

的能力。这种口腔状态的调整贯穿在整个发音过程中,是构成艺术语言发音状态的基础。播音吐字中常用的口腔控制方法有:挺软腭、打开牙关、适当收唇和力度集中于口腔中轴线。

挺软腭是播音吐字调整口腔状态的基本方法之一。它的要求是挺起软腭,适度收紧口腔肌肉。软腭上抬后,上口盖较为平直,增加了口腔横向的容积,既扩大了共鸣腔,也增加了舌头的活动空间,从而提高了吐字的清晰度。同时,挺软腭还使通向鼻腔的通道变窄,口腔共鸣增加,音色得到改善,字音的响亮度有所增加。这项生理功能只有通过长期不懈的练习,才能进入自然状态,而不至于吐字僵化。练习时,可以用"打哈欠"的方法获得相应的感觉,然后将这种感觉保持在吐字归音练习的始终。

打开牙关是指上下颌在发音时保持较大的开合度,或者说是扩大口腔的纵向开度。牙关由颌肌控制,因此提肌的重点应放在上颌。打牙关与挺软腭相互配合,从横、纵两个方向来扩大口腔容积。在汉语音节中,元音 a 占据重要位置,a 的开口度最大、最响亮。但是在播音实践中,有相当多的字音问题就出现在这个基本元音上。a 音不清晰,往往与口腔开度不够有关,而口腔开度不够又是造成舌位偏高的主要原因。实践表明,打开牙关、扩大口腔开度是播音员、主持人吐字基本功训练的重要内容。

适当收唇,使唇齿适当贴近,是改善吐字的有效方法。唇齿贴近以后,能缩短声音通道,使整体音色变得较为清晰。具体方法是颧肌用力向上提起,使口腔前上部有展宽感,同时使唇,尤其是上唇紧贴牙齿。这种状态称为"提颧肌",也有人描述这种面部表情是"口呈微笑状态"。但是一味强调"微笑状",又很容易使撮口呼及合口呼唇形撮不起来,影响正确发音,所以主要应该服从吐字归音的实际需要。

播音吐字的用力部位,应集中在唇、舌、上颚的中轴线上,这样可以使声音集中、圆润。对于 b、p、d、t、g、k 这样的塞音,除阻时用力部位应该放在唇、舌横面的中段,即使强度不大,也十分清晰饱满。从辅音发音方法来说,无论塞音、擦音、塞擦音还是鼻音、边音,着力点都应放在这条中轴线上。对于元音来说,主要是通过舌位来体会发音特点的,如果舌高点集中在舌的中部就会使声音更加集中。这种口腔控制状态是改善播音吐字归音的有效方法,所以要贯穿在整个播音过程中。

从上述四个方面可以看出,我们极为强调播音吐字归音的清晰度和响亮度。因为播音是话筒前的语言工作,在吐字发音中所有的瑕疵和不足都会在电声转换中被放大,甚至产生畸变,影响语义的准确表达,所以播音语言的主要艺术手段就是最大限度克服这种干扰和影响,采取一些有针对性的方法保证语音的清晰和语义的显明。

(二)气息控制

古语说,"气乃音之帅",就是指发声的气息状态决定了声音的优劣。早在一千多年前唐朝的《乐府杂录》中就记载"善歌者,必先调其气,氤氲自脐间出,至喉乃噫其词,即分抗坠之音,既得其术,即可致遏云响谷之妙也"。这里所说的"脐间出"就是指民间唱法中的"丹田呼吸法",类似于现代医学中的胸腹联合呼吸法。这种呼吸法可以有效扩大吸气量,保障各种发声状态下用气的需要。不同的是,"丹田气"强调的"收小腹",指的是一种控制能力,即对膈的控制。而胸腹联合呼吸法(图2-1)可以保持一种稳健的呼吸状态,有利于气息控制,容易产生坚实、响亮的音色。

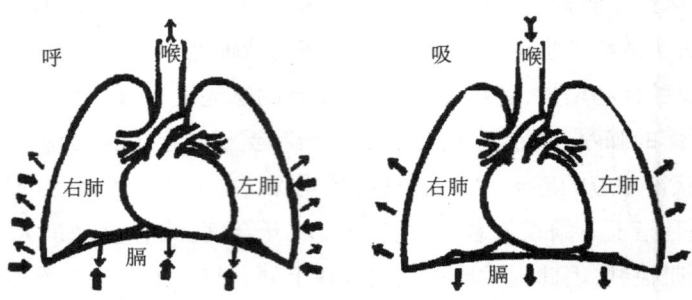

图 2-1 胸腹联合呼吸时肺及膈的运动状态

用生理学解释这种发声呼吸的机理,是这样一个过程:发声前,轻轻收缩小腹肌肉(包括腹内斜肌、腹外斜肌和腹直肌的下部),这种收缩给腹腔施加了一定的压力,这种压力通过内脏器官传导到膈,又通过膈作用于胸腔内的呼吸器官(肺、支气管等)。膈由于有下腹肌收缩所产生的腹压及腹腔内脏器官的缓冲作用,可以维持一定的张力,保持一种支撑的状态。这种扩张支撑的状态需要一直保持到发声结束。呼吸器官在获得腹压及缓冲作用之后,不仅使呼吸、振动、共鸣、吐字等器官肌肉的能量消耗减少,同时也为声带、喉、咽、口腔肌肉与腹部肌肉的灵活运用提供了方便。掌握这种呼吸法以后,就能使气息稳健自如。实践证明,胸腹联合呼吸法是比较科学的方法,既有助于提高声音的表现能力,也可以保障嗓音的健康和持久。

由于播音语言发声没有歌唱发声的变化幅度大,所以尽管它们都采用胸腹联合呼吸法,但控制的强度有所不同。播音发声的突出特点是:稳劲、持久、自如。通常一个人在生活中的呼吸量约为500毫升,播音时增至1000—1500毫升,而歌唱时可达1500—2400毫升。显然,播音时的空气吸入量比唱歌少,一般吸入五六成,最多七八成,就可以满足需要了。播音不像歌唱那样将气息充满胸腔,因而小腹也不像歌唱那样紧张;特别不能像唱高音、强音那样紧缩小腹,以免给人"气竭"的感觉。播音发声应该始终有一种"拉住"的感觉,这种感觉主要就是对膈向下的作用力(控制力)。如果对播音的这个呼吸发声特点注意不够,错误地认为吸气量越大越好,反而会增加控制气息的难度,容易造成声音僵化,影响语言的流畅和表达的自如。假如有意识地运用向外送气的呼吸方式,则气息状态更难持久,发声会很吃力。过强的气流冲击话筒也会出现"气声""杂音"等,影响声音的圆润度。

生理学表明,运用相互对抗、相互制约的力量,能对肌体的某部分进行调节、控制。气息控制是指吸气肌肉群和呼气肌肉群的彼此对抗,外部表现为两肋和小腹的对抗。

由于对呼吸起重要作用的膈不能被随意控制,而腹肌较易被控制,所以通过控制腹肌来调整膈的力量是这种呼吸方式的重点,有人称之为"气息支点"。归纳起来,胸腹联合呼吸就是:吸气时,两肋下端扩张,腰带渐紧,小腹随之收缩;呼气时,保持腹肌的收缩感,以控制膈和两肌,随着气流的缓缓呼出,小腹逐渐放松,但仍保持适度收住的感觉,而膈和肋肌在这种控制下逐渐恢复自然状态。

(三)用声控制

播音发声主要是指对喉部肌肉的控制,要掌握两个要点:一是保持喉头稳定;二是喉肌松紧适度,声带调节灵活。控制喉头上下位移的幅度,保持发声时喉头的相对稳定,是获得变化自然、和谐通畅、润泽丰满的声音的有效方法之一。控制喉头的稳定主要是依靠喉外肌的力量,因此用恰当的训练方法来增强喉外肌的调节能力,是获得这种控制力的有效途径。而声带调节的灵活与否,与喉内肌的控制力密切相关。增强和提高喉内肌的调节能力,关键是长期不懈地把它作为一项练声基本功坚持下去。根据语图仪的测试分析:一般人的音高运动幅度只有 7 个半音左右,而经过发声训练的播音专业人员,可以达到 15 个半音,发声能力增加一倍。由此可见,发声器官的生理机能和其他人体功能一样,用进废退。

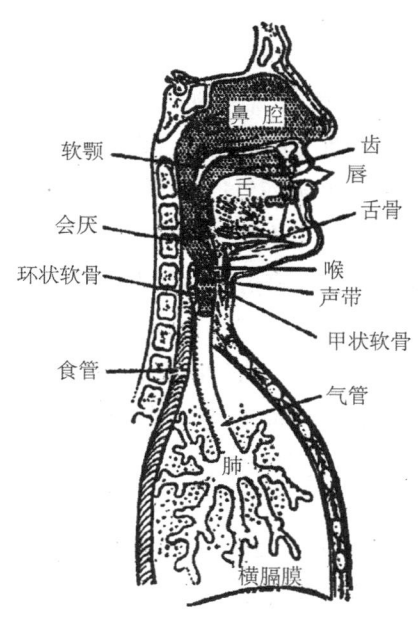

图 2-2 各共鸣腔体解剖图

播音对音色的总体要求是朴实大方、圆润集中。朴实大方的音色主要是以胸腔共鸣为基础的声区来体现的;圆润集中的音色则表现为以口腔共鸣为主的声音效果。根据解剖学原理,共鸣器官能够受控并随意活动的部分是软腭、咽部与舌部。所谓打开口腔、唇舌力量集中、声挂前腭,以及吐字归音的叼住弹出、拉开立起、到位弱收、音节形成"枣核形"等,都是口腔共鸣的控制方法。

人类发声的共鸣器官,在喉以上有喉腔、咽腔、口腔和鼻腔;在喉以下有气管、胸腔。从广义上来说,胸腔和头腔的骨组织都有传导声音的作用,但它们的作用不相同。胸腔的骨组织再加上胸壁本身的振动,引起的共鸣是很明显的;头腔的骨组织由于位置、容积都不相同,引起的共振的强弱也不一样。一般来说,额窦部位的共鸣最强、最清楚,因为它受到喉腔、咽腔、口腔和鼻腔等共鸣区全部声波的直接振荡。共鸣作用仅次于额窦的就是枕骨,它的位置靠近喉腔,直接受颈椎骨的声波传导,戏剧家称这种状况为"脑后摘筋儿"。播音学的审美要求播音发声的共鸣控制采取以胸腔共鸣为基础、以口腔共鸣为主、以混合共鸣为后备的声道共鸣方式。以口腔共鸣为主,口腔就是一个可以调节控制的共鸣腔,既可以保持语言的清晰度,也有利于改善播音的音色。其他腔体的共鸣都必须在口腔取得良好共鸣的基础上来实现。

(四)"情、声、气"的关系

以上分别论述了播音中声音和气息的控制方法,事实上它们之间有着密不可分的联系,都受到情感的制约。正确处理情、声、气的关系,是科学掌握播音用气发声方法的前提。

以情调气、气随情变是播音用气发声的一般方法,也是社会生活中普遍存在的现象。人们常会见到唉声叹气、平心静气、怒气冲冲、喜气洋洋等现象,说明气息是在人的高级神经系统的控制下自然调节的过程。播音发声要保证气息的饱满和畅通,必然首先要求调动情感。譬如,我们在谈练气时常说"兴奋从容两肋开,不觉吸气气自来",就是情绪调动气息的形象说法。如果不是兴奋从容的精神状态,很难获得两肋开、气自来的效果。精神饱满、情绪亢奋可以始终保持气息状态的通达、顺畅。徐恒认为:"在实际播音中,气息的作用不仅限于发声动力,它还是一种极重要的表达手段。气息是'情动于内'与'声发于外'的中间过渡环节,是情与声之间必经的桥梁。只有在'气随情动'的情况下,声才能随情而变化。从这个意义上讲,气息控制是由情及声、由内及外的贯穿性技巧。要想使声音能自如地表情达意,必须学会气息的控制与运用。"[①]

声音需要气息的支持,没有饱满的气息,行腔不可能圆润,语言必然缺乏表现力和感染力。"气乃音之帅"就说明了气息对支持发声的重要性。但如前所述,气息也是情感运动的结果,所以从"情—气—声"贯穿的前因后果来看也可以理解为"以情带声,以声传情"。正如古人所说:"凡音之起,由人心生也。人心之动,物使之然也。"(《礼记·乐记》)张颂对"情、声、气"的关系曾有过精辟的论述,他认为:"气者,音之

[①] 徐恒.播音发声学[M].北京:中国传媒大学出版社,2006:52.

帅也。情者,气之根也。""情、声、气的内在联系离不开心理与生理的相互感应。情是心理过程,声、气是生理现象。心理过程必然引起生理反应,如'心平气和''理直气壮''痛哭失声''语重心长'等。生理变化又可影响心理过程的兴奋或抑制。从因果关系说,是因情用气,以情带声,而从语言表达角度说,又是气托声、声传情。"①应该说,气息、声音的运用都是艺术表现手段,但手段必须服从目的。艺术就是为了表现人类丰富的情感世界,激发人类求真、向善、爱美,积极向上的精神追求。在播音实践中,声音运用得心应手,感情随着节目的内容而起伏跌宕,以至于听的人完全忽略了播音员的声音,只留下对节目内容的深刻印象,这才是播音用声出神入化的境界。

二、播音的物理媒介

播音既不同于一般的生活语言,也不同于其他语言艺术。它是借助电子媒介传播的一种语言艺术形式。也就是说,它不能离开电子技术传播的物理环境,离开了这个环境就不能充分体现它的存在价值。事实上,播音就是"人声→电声→人声"转换的物理声学过程。所以我们在对声音做出评价的时候,使用的是不同的标准。

人的听觉范围,主要是由频率和响度两个因素决定的。人声转化为电声,变成听觉可感声,这个物理过程必须在额定的频响范围内,才会有效。② 虽说人类能听到的声音频率范围是16—20000Hz,实际上一般人的听阈是500—5000Hz。人们对1000Hz左右的声音感受性最高。在可听声音范围内,普通人可以辨别出1.1万种高低不同的声音,能觉察出4Hz左右的声波差异,但对不同频率的声音,差别阈限不同。一般说来,频率越低,耳朵对频率的变化越敏感。

(一)播音的物理特性

播音声波的物理性质包括频率、声强、谐波含量与时值。这四种性质对于人耳的效应分别称为音高(音调)、音强(音量)、音色(音品、音质)和音长。

表2-1 声音的物理性质

客观性质	频率	声强(振幅)	谐波含量(声谱)	时值(秒)
主观性质	音高	响度	音色(音品)	长短
声音性质	音高(音调)	音强(音量)	音色(音品、音质)	音长

1. 音高

音高取决于发声体的震动频率,即每秒发声体震动的次数。人能听到的声音范

---

① 张颂.浅谈播音中情、声、气的关系[M]//张颂,乔实.论播音艺术.北京:北京广播学院出版社,1999:16.
② 徐恒.播音发声学[M].北京:中国传媒大学出版社,2006:19.

围,即人耳能感觉到的频率范围是 16—20000Hz。频率高于此范围的叫超声波,低于此范围的叫次声波。从听觉感受分析,频率增加一倍,音高增加一个八度音阶,人的耳朵可以听到九至十个音阶。

在汉语中,音高对于辨义有很重要的作用,汉语的声调调值反映的就是相对音高。

2. 音强

一定频率的声波强度取决于它的振幅。振幅越大,声音越强,振幅越小,声音越弱。音强是指音本身的物理特性,而响度则是指听觉的主观感受。响度随着强度的增加而增加,它们之间不是简单的比例关系,而是接近对数关系。其常用单位是分贝(dB),人声的强度可以有较大的变化,范围从 45—85dB 不等,耳语时比平均强度还要降低 20dB 左右。语言中,元音比辅音的强度高,宽元音比窄元音的振幅大。

人们对声音响度的主观感受与声音的频率密切相关。随着响度的减小,耳朵对低频或高频声音的灵敏度衰落得比中频声音要快(在广播中,必须借助放大器的增益频率特性来进行补偿)。

3. 音色

音色取决于声波的谐波含量,就是所含的泛音数目和它们的相对强度,即声谱。它形成了每个人声音的独特品质和个性特征。复音的音高由基音的频率决定,而音色则由这个复音中包含的泛音数目与它们的相对强度决定。影响音色的主要因素是:发音体(振动体)、发音方式和共鸣器。丰富的泛音使声音动听,高泛音使人感到愉快明朗,低泛音给人以深沉有力的感觉。

4. 音长

音长取决于发音体振动的持续时间(时值)。在语音发声中,音长通常指音节的长短。音长的变化直接影响言语的速度,并且是形成语言节奏的重要因素。现代汉语普通话每个音节的音长一般为 0.2—0.4 秒。

从声音特性的角度看,音色与音长、音强等特性的组合,在听觉上形成辅音和元音;音高与音长、音强等特性的组合,在听觉上形成声调(字调)和语调;而音色、音高、音长与音强的组合,在听觉上形成语气和节奏。

(二) 播音的声学环境

广播电视播音主要是在隔音、封闭甚至是吸音的特殊声学环境中进行的(现场报道、实地采访等除外),这种环境的特殊性除了会对人的心理产生一定的压力以外,对声音的传播也有重要的影响。声学的基本理论说明:自由空间中的空气的某一点产生振动,会引起该声源周围一系列的声波。随着与声源的距离增大,各点声强逐渐减弱,直到消失。但是在室内发声时,声音受到各种界面的阻挡而来回反射,出现许多复杂的干扰现象,从而使声场情况发生不同程度的变化,这种变化就是混响效应。它是指声源停止发声以后,由于室内界面的多次反射或散射造成声音逐渐衰弱的现象。混响时间是目前音质设计中定量估算的重要评价指标,它直接影响播音室音质的效果。语言播音室的混响时间是指500Hz左右中频的混响时间。一个面积为12—15平方米、体积为34—50立方米的播音室,最佳的混响时间是0.3—0.4秒;以语言声为主的电视演播室必须用较短的混响时间来提高语言的清晰度。电视演播室不同于广播播音室,因为室内装有摄像机、照明、空调以及布景设备等,它们都是影响室内混响时间、混响频率特性的因素。另外,为了避免传声器在画面中出现,话筒拾音的距离一般较远,这会使信号中的直达声受到影响。所以当演播室面积为50—80平方米时,最佳混响时间为0.5—0.6秒;而当演播室面积为100—200平方米时,混响时间最好在0.6—0.7秒,可以此类推。

在与日常生活处所不同的声学环境中,播音员、主持人很容易出现发声心理上的错觉。这种错觉会使播音员、主持人不自觉地提高自己的嗓音,追寻自然环境中的混响效果。这样反而会对播音发声和语言表达造成一些不必要的消极影响,如脱离发声的自如声区,导致极限声的出现;脱离表达的自如状态,使人感觉"冷、僵、远"等。

播音员、主持人应适应特殊的声学环境,根据环境特点适当控制、调整自己的声音状况,并形成职业习惯。我们可以依据对声学环境混响效果的主观评价,对声音做出如表2-2的调整:[①]

表2-2 混响效果的主观评价与调整

混响时间	效果	口发"S"声试听	用击掌声试听	调整措施
太长	字音混浊不清,有回音	余音明显过长	余音长,有回声	1.选用方向性强的话筒 2.话筒距离声源近些
太短	字音干枯无力,讲话费劲	听不到余音	掌声不响亮,听不到回音	1.用高灵敏度无方向性话筒 2.话筒距离声源远些
高频长 (2000—4000Hz)	声音尖	余音长	掌声尖,余音长而尖	1.增加高频段多孔吸声材料 2.在话筒桌上铺绒布
低频长 (100—500Hz)	声音闷,不响亮	稍有余音	掌声闷,不响亮,余音闷	增加低频段吸声材料
高频短	声音闷,低沉无力,讲话费劲	听不到余音	掌声,不响亮,余音沉闷	1.减少高频段吸声材料 2.撤掉原有桌布、帷幕等
低频短	声音尖,讲话者能感觉声音尖	稍有余音	稍有余音	减少低频段吸声材料
理想	声音洪亮,清晰悦耳,音域宽,讲话舒畅省力	稍有余音	稍有余音	

[①] 刘万年.影视音响学[M].南京:南京大学出版社,1994:80.

(三)播音的工具——传声器(话筒)与摄像机(镜头)

传声器(话筒)与摄像机(镜头)是广电新媒体最重要的播音工具,这些工具的使用直接影响播音创作的艺术效果。我们常说某人适应不适应话筒,上不上镜,指的就是这层意思。

1. 传声器(话筒)的声学特性

19世纪下半叶,传声器随着电话的出现而得到应用。但那时对它的技术要求只是提高语言的可懂度。经广播电视运用以后,传声器不仅要传送语声,还要表现音乐和自然音响,这就对它提出了更高的技术要求,所以纵观传声器的发展历史,主要就是为改善电声音质、提高声源清晰度而付出努力的过程。尽管现代技术已经使传声器的技术性能得到了极大的改善和提高,但是声电转换仍然有着自己特殊的规律,播音创作只有遵循这些规律才能取得理想的效果。

(1)灵敏度

传声器的灵敏度是电声转换效能的重要指标,灵敏度高,容易达到较大的信噪比,获得较高的清晰度,同时也能有效地克服线路感应杂声,使输出信号更加清晰。但是高灵敏度的传声器,也会对声源中的杂音起到放大作用,如语音中的塞擦音、爆破音等。根据这一特性,播音时就要依照不同话筒的灵敏度合理调整声源与传声器的距离和声波的入射角度。

(2)频率响应

频率响应简称"频响",它是电声器件或电声系统在电声信号转换或放大过程中反映频率失真程度(音质变化)的一个重要指标。在实际使用过程中,应根据不同声源的频率范围及其特性(如不同的音高、声部等)选择相应的传声器,以提高清晰度。一般来说,为了得到良好的音质,传声器频响曲线应在300—3000Hz范围内尽量平坦、均匀。但有时为了某些特殊需要,也可以通过调音台来有意提高或压低某个频段的响应。另外,在有些压差式传声器中存在着"因近效应",就是当拾音距离小于一定程度时(例如1cm),传声器低频段的灵敏度将显著增加,距离越近,低频提升得越多。这种现象在实际工作中也有一定的用处,它常用于补偿声源或传声器本身的低频缺陷,增加语音的亲切柔和感。但是应用不当也会使整个频率响应变坏,影响语音的清晰度,所以一般还是以20—30cm距离为好。

(3)指向性

传声器的灵敏度随着声波入射方向的变化而变化就是传声器的指向特性,这是一个很重要的电声技术指标。传声器的指向性分为全指向性、双指向性和单指向性。

全向传声器:也称无方向性或圆形传声器。它对来自各个方向的声音都具有相同的灵敏度。实际上,由于传声器外壳的声障作用,这种传声器后部的灵敏度有所降低。

这类传声器适用于拾取大范围声源的音响,当声源的范围很小(如人物对话),存在噪声过多、不够清晰的缺点。

双向传声器:也称8字形传声器。它的前后两面灵敏度相同,而对两侧的声音不灵敏。在实际运用中,它可以同时拾取来自相对两个方向的声源,例如拾取人物对话。双向传声器只要放在中间位置,就可以满足拾音的需要。

单向传声器:也称心形传声器。它的正面比背面的灵敏度高得多。它是实际使用最多的一种传声器。由于它只对来自一个方向的声源有较强的灵敏度,所以有比较强的抗干扰性,可以避免其他混响声和噪声的影响,清晰度较高。它是播音创作中主要使用的传声器。

传声器的指向性还和频率有关。频率越低,指向性越弱;频率越高,指向性越强。传声器的指向性对音质有较大影响。根据不同的使用目的、不同的声源以及不同的声场条件,选用具有不同指向性的传声器,对提高音质是至关重要的。

表2-3 传声器指向性的基本类型

名称	圆形	心形	超心形	8字形	强指向性	抛物面传声器
正反向灵敏度之比	1	1/7	1/7	1	1/31	≤1/40
拾音角度范围	360度	180度	70—80度	正反向60度	30—40度	20—30度
用途	室内外一般扩声录音用	剧院、大厅、体育馆扩声用;音乐、戏剧院录音用	广播录音用	电视节目拾音用	运动场广播、特殊效果录音用

(4)输出阻抗

从输出端测得的交流阻抗就是传声器的输出阻抗(一般以1000Hz的阻抗值为标称值)。输出阻抗按大小可分为低阻抗传声器和高阻抗传声器。高阻抗传声器可以直接与放大器连接,使用比较方便,但输出电缆线不宜过长(不超过5米),否则会使高频部分严重衰减;低阻抗传声器有比较强的抗干扰能力,允许使用长达百米的输出电缆线。

(5)固有噪声

它是指声波以外的电噪声信号,产生于传声器内部及前置放大器中。主要是热噪声、摩擦声、风噪声、感应噪声及前置器电噪声等。传声器的噪声一般用信噪比(S/N)或噪声电平来衡量。

根据传声器的上述声学特性,播音时应把握好与传声器的距离、高度、角度。声源与传声器之间的距离同音色有直接关系。一般来说,距离稍远,声音柔和,混响感稍强,与画面结合时,可以给人场景开阔的感觉。但离得太远,信号又会变弱,高频损失严重,而且会吸收大量的混响声,影响语音的清晰度。特别是在混响时间过长的封闭空间,距离更不能太远。当然,距离太近,也会因为传声器输出强信号而引起过载失真。因此,声源与传声器的距离保持在 20cm 左右为宜。可是对低频响应不灵敏的传声器来说,近一些反而可以补偿低音的不足,有利于改善音质。

播音员、主持人时常会低头念稿子。如果是给影视片配音,则既要低头看稿,又要抬头看画面。因此在布置有方向性的传声器时,对于前者,播讲者的嘴的中心线应与传声器的轴线在同一水平线上;对于后者,除两者尽量在同一水平线上外,传声器还不能距声源太近,因为入射角度过小会导致声音忽高忽低,难以控制平衡。在使用两只以上的传声器时,必须注意相位严格一致,否则会产生某频率段的声音抵消的现象,使扩大器的输出音量变小。

表 2-4 常用传声器的结构和特点

类型	结构	特点	指向性	使用时注意事项
晶体传声器	利用罗谢尔盐等材料的压电效应制成的传声器	输出电压高	无指向性	耐湿性能好;输出阻抗很高,引线不能太长
动圈传声器	与动圈扬声器的换能方向相反,是利用磁场中运动的音圈产生电动势的原理而制成的传声器	结构结实,工作稳定,性能良好,已出现高性能产品	无指向性 单指向性 双指向性	分为高阻抗型和低阻抗型两种,应根据使用目的选择
带式传声器	利用磁场中薄的金属箔振膜产生电动势的原理制成的传声器	特性好	无指向性 单指向性 双指向性	防风、耐振性能差,在室外使用时应多加注意;外部漏有强磁场,勿与磁带等靠近
电容传声器	靠近固定电极设置振膜极,利用其电容的变化制成的传声器,通过内装放大器取得信号输出	一种高性能传声器,频率响应范围宽,指向性可变	无指向性 单指向性 双指向性	避免在湿度大的环境中使用和放置;需要电源(注意电压)
组合传声器	1.由带式传声器和动圈传声器组合而成 2.用两只传声器做成一只立体声传声器	1.指向性可变(将两个传声器的输出合成) 2.一只传声器可拾取立体声	无指向性 单指向性 双指向性 立体声指向性	
驻极体电容传声器	膜片是用聚四氟乙烯等材料制成的,依靠驻极体在极板上产生感应电荷提供电压	频响宽,固有噪声小,体积小,无需极化电压	无指向性 单指向性 双指向性	防潮防风,避免振动;需要电池,防止电压下降,不用时取出
无线传声器	基本结构与驻极体电容传声器相同,是将电信号调制后发射出去的	无线传播,体积小,使用方便	单指向性	需要接收机接收解调出原信号,其他与驻极体电容传声器相同

2. 摄像机(镜头)的光学特性

广播只需要解决音频系统的声电转换和传输问题,而电视还需要考虑视频系统的光电转换和传输。这里所说的摄像机常被简称为"镜头"。如同音响系统中的传声器,摄像机在视频系统中起到光电转换器的作用——将光能转换为电能(将光信号转换为电信号),但摄像机的结构比传声器复杂。这里只讨论与播音形象直接相关的光电规律。

摄像机的成像原理与人眼略有不同,它的"视觉能力"比人眼有更大的局限性。基本光照度、明暗对比度和清晰度(分辨力)是描述它的性能特征与局限性的三个主要方面。

(1) 基本光照度

摄像机需要一定的光照条件来满足它的工作要求。如果光照强度不够,成像就会不清晰。摄像机要求的基本光照度主要是由信噪比(图像信号强度和电噪音强度之比)和光照强度(勒克斯度)所决定的。如果摄像机的信噪比高,它就能克服电噪音的干扰而呈现比较清晰的图像;如果信噪比低,它可能会受到电噪音的干扰而图像模糊。这时就要提高光照度,直到信号的强度增加到足以克服电噪音的程度。一般演播室内的摄像机的基本光照度在807.3—2671Lx;用于外景拍摄的便携式摄像机的基本光照度可低至53.82—107.64Lx。

演播室内强烈、灼热的光线刺激会让人感到不适。尽管摄像机性能的提高和冷光源的采用改善了这种状况,但是摄像机对基本光照度的依赖,使在摄像机前工作的播音员需要有一个适应过程。播音员要想在这样的演播环境中表现出生活中的自然效果,就需要对自己的心理状态进行适应性调整。

(2) 明暗对比度

明暗对比度反映出摄像机对图像层次的表现能力。一般来说,同一画面内的元素明暗对比不能超过30:1(最好在20:1的范围内)。如果超过这个对比度,摄像机就不能反映画面的层次,要么过于耀眼,要么过于晦暗。明暗对比度与光照度的概念不同,它是在各种光照度下都能反映出的明暗差别,但是不能因此忽视光照度,没有一定的光照度,也难以反映出画面的层次。

演播室内的布光对播音员、主持人的形象塑造至关重要。演播室内的灯光主要分为主光、辅助光、轮廓光和背景光。它们可以在不同角度上形成明暗对比度,以修饰、美化播音员、主持人的形象。

主光:一般设置在左右前方,由于它符合自然光线的特点,具有一定的反差和明暗层次,给人以立体感。正常情况下,主光在受光者正前方45度时,明暗适宜,有一定的层次。随着这个角度的缩小,层次也逐步减少,脸部会显得宽平、呆板。当主光投射大于45度时,面部阴影加大,立体感增强。所以,面部较平的播音员、主持人可以利用主光侧移来进行调整,不过要防止过于强烈的明暗对比。利用主光角度的变化可以调整面部轮廓,胖脸或瘦脸都能得到适当调整。

辅助光:主光确定以后,总会给受光者留下一些阴影,保留哪些阴影、修饰哪些阴影、去掉哪些阴影，就需要辅助光来调节。辅助光一般在摄像机的正前方，主、辅光配合得当，可以产生理想的明暗效果，使人物形象得到美化。

轮廓光：它的作用类似于摄影中的逆光，用以表现人物的轮廓，把人物从背景中区别出来。由于光线是从人物后部投射出来的，可以使发型、肩部和脸部轮廓明显，具有层次感。轮廓光的强度一般要大于主光，这样才能表现出明显的轮廓。轮廓光也可以根据人物的特点进行适当调整，以改善荧屏形象。

背景光：它是用来布置背景的灯光。背景光主要是为了烘托人物造型，可以根据人物主体的明暗来调整背景光的亮度。

灯光的调整主要是灯光师的任务，但播音员、主持人应该在熟悉并了解灯光基本特性的情况下，主动配合灯光师完善这项工作。

(3) 清晰度（分辨力）

摄像机的清晰度是由许多因素决定的。但就表现播音状态而言，现代摄像技术和镜头光学性能能够满足清晰度的要求。当播音员、主持人透过摄像机镜头与观众交流时，实际上是将摄像机镜头看作观众的目光，无论受众还是主持人，都有一种"一对一、近距离"的感觉。播音员、主持人的一颦一笑都会给人留下鲜明的印象，同样，播音员、主持人的任何不雅行为或不良情绪也会暴露在受众面前。所以，播音员、主持人必须培养出在这种特殊环境中与受众交流的能力。

(四) 播音语言的清晰度与可懂度

对于清晰度和可懂度的评估方法，主要是由若干专家组成一个测听小组，由一个人通过语言传送系统朗读预先准备好的语言材料。测听组成员将听到的内容记录下来，或根据讲话内容作出反应，统计听对的百分数，从而对语言传送系统作出评价。如果统计的是意义不连贯的语言或音节，则称为清晰度；如果统计的是有意义的语言，如词、单句等，则称为可懂度。人们往往可以根据一句话中的一部分字音，猜测出整句话的含义，所以单句的可懂度总是高于音节的清晰度。当音节的清晰度高于40%时，单句的可懂度一般可达到95%以上。

语言的清晰度、可懂度主要与以下几种情况有关。

1. 传送系统的频带范围

一般来说，高频率的声音对语言清晰度的影响较大，所以要提高语言的清晰度就必须增加高频声音。

2. 声强级（响度）

传送系统的频率范围相同，但声强级不同，清晰度也不一样。声强级达到一定值以上时，清晰度几乎不变，但声强级过度时，清晰度反而下降。

3. 室内混响

室内混响度较强会产生过多干扰,影响语言的清晰度。

4. 录音播放速度

声音的频率是根据录音时与放音时速度比做相应变化的,清晰度也随速度比有相当大的变化。

影响播音清晰度、可懂度的主要原因是在上述技术条件下,发生的语言弱音节丢失现象。由于普通话中各个音节的音强并不是均衡的,元音和浊辅音携带着整个语言过程中90%以上的能量。清辅音虽不如浊辅音音强大,但在语言识别中发挥了60%的作用,所以清辅音是形成弱音节的主要因素。

表 2-5　汉语音节对比

音别 特征	元音	浊辅音	清辅音
携带能量	大	中	小
频带宽度	窄	中	宽
传播距离	远	中	近
受系统幅频曲线限制的影响	小	中	大
对广播电视系统适应能力	强	中	弱
对语言所起的作用	主要对音量影响大	对音量及清晰度均有影响	主要影响清晰度

在不同的广播电视技术条件下,弱音节丢失的程度有所不同。声音保真度越高,弱音节丢失就越少。但即使是在保真度较高的电视播出中,也会出现弱音节丢失的现象。有人对这种现象进行过实地测听调查:测听在长沙市郊区进行,电视信号场强为65—68dBμv/m,测听室面积18平方米,混响时间0.35秒,环境噪声45dB,用一台日立牌彩色电视机作测听接收机,由2—3名专注的人员进行测听,电视机音量开至60%,测听结果数据如下①:

(1)……欧洲共同体也投入灭蝗……

(2)……利窦玛把宗教仪式的唱法也带了进来……

(3)……刘三姐你还不知道哇?财主想要她死!……这么说,是你家老爷弄错了吧?告诉你家老爷,今天老汉没功夫会他……

(4)伊朗对美国这一报复将是无限的……

"遇到弱音节丢失现象,电视观众只能借助于播音员的口形和表情,或根据语句的前后相关意义来猜测该音节的意义;广播受众则只能根据相关意义来猜测。这样就

---

① 文字下标黑杠为弱音节丢失。

削弱了受众对整句话的辨识,使播音可懂度下降,这是应当尽力避免的。"①播音语言之所以不能等同于一般的生活语言,就是因为广播语言的幅度和频率范围受到技术条件的限制,受影响最大的就是弱音节。随着弱音节的幅度被降低,高频音量被削减,很容易发生弱音节丢失的现象。造成这种现象的原因是,首先,人耳可识别的频谱范围有限,由于广播电视受各种条件限制,提供给语言信号的频带宽度都比较窄,如我国调幅广播的频带宽度规定为4500Hz,这样语言中相当多的频谱就被削减掉了,尤其是清辅音中高频部分损失最为严重。其次,音量忽大忽小的变化超出了电声系统的动态范围。为了把电平控制在安全范围内,只能牺牲高频来避免过载,这样就会使弱音节衰减得更明显。最后,电声在传播过程中,受自然环境的影响造成电平衰落,节目音量在"潮汐起伏"的变化中,电平动态失衡,也会使"低潮"中的弱音节丢失。

三、播音的心理媒介

费尔巴哈说:"我们用耳朵不只听到流水潺潺和树叶瑟瑟的声音,而且还听到爱情和智慧的热情的音调。"②如果说"流水潺潺"和"树叶瑟瑟"只是一种物理现象和生理感觉,那么"爱情和智慧的热情和音调"则是一种审美感受了。播音不仅仅是一种声音形式,更主要的是它传达的情感和意义,因此,播音比一般的声音形式更容易激发人们的心理情感。

事实上,播音是在媒介环境中与受众进行交流的方式,无论传者还是受众都有特殊的心理过程。如果不懂得播音创作心理的一般规律,也不了解受众对播音的感知过程和审美心理,播音创作就会陷入盲目状态,常常表现为脱离对象的自我欣赏,费力不讨好。因此,播音员、主持人要提高自己的播音艺术水平,必须遵循播音艺术创作的一般规律。

(一)播音语言的传播心理

播音创作从某种意义上来说也是艺术思维的过程。这种思维最基本的特点,就是思维活动始终伴随着具体生动的形象。它不像科学的抽象思维那样逐渐抛开具体生动的形象材料,用概念得出普遍性的结论;而是始终围绕具体生动的形象思维,进行感受、联想、想象等一系列心理活动。

1. 语感

语感曾是一个难以界定的概念,不但《辞海》《辞源》《汉语大词典》等都没有收列,就连《语言与语言学词典》《中国语言学大辞典》《语文知识辞典》等也无此条目。

---

① 方宏一.广播电视语言弱音节丢失现象的探讨与对策[J].中国广播电视学刊,1988(6).
② 费尔巴哈.费尔巴哈哲学著作选集:上卷[M].荣震华,李金山,译.北京:商务印书馆,1984:172.

直到 1994 年修订的《现代汉语词典》才对"语感"作了如下简单的解释:"言语交流中指人对词语表达的理解、使用习惯等的反映。"此前,陈原在 1983 年出版的《社会语言学》中使用过这个概念:"俗话常说,'眉目传情',这就是说,不止眼睛,连眉毛也是有语感的。彼此注视着,不是爱就是恨;至于究竟是表达爱的语感还是表达恨的语感,那就要看具体的语境。"①尽管这些解释都不够明确,但是有一点是可以肯定的,即语感实际上是对词语含义的一种感觉。张颂在《朗读美学》中阐述得更加清楚:"语感可以这样表述:社会人对语言文字词语的感觉。"那么,应该从哪个学科的角度来研究语感现象呢？吴郁在《播音语感及培养》一文中有过专门的论述:"从心理学和语言学的角度看,语感的实质是人对语言的一种综合的心理反应能力。"②显然,语感是一种心理活动或者说是一种心理功能,属于心理语言学的研究范畴。"心理语言学以语言过程作为主要的研究对象。这个特点使它和以研究结构和功能为对象的理论语言学和社会语言学区别开来。"③这就是说,语言学研究的是声音和意义是怎样结合为一种结构的;而心理学则要了解人们是怎样掌握这个结构、运用这个结构的。20 世纪 50 年代初兴起的心理语言学,就建立在这两个学科基础之上。

语感有两项基本特征:直觉性和个别性。

虽然并不排除语感受先天禀赋的影响,但后天习得才是最重要的途径。语感之所以有别于一般的感性认识,就因为它是人们在长期的社会生活、文化修养、伦理观念等熏染中形成的对语言内涵的感悟能力。常言道,"听话听声,锣鼓听音",就是提醒人们要关注那些言外之意、弦外之音。譬如北宋王安石的《泊船瓜洲》中有一句:"春风又绿江南岸,明月何时照我还?"其中"绿"字的使用意味深长,可说是绝妙之笔。它使人感觉到诗人对家乡的由衷赞美以及思乡感怀的心境。这里诗人的意蕴能否为读者所感知,就取决于读者的文化修养了。所以,语感的直觉性是不确定的,感悟的深浅也会因人而异。

语感的个别性包含两层意思:语感获得的个别性和语感运用的个别性。语感的获得因个人心理结构的不同而有所区别。一个人所处的时代、所属的民族、所生活的环境、所接受的教育等都可能对他的语感产生影响。在这个过程中,语言和个性之间相互作用,形成了千差万别的语感个性。古往今来,多少骚人墨客吟诗作画描写秋天,有人感叹秋风落叶的寂寥,也有人表达春华秋实的喜悦。著名作家老舍在小说《牺牲》开头说:"言语是奇怪的东西。拿差别说,几乎每个人都有些特殊的词汇,只有某个人采用某几个字,用法完全是他自己的;除非你明白这整个的人,你绝不会了解这几个字。"在日常生活中,人们总会带有一些口头禅或习惯性用语,某些词的使用频率明显比较高,形成个人口语特点。不仅如此,语感还会带有行业特点。譬如,播音语感的运

---

① 陈原.社会语言学[M].上海:学林出版社,1983:183.
② 吴郁.节目主持艺术探[M].北京:北京广播学院出版社,1997:147.
③ 桂诗春.新编心理语言学[M].上海:上海外语教育出版社,2000:1.

用就是由它的专业特性所决定的。我们在播音表达规律中曾总结出"词语感受律"。它说明"播音,不只是把'文稿'或'腹稿'变为一定的声音形态,它必须对形成一句、一段、一篇的话进行咀嚼、体味,是语言所代表的客观现实中的人、事、物、理,于是便把语言符号变成了活生生的、有血有肉的有声语言。这其中,就要求播音员具有赋予词语以感受的能力"①。据说,齐越的播音得益于他从《社戏》《古罗马的大斗技场》这一类作品的朗读中获得的语感,形成了朗诵式的具有抑扬之美的表达特色。夏青的播音则不同,他得益于具有强烈平仄韵律的古诗文,如《唐诗三百首》《古文观止》以及毛主席诗词的朗读语感,形成了宣读式的、具有顿挫之妙的表达特色。当然,语感的使用不仅仅局限在有稿播音中,无稿播音也需要语感的支持。吴郁对播音语感现象进行过比较深入的研究,她认为语感能力对播音有四个方面的影响:"第一,语言符号转换的迅捷性;第二,以声传情的细腻性;第三,播音、主持多样化的适应性;第四,语言传播中类交流的虚拟性。"②"语言符号转换的迅捷性"要求播音员、主持人具备迅速、准确地把语言文字符号转换成声音符号的能力;"以声传情的细腻性"是用语音细腻表达情感的能力;"播音、主持多样化的适应性"指的是播音员、主持人适应语境变化的能力;"语言传播中类交流的虚拟性"是说播音员、主持人在实际播音环境中,虚拟人际交流环境的能力。前两项主要是在有稿播音的情况下需要的语感能力,而后两项则涵盖无稿播音的语感要求。著名播音艺术家方明在谈《在大海中永生——邓小平骨灰撒放记》这篇通讯的播音体会时说:"'1997年3月2日,银灰色的专机离开西郊机场,在首都上空低低地、缓缓地绕飞一周……然后,穿过云层,飞向祖国的辽阔大海。'这里,主要从'银灰色''低低地''缓缓地'这些词语,体现出我们对小平同志的哀悼之情。在这种很浓重的悲痛氛围中,通过一个'辽阔大海',就把这种悲痛的心情扩展开来了——用很宽阔的大海形象代表祖国和人民,迎接他、拥抱他。这样,这种悲痛的情感就有了一个升华。"③从这个体会中,我们可以清楚地看到语感对播音创作的影响。在无稿播音的主持人节目中,语感的作用也是十分重要的。譬如,在一家电视台组织的关于《恋爱·婚姻·家庭》的现场讨论中,一位主持人对年逾花甲的老太太说:"老同志,您好,承蒙您光临我们的讨论现场,请问您高寿?您的配偶今年多大年纪了?"老太太对"承蒙""光临""高寿""配偶"都不解其意,茫然不知所措。④ 这不能归罪于老太太的语感不好,只能说是主持人不看对象,语不投机,缺乏交流语感。在播音实际工作中,这样的例子不胜枚举,可见播音语感的重要性。

2. 情感

情感是一种心理现象,也是播音创作的动力源泉。情感对播音的作用主要体现在

---

① 张颂.播音创作基础[M].北京:北京广播学院出版社,2004:132.
② 吴郁.节目主持艺术探[M].北京:北京广播学院出版社,1997:153.
③ 姚喜双,郎小平.方明谈播音[M].北京:中国广播电视出版社,2000:114.
④ 曹可凡,王群.节目主持人语言艺术[M].上海:上海人民出版社,1997:91.

三个方面:联系想象、调动情绪、感染受众。

想象是人脑对已有表象进行加工改造而创造新形象的过程。想象与人的认识、情感、意志与个性等心理活动都有密切和有机的联系,受到它们的影响与制约。特别是情感的变化受到艺术创作中想象活动的直接影响。"作家头脑中产生的形象、情境、情节的意外转折似乎是透过一架特殊的'不断充实的机器',进行创作的个人的情绪方面就是这样一架机器。作家、艺术家和音乐家体验着各种情感并使它们体现在艺术形象中,从而促使读者、观众和听众产生感受、悲伤和欢乐。"①齐越于1966年2月6日播报的《县委书记的好榜样——焦裕禄》给全国人民留下了深刻的印象,产生了很大的社会影响。他播得如此感人至深,与他曾有过的丰富的生活体验分不开。据他回忆,当他拿到这篇稿件的时候,心情十分激动,参加农村"社教运动"(社会主义教育运动)与农民"三同"(同吃、同住、同劳动)的情境都在脑海中浮现出来。感同身受的情感体验激发了齐越丰富的创作想象,使这篇播音作品产生了强烈的社会共鸣。

播音创作中,饱满的情绪不仅可以帮助播音员、主持人传情达意,而且对用气发声等生理功能也会产生不可忽视的影响。这就是为什么人们总说"以情带声,以声传情"。因为在情绪发生时,除了身体的外部表现以外,还伴随着一系列内部生理上的变化。譬如,强烈的情绪会加速血液循环,使活动能量加大;而消极的情绪会减缓血液循环,活动能量随之减少。情绪的变化还会导致呼吸状态的改变:人在愤怒时,每分钟呼吸可达到40—50次,而平静时只有20次左右。张颂对此也做过精辟的概括:"爱的感情——气徐声柔;憎的感情——气足声硬;喜的感情——气满声高;悲的感情——气沉声缓;惧的感情——气提声凝;欲的感情——气多声放;急的感情——气短声促;冷的感情——气少声平;怒的感情——气粗声重;疑的感情——气细声黏。"②

20世纪30年代,美国心理学家乔治·哈特曼进行过一项与政治选举有关的现场实验,比较了诉诸情感与诉诸理智的两种传播效果,最后得出结论:富有情感色彩的传单对人们选举的影响比"理智"的传单要大得多。这个结论在以后的多次实验研究中也得到了确认。心理学家们据此认为:由于情绪具有感染性、情境性,传播信息时诉诸情感,群众反应较强烈,因而传播的短期效果显著。但是要给人以稳定持久的影响,则还要采取诉诸理智的传播方式。虽然在实际传播实践中,两种手段总是同时并用的,但是"诉诸情感"仍然是首要的传播手段。杨沙林在回忆文章中,描写了这样一段往事:"1998年秋,在开往宁夏西去的列车上,中央人民广播电台宁夏记者站的记者潘梦阳在火车上巧遇穆青同志,他们是去参加宁夏回族自治区成立40周年纪念活动的。潘梦阳同志和穆青谈起当年在列车上听中央人民广播电台播放《县委书记的榜样——焦裕禄》的情景。他说,原来车厢里乱糟糟的,但中央人民广播电台一播放《焦

---

① 彼得罗夫斯基.普通心理学[M].龚浩然,伍棠棣,卢盛忠,等译.北京:人民教育出版社,1991:390.
② 张颂.朗读学[M].长沙:湖南教育出版社,1983:216.

裕禄》,人们顿时像听到军令的士兵一样沉静下来。男女老少都在用心地倾听。听着,听着,渐渐地、渐渐地,越来越多的人眼里滚出了泪水。潘梦阳说他当时坐在西去列车的窗口,望着窗外北国那荒凉贫瘠的土地,那在风中抖动的稀疏的枯草,听着齐越老师广播的《焦裕禄》,脑海里想象着通讯中的情景,眼泪也忍不住夺眶而出……通讯播完了,有的妇女竟哭得泣不成声。车厢里好一会儿除了哭泣声、车辆的行进声,再也没有其他的声音。人们仿佛还没有从通讯的意境里走出来,仍然那样沉浸在思索中……"[①]可以说,但凡给人留下深刻印象的优秀播音,毫无例外都是感情充沛、极富感染力的。

3. 想象

播音的想象不同于一般的被动想象,这种想象有着很强的目的性和自觉性,属于有意想象。这种想象既要以语言内容为依据,又要用播音员自己的丰富生活积累来补充,因此它是一种再造性想象。播音时的想象活动伴随着丰富的情感,稿件和想象达到了情景交融的境界,这个过程就叫作"情景再现"。播音员运用情景再现是为了使思想感情进入状态,激发播讲欲望,达到播讲目的。

情景再现贯穿在播音创作的全过程,应从以下几方面来把握:

(1)理清头绪:情景再现是一种再造性想象,这种想象活动有一定的依据,不能天马行空,任意驰骋。它是根据言语、文字的描述,在头脑中形成相应的新形象的过程。我们要在头脑中梳理情景的来龙去脉、主次轻重,把文字等素材再造成自己头脑中的"分镜头"剧本,在形象思维中描绘现实生活的生动场景。正如法国思想家伏尔泰所说:"积极想象的第二种机能是对细节的想象。正是这种想象使谈话妙趣横生,因为它不断地把人们最喜爱的东西、新奇的事物呈现在心灵之前。冷漠的心灵所勾画不出来的,它都能描绘得栩栩如生。它运用最令人惊奇的情节;它举出各种各样的事例。如果这种才能与对一切才能都适宜的平实自然结合在一起表现出来,便会获得一致的推崇。"

(2)设身处地:通过想象激发自身的生活体验,产生如临其境、如见其人(物)的感觉。设身处地主要是指获得现场感,并且努力表现这种环境氛围,给人以真实、生动的感受。言语、文字提供的情景不一定都是我们亲身经历过的,只能根据自己的理解和想象来加以描摹。生活积累越丰厚、社会观察越深入、知识涉及越广泛,体验就越发深刻,想象力就越丰富,这种描摹就越细腻、生动。譬如,李白《黄鹤楼送孟浩然之广陵》一诗:"故人西辞黄鹤楼,烟花三月下扬州。孤帆远影碧空尽,唯见长江天际流。"诗的后两句看起来是写景,但在写景中包含着一个充满诗意的细节:李白把孟浩然送上船,船扬帆而去,而他却一直看到帆影模糊,消失在碧空的尽头,可见那种依依惜别的心

[①] 杨沙林.用生命播音的人——忆齐越[M].北京:中国广播电视出版社,1999:188.

境。播这首诗时要把李白对挚友的深情、对扬州的向往,似一江春水浩然向东的不舍之情表达出来。

(3) 触景生情:播音创作过程中脑子里有了丰富的想象活动,必然会触发情感的反应,而充盈的情感又会进一步推动想象展开。如此循环推进,就会进入情景交融的境界。王国维曾说:"境非独谓景物也。喜怒哀乐,亦人心中之一境界。故能写真景物、真感情者,谓之有境界。否则谓之无境界。"可见,触景生情是情景再现的核心,也是播音想象所要达到"境界"。法国著名文艺评论家拉·梅特里在《人是机器》中,阐述想象与情感的关系时说:"想象作用就是心灵,因为它起着心灵的一切作用。由于想象作用的生动笔触,理性的冰冷的骨骼得到了活跃的鲜红的血肉;由于它,各种科学滋生繁荣,艺术愈益美丽,泉石呜咽,林木低语,回声互相呼应,大理石呼吸着生气,一切无生命的物体都得到了生命;也就是它,使一颗情爱的心除了温存之外更增添上情欲动人的吸引力,它使情欲在学究和哲学家的书斋里滋生。最后,想象作用不单造成诗人和演说家,而且还造成学者。"①

(4) 现身说法:在播音创作的情景中,播音员应该始终保持身临其境的感觉。即使不是"当事者",也应该是"目击者"。播音员只有置身现场,把自己的"所见所闻"描述出来,用此情此景感染受众,才算达到目的。有学者对1988年中央电视台播出的电视片《西藏的诱惑》给出了这样的评价:"林如和方明的解说语言,对画面进行了一番烘云托月的再创造。当然,在创作过程中,画面的美是第一位的,在充分体现画面的主体构图以外,他们用自己的语言浅墨淡彩地对画面加以渲染和衬托,从而使画面构图的丰厚情感内涵更加鲜明突出,将观众带入优美的诗情画意之中,感受到创作者孕育的深厚情感。"②电视解说往往是后期合成的,所以解说员必须充分发挥自己的想象力,以置身现场的感觉来解说。

4. 内在语

"内在语"的概念最早是在苏联著名演员阿克肖诺夫撰写的《朗诵艺术》中出现的。他在这本书中写道:"内在语是一种内部的心理动力,它服从于作者的思想,并指导语言去表达作品的主题思想。朗诵者把自己的创作意图和实际任务,通过内在语揭示出来,传达给听众。"③张颂在《播音创作基础》中写道:"那语言所不便表露、不能表露,或没有完全显露出来的语句关系、语句本质,就是内在语。"④由此可见,内在语的作用主要有两个方面:揭示语句本质和揭示语言链条。

在播音实践中,语义结构不仅仅是语音、词汇和语法的简单组合,还需要传达出语

---

① 梅特里.人是机器[M].顾寿观,译.北京:生活·读书·新知三联书店,1956:34.
② 姚喜双,苏海珍.话筒前的人生[M].北京:中国广播电视出版社,2000:162.
③ 阿克肖诺夫.朗诵艺术[M].齐越,崔玉陵,译.北京:北京广播学院出版社,1984:42.
④ 张颂.播音创作基础[M].北京:北京广播学院出版社,2004:56.

句本质的"言外之意""弦外之音",而这些正是依靠千变万化的语气表达出来的。语气的变化就是由人的心理活动——内在语来支配的。"'处理好句子出意思',是方明引述林如的一句话,强调播音时,要着眼于节目和文稿的内涵,着眼于句群的意义,不要限于表面的字句之中。要做稿件文字的主人,把它们当作一列自己掌握的列车;而不是做它们的奴隶,被动拘谨,使得列车左摇右晃甚至颠覆。"①由此可见,揭示语句本质,把握明晰、准确、态度鲜明的内在语,对语气的表达有直接作用。

内在语的另外一项重要作用就是揭示语言链条。所谓"语言链条"只是一种形象化的说法,实际上"语言链条"是串联文章中前言后语、上下句、上下文的一种内在逻辑关系。播音表达的逻辑关系不能仅靠"因为""所以""虽然""但是"等关联词,还必须发挥重音、停连等"声音标点符号"的作用,支配这些"声音标点符号"的毫无疑问也是内在语。夏青的播音表达就有许多独到之处,他运用停连的技巧十分高超,多停少连,内在逻辑十分严谨,总给人"声断意不断,气辍情不绝"的感觉。他在重音的运用上也十分精当,重在表现语意间的逻辑关系,使人感到脉络清晰、明白晓畅。他总结的经验就是"三读三思"。"三读"就是第一遍先粗读,了解稿件的脉络和大意;第二遍细读,仔细分析文章内部词语间的逻辑结构;第三遍再粗读,以防第二遍细读之后,陷于文章的细枝末节,于是再从整体上把握稿件。"三思"就是分析完稿件之后还要想一想:一是把文章放到形势、政策的背景中去考察,想一想稿件与现实的逻辑关系;二是把稿件放到整个节目中去认识,看一看它与其他新闻、与整个节目的关系;三是把稿件放到听众那里去考虑,从播和听的传播逻辑关系中去考察,获得实际的传播效果。②经过这样的"三思三读",夏青播音中的内在语变得极为丰富,给人留下了逻辑清晰、余味无穷的印象。

内在语的作用在电视播音中表现得更加明显,身体、手势、面部表情等都可以揭示有声语言深层的含义,直接显露的情态也可以表明叙事中前因后果的关系等。

(二) 播音语言的感受心理

播音一般是在特殊的环境、面对特殊的群体、用特殊的方式来进行传播活动的,这就必然给传受双方带来不同程度的心理影响。忽视这种影响,就难以达到"传播"的目的。因此,要达到"传播"的目的,就需要关注三个方面的问题,即"在什么场合说","对谁说"以及"怎样说"。

1. 环境感

大众传播的显著特点是"点对面",但传播者在面对成千上万的受众的同时,也在力求满足受众"一对一"的交流欲望。传播者和受众所处的环境不一样,这必然会对

---

① 姚喜双,郎小平.方明谈播音[M].北京:中国广播电视出版社,2000:68.
② 付程.准确无误,鲜明生动——夏青新闻播音业务思想初探[J].中国广播,1999(2).

传播者的心理能力提出特殊的要求:在事实上并不存在的客观环境中运用自己的想象能力虚拟出适宜的传播语境。人们常说的"空中客厅""午夜心桥""午间茶社""早餐前后"等就是虚拟出的一种语境。虚拟语境的目的就是为了形成语境制约下的适宜语体,从而达到理想的传播效果。俗话说,"上什么山唱什么歌,见什么人说什么话",也是这个意思。虚拟语境一般可以从两个方面来设计:一是考虑受众所处的接受环境;二是根据节目需要作出相应调整。

现在,随着人们生活水平的提高、生活环境的改善,接收环境有了很大变化,广播的听众呈现出分散、近体、移动的收听特点。收听工具越来越袖珍、便携、多用途化,人们利用闲暇时间的方式也有了很大的变化。在这样一个轻松、闲适、温馨的氛围中,再用那种一板一眼、庄重严肃的口吻来谈话、交流,就显得有些不协调了。国外一些媒体调查公司,不仅调查了解受众的收受时间,而且也十分注意了解接收工具在家庭中的分布情况和放置地点,譬如收音机和电视机,放在客厅或书房的有多少,放在卧室的有多少,等等,使传播者可以根据不同的时间和不同的对象调整自己的播出内容乃至语气和语调等,力争达到最佳的传播效果。

处在传播者一方的播音环境是较为特殊的。它实际上是一个极为封闭、强烈照明、不适宜交流的环境。一般人在这种场合甚至会失去生活中使用自然语言的正常能力(播音室采取了吸音措施,限制混响等效果)。在这样的客观环境中,人们说话会不自觉地提高嗓音,唯恐别人听不见、看不到。但是为了达到理想的传播效果,又必须对这种情况进行调整,调整的办法就是提高传播者的心理适应能力。传播者在想象中勾勒与受众亲切交流的图景,从感觉上捕捉受众所处的语言环境。中央电视台主持人沈力在谈播音的体会时说,"当时的做法是:出台标、音乐时,主持人低头酝酿,设想镜头后的人,最初想到的是自己熟悉的朋友、父母、兄弟姐妹,甚至爱人。音乐一完,抬起头,微笑着开口问候。从那时起,我就开始培养这种迅速调动情感,透过镜头'看'到观众的能力。'眼睛是心灵的窗口',看到了才能产生交流,才会有亲切感"[①]。当然,有时还会根据节目的需要不断变换场景,给人以现场感。譬如,1964年首都人民欢庆"五一"节的录音新闻报道:"今天,在北京工人体育馆和体育场,人声沸腾,掌声雷动,首都将近10万名体育爱好者跟党和国家领导人一起观赏了我国优秀乒乓球、足球和体操运动员的高超技艺。(球声、掌声、欢呼声)。"这里表现的显然是一种十分开阔的场面,是大环境。再如,徐曼主持《空中之友》时说:"给我来信的那位小妹妹,看了你的信,我想了好多啊,脑子里一会儿浮现出许多台湾中学生单纯稚气的笑脸,并猜测着你的模样,一会儿呢,又想起我十几岁的时候,在中学读书的情景,那是一段多么愉快的时光啊……"这就是典型的倾心交谈的小环境。

播音创作中的环境感直接影响传播效果,如果播音员、主持人游离在节目所需要

---

① 白谦诚,胡妙德.中国荧屏第一人——沈力[M].北京:中国广播电视出版社,1999:32.

的传播环境之外,必然会疏离受众,给人不真诚的感觉。现代模拟技术的发展使虚拟演播室的运用越来越广泛,这就更加需要播音创作者在虚拟环境中,设想符合虚拟演播环境的表达方式。

2. 对象感

播音除了需要对传播环境进行合理的设想以外,对交流对象的设想也十分重要。由于"对象"也是通过心理活动虚拟出来的,所以称作"对象感"。我们要做的就是在"目中无人"的情况下,努力做到"心中有人"。张颂对此进行了解释:"播音员必须设想和感觉到对象的存在和对象的反应,必须从感觉上意识到受众的心理——要求、愿望、情绪等,并由此调动自己的思想感情,使之处于运动状态。但这种情况并不是播音员与受众之间的语言交流,充其量只是思想感情的单向流动。作为客观存在,播音员播,受众听,一般情况下这是不容否认的。但是,播音员设想和感觉到的受众方面的情况,只是主观表象、意象,与客观事实不能等同。播音员设想的受众、感觉到的反应,事实上也许并不真正存在。说到底,这种设想和感觉仍然是属于播音员自己思想感情运动单向流动中的构成因素。"①

广电新媒体分众化发展的方向,越来越需要我们对受众对象有更多了解。虽然不可能对每一位受众都了解得那么具体,但是有三个方面必须心中有数,即身份、年龄、界别。

身份是一种社会角色,它是由一定的社会地位决定的。《当代中国社会阶层研究报告》②曾将我国社会群体划分为十个社会阶层,并明确了它们所占的比例,即"国家和社会管理者阶层,占2.1%""经理人员阶层,占1.5%""私营企业主阶层,占0.6%""专业技术人员阶层,占5.1%""办事人员阶层,占4.8%""个体工商户阶层,占4.2%""商业服务业员工阶层,占12%""产业工人阶层,占22.6%,其中农民工占产业工人的30%左右""农业劳动者阶层,约占44%""城乡无业、失业、半失业者阶层,占3.1%"等。根据这个统计分析,我们可以将受众大致区分开来。

年龄是划分受众心理特征和收受行为的另一项依据,一般划分为四个阶段:儿童(13岁以前)、青少年(13—28岁)、中年人(29—55岁)、老年人(55岁以上)。收受对象的年龄特征一般由节目本身的对象性来确定。如《夕阳红》面对的是55岁以上的老年人,《大风车》主要面对儿童等。不同的年龄段具有不同的心理特征,如中年人具有较强的分析综合与判断推理能力,能较为冷静、全面、深刻地观察和分析问题,情绪比较稳定、不易冲动。所以面对这样的群体,播音员、主持人就需要稳重、客观,力求以理服人;儿童则不一样,他们的抽象思维尚不成熟,主要是形象思维,因此不能空洞说教,应循循善诱,以满足他们的好奇心;老年人常会有孤独感和怀旧感,面对他们就应

---

① 张颂.播音创作基础[M].北京:北京广播学院出版社,2004:60.
② 陆学艺.当代中国社会阶层研究报告[M].北京:社会科学文献出版社,2002.

该热情诚恳,充满关爱……

界别指的是以社会组织的方式加以区别的社会群体,如民族、宗教、社团以及区域等。因为不同界别的群体有自身某些共同的价值取向和心理特征,所以对媒介信息有相似的反应。按照界别来确定对象,有助于把握适宜的话语方式,进行有效的思想沟通。譬如,不同的宗教群体有不同的宗教习俗和禁忌话题;不同的民族有不同的文化背景和风俗习惯;不同的政治派别、社会团体也有各自的利益诉求。这些对我们在节目中把握对象的基本特征都有积极意义。

3. 交流感

现代传播学研究的成果之一就是发现双向传播的效果要优于单向传播。心理学家莱维特的实验研究证明了这一点。他得出的结论是:(1)双向传播比单向传播准确;(2)双向传播中,传受双方对自己的判断比较有信心;(3)双向传播中,信息发送者感到有心理压力。近几年,新媒体节目的发展实践也说明,交流性节目越来越受欢迎。尽管我们不可能用谈话节目取代所有节目形式,我们与受众之间也不存在事实上的双向交流关系。但是客观上已经形成了传者与受者双向交流的心理模式,所以播音员、主持人必须适应这种情况,把握这种交流性语言的特点,并充分加以运用。事实上,播音工作一贯提倡"谈话方式"。早在20世纪50年代,齐越就提出:"(播音)写的稿子和讲话不是在大会上讲的,所以应尽可能简单、平静,好像你是在跟你的一个亲近的人谈天,需要尽力使你的谈话具有比较亲切的性质……需要善于用事实和数字来解释我们党和政府的政策,要善于解释、说服,而不是宣告。"当时我国在研究发展自己的播音理论时,主要还是借鉴了苏联的播音经验。早年派往莫斯科电台工作的林如在回忆录中,就谈到了她的老师、苏联功勋播音员托别士的教诲:"播稿件时要朴实,要善于运用谈话的方式……播读稿件越像'说',而不像'念'就越好。他强调播讲时的视像和对象感,非常不喜欢我们的'念'。"[1]托别士在自己的著作中也进行了这样的阐述:"听上去他是在跟我(听众)说话吧。善于这样来播节目,应该成为播音员不可缺少的能力。"他还说:"播音员在工作中要做到播稿就像谈话,要朴实,要忠实而准确地传达出文章、谈话、短讯等的思想。播音员在他的工作中越是运用生动的语言,越像讲话和谈话,听众就越容易接受他所播讲的一切。"

在主持人节目或谈话节目中,经常出现主持人与主持人、嘉宾、现场观众直接交流的情况,但这种交流只是借助场内的交流氛围来影响场外的广大受众,所以只能把它看作与受众的间接交流。主持人必须加强与对方的交流,双方要真听、真问、真思考。如果有一方走神儿,就会破坏交流气氛,受众自然会失去兴趣。为了加强交流的效果,主持人事先需要与对方共同策划、筹谋,从选题构思到话语的衔接等都要有所准备。

---

[1] 姚喜双,苏海珍. 话筒前的人生[M]. 北京:中国广播电视出版社,2000:45.

此外，主持人应该熟悉嘉宾的性格特征、语言习惯，甚至生活经历等，只有这样才容易形成共同的话题，为深入交流创造条件。现场交流发挥得好，必然会影响受众，给人以强烈的交流感。

在外出采访、嘉宾访谈、现场播报等新闻活动中，也需要主持人直接加入一些交流，目的也是为了带给受众真实、生动的现场感受。巧于发问，激发采访对象言无不尽的热情，是主持人必不可少的基本功。总之，无论是直接交流还是间接交流，主持人都必须根据环境的需要，调整交流方式。培养交流感的基本方法就是深入社会、深入生活，在社会实践中积累交流经验，获得丰富的交流感受，并把它们运用到播音实践中。

第三节 播音语言是艺术语言

播音语言具有艺术性质，艺术以形象反映社会生活。创作主体只有将对待生活的审美态度和爱憎感情灌注在形象创作中，赋予形象一定的思想内容和艺术感染力量，才能使欣赏者得到某种美感享受。愉悦听觉、感染受众，是播音语言艺术的魅力之所在。

一、播音语言的艺术特征

张颂教授指出，"愉悦，是一种美感，由两个方面组合而成：一方面，创作方要力求达到一种层面，即在真与善的基础上，营造出引人入胜的氛围与境界；另一方面，接受方能够进入一种层面，即在生存状态、道德情操的追求中，生发出赏心悦目的性情与向往。二者的愉悦若能达到和谐，便产生了共鸣，缺一不可"。[①] 他还指出语言传播的美感营造大体上有四个层面，即音声美、意蕴美、分寸美和韵律美。

（一）音声美

主要是声音圆润、清朗；吐字归音准确、清晰。

音声美就是使声音不断美化、艺术化。从播音的实践效果来看，给人以美感的声音具有圆润、响亮、坚实、持久的共同特点。"圆润，就是声音饱满而润泽，听起来不干瘪、不嘶哑、不尖利、不生涩。响亮，就是洪亮、明亮、透亮，听起来很清楚，很省力，而不是那种纤细、纤弱、暗淡的声音。坚实，就是结实、稳定、坚固，没有忽窄忽宽、忽粗忽细、出叉、发飘等现象。持久，就是从头到尾、自始至终，声音一直是圆润、响亮、坚实的，不会越来越小、越来越细、越来越暗。"[②]

---

① 张颂.语言传播文论[M].北京:北京广播学院出版社,1999:47.
② 张颂.朗读美学[M].北京:北京广播学院出版社,2002:95.

播音使用的普通话本身就是一种声感优美的语言,不仅语音抑扬顿挫、富有音乐节律,而且语句的组合也十分和谐、对仗,富有韵律。播音语言不仅需要准确、鲜明、生动地传达节目内容,而且应最大限度发挥普通话自身的优势,表达时字音响亮、声调和谐、节奏鲜明、韵味悠长,从而给人以美感,产生动人的魅力。

(二)意蕴美

任何一种艺术再现生活的手段都是有限的,所以艺术的任务并不仅仅是表达生活的直观印象,而是要通过这些生活现象,引发人们更深层次的思考。这里所说的"意蕴"类似于艺术上"暗示"的表现手法,它的特点不是仅仅再现生活中的直观印象,而是在表现现实生活的同时,揭示与它相关的其他事件或社会意义,把丰富复杂的内容用精练的形式概括地加以表现,达到"言有尽而意无穷"的境界。"暗示手法的适当运用,可以构成艺术的含蓄和明确相统一的表现力。"[1]正如我国古代文论学家梁廷楠在《曲话》中说的:"情在意中,意在言外,含蓄不尽,斯为妙谛。"含蓄常常会给人文约意丰、余味无穷的美感,但是含蓄精练,不等于含糊。故弄玄虚、晦涩难懂,就谈不上意蕴美了。

从艺术创作的角度看,意蕴似应涵盖意境。意境是我国美学思想中的一个重要范畴,在艺术创造、欣赏和批评中,人们经常把"意境"作为衡量艺术美的重要标准。意境是情与景、意与境的统一。王国维曾说,"文学之事,其内足以摅己,而外足以感人者,意与境二者而已",就是指意与境的统一。他进一步解释:"境非独谓景物也。喜怒哀乐,亦人心中之一境界。故能写真景物、真感情者,谓之有境界。"他把"境界"看作艺术美的本原,提出"言气质,言格律,言神韵,不如言境界。有境界,本也。气质、格律、神韵,末也。有境界而二者随之也",就是说如果在艺术表现中达到了情景交融的境界,自然就产生了神韵。许多著名播音艺术家的作品,都能让人真切地感觉到那种神韵和气质。如夏青朗诵的《早发白帝城》,并不仅仅是"绘景",而是把诗人李白从流放到遇赦那种欢快、振奋、归心似箭的复杂心境表现了出来。这种寓情于景的表现方法就体现了意境美。

(三)分寸美

"分寸"指的是一种结构比例的关系,指一件事物整体与局部以及局部与局部之间的关系。例如人们平时所说的"匀称",就包含了一定的比例关系。古代宋玉所谓"增之一分则太长,减之一分则太短"也是指比例关系。什么样的比例能给人以美感呢?文学的结构要贯串情节和表现人物性格;戏剧的结构要贯串矛盾冲突;绘画、音乐、舞蹈、工艺美术等的结构,都需要有统一的基调。古人曾说,好戏的结构,"妙在千

---

[1] 王朝闻.美学概论[M].北京:人民出版社,1981:192.

丝一缕,毫无凌乱之病",就是指和谐统一的戏剧效果。播音艺术也是这样,内容的主次、感情的浓淡、态度的差异等都涉及整体把握的结构问题。"任何稿件、任何话题,从句到段到篇,几乎都存在分寸感的把握问题。面对纷繁复杂的人、事、物及其关系,在反映和讲述他们的时候,总有主次、总有轻重、总有缓急,并在有序的、动态的传播中,显示各自的位置、价值。这些比较中的存在,必须用相应的、贴切的有声语言给以鲜明、适当的表现。于是'分寸感'便自然有了不可或缺的意义。"①这说明播音中的"分寸美"事实上也就是艺术表现的"结构美"。

(四)韵律美

韵律美是有声语言的一种形式美。韵律,顾名思义,是韵与律的总称。所谓韵或押韵就是一种类音(或称半谐音)的反复。如汉语诗词押韵的"十三辙""一、三、五不论,二、四、六分明"等规矩。所谓"律",是指声音在诗、韵文中形成的形式,这种形式主要建立在音的强弱或轻重变化上。其表现在"音节"上的,称为音步。"音步"的变化是由于音节的数量和重量的位置不同形成了不同的格式,如抑扬格、扬抑格、抑抑扬格、扬抑抑格等。"不同音步"的数量组合形成了不同的诗行和不同的诗词格律。声律是诗歌中语音配合的艺术规律,包括押韵、平仄、句式等。

播音的韵律美主要表现在语调的抑扬变化和语流的顿挫节奏上。有人认为:"在节奏的基础上赋予一定的情调色彩便形成了韵律。韵律能给人以情趣,满足人的精神享受。"②生活和自然中都存在着节奏。郭沫若曾说:"本来宇宙间的事物没有一样是没有节奏的,譬如寒往则暑来,暑往则寒来,寒暑相推,四时代序,这便是时令上的节奏;又譬如高而为山陵,低而为溪谷,陵谷相间,岭脉蜿蜒,这便是地壳上的节奏。宇宙内没有一样是死的,就因为都有一种节奏(可以说就是生命)在其中流贯着。艺术家就要在一切死的东西里面看出生命来,在一切平板的东西里看出节奏来。"③播音的节奏感一方面表现为语流有序律动的过程,同时也表现为感情跌宕起伏的变化。节奏有序、错落有致,听众才能听之悦耳、有味、惬意。美感的生理和心理反应告诉我们,有规律的变化才能怡情悦性。有变化而无规律则失之杂乱,有规律而无变化则失之呆板。寓变化于统一,寓统一于变化,这是一条美的规律。

二、播音语言的艺术风格

播音语言的艺术风格主要是指语言运用中各种特点的综合表现,如播音的时代风格、民族风格、地域风格、个人风格等。

---

① 张颂.中国播音学[M].北京:北京广播学院出版社,2003:176.
② 杨辛,甘霖.美学原理[M].北京:北京大学出版社,2003:160.
③ 郭沫若.文艺论集[M].北京:人民文学出版社,1979:229.

(一)播音艺术的时代风格

马克思主义认为,艺术是一种社会现象,是一定社会的上层建筑。因此,时代风格往往是一定时代的社会精神的反映。播音艺术带有明显的时代特征,服从不同时期的宣传要求。我国人民广播诞生在极其艰苦的抗日战争年代,激烈的阶级对抗、严酷的战争环境、壁垒分明的受众群体,注定我们的播音风格必须爱憎分明、泼辣犀利、同仇敌忾。正如毛泽东在战争年代赞扬过播音员钱家楣:"这个女同志好厉害,骂起敌人来义正词严,讲起我们的胜利又很能鼓舞人心,真是憎爱分明。这样的播音员要多培养几个。"①在新中国成立后的和平建设时期,我们的播音风格有了很大变化,齐越、夏青、林田、潘捷、费寄平等一批著名播音艺术家的播音普遍反映出一种豪迈庄重、热情奔放、刚柔相济、朴实清新的新时代风格,既振奋人心,又鼓舞斗志。但在"文革"中,播音也无可避免地受到了那个时代的影响,语言表现为"高亢、平直、空泛;冷漠、僵化、疏远"(习惯上称为"高、平、空、冷、僵、远")。改革开放后,播音的社会功能有了很大变化,播音语言变得更加亲切、自然,增加了交流感和认同感。通过上述分析,可以得出这样的结论:播音艺术在各个历史时期都具有一定的主导风格,而同一时期的播音艺术家在艺术风格上又表现出某种程度的同一性,这就是播音艺术的时代风格。

(二)播音艺术的民族风格

民族风格是民族精神和民族文化的结晶。语言的民族风格就是民族语言体系本身特点的集中表现。恩格斯在给玛丽的信中,谈及他给朋友们用多种语言写信时说:"我写的是多种语言的信,因此,我现在就用英语——不,不,我还是用优美的意大利语,它像和风一样清新而舒畅,它的词汇犹如最美丽的花园里盛开的百花;也用西班牙语,它活像林间的清风;也用葡萄牙语,它宛如满是芳草鲜花的海边的浪涛声;也用法语,它像小河一样发出淙淙的流水声;也用荷兰语,它如同烟斗里冒出的一缕浓烟,给人以舒适安逸的感觉。"俄罗斯语言学家罗蒙诺索夫也为自己民族的语言感到自豪,他说:"罗马皇帝查里五世曾经说,用西班牙语跟上帝说话,用法语跟朋友说话,用德语跟敌人说话,用意大利语跟女人说话,都非常适合。可是,如果他擅长俄语的话,那么他一定会补充说,用俄语来跟所有这些人说话都是非常得体的。因为俄语具有西班牙语的庄严、法语的生动、德语的坚强、意大利语的柔和。此外,它还有希腊语和拉丁语的优美、简洁和富于表达力。"②

那么汉语的民族风格是什么呢?汉语是世界上最丰富、最发达的民族语言之一,

---

① 红旗飘飘编辑部.解放战争回忆录[M].北京:中国青年出版社,1961:99.
② 库德梁夫采夫.罗蒙诺索夫传略[M].殷美琴,何诗煌,译.北京:科学出版社,1962:56.

和其他语言相比,它有自己独特的风格韵味和鲜明的民族特点,即音乐性和简洁性,富有艺术表现力。这样的特点在汉语的语音、词汇、语法和修辞上都有所体现。

汉语的声、韵、调形成了具有乐感的语流。汉语的音节没有复辅音,元音占优势,乐音较多,容易合辙押韵,加上声调平仄起伏,所以能够形成抑扬顿挫的美感。汉语中的双音节词占多数,不同词组间的轻重格式的搭配容易形成节奏鲜明、朗朗上口、丝丝入耳的美感。

汉语词汇系统中特有的熟语,从三字格的惯用语、四字格的成语到整齐对称的谚语、俗语等,简洁生动、优美和谐,并且具有浓郁的民族习俗和文化传统特点。同时从词义上分析,汉语的比喻义、象征义、借代义等最能表达汉民族的特色。汉语特有的构词方式也具有简洁、和谐的特点。

在语法关系上,英语主要是通过动词或助词的变化来维系的,汉语则主要通过语序和虚词来表示。因此汉语的短句多,语句顺畅、简洁、精练。

汉语的修辞手法有对偶、排比、回环、顶真、反复、层递、倒装、跳脱等,可以综合表现出汉语的形式美和风格美。如同著名作家老舍所说:"所谓民族风格,主要表现在语言文字上。我们的语言文字之美是我们所特有的、无可代替的。我们有责任保持并发扬这特有的语言之美,通过语言之美使人看到思想与感情之美。"[1]播音艺术的民族风格就是通过语言的民族风格来表现的,无视汉语本身的美感特点,一味追求"洋腔洋调""港台腔"等,既不可能传承优秀的文化传统,也谈不上播音艺术的民族风格。

(三) 播音艺术的地域风格

讲求播音语言的民族风格,并不意味着排斥民族文化中的多样化发展。这种多样化主要表现在地域文化孕育的民情风俗、气质格调等。我国地域辽阔,文化纷呈,北有燕赵文化、关东文化、齐鲁文化等,南有吴越文化、岭南文化、楚汉文化等,不同的文化区域孕育出了不同的艺术气质和风格。我国的古籍文论诗话对这种艺术的地域风格就有许多论述。例如唐代魏征在《隋书·文学传序》中指出:"然南北好尚,互有异同:江左宫商发越,贵于清绮;河朔词义贞刚,重乎气质。气质则理胜其词,清绮则文过其意。理深者便于时用,文华者宜于咏歌。此其南北词人得失之大较也。若能掇彼清音,简兹累句,各去所短,合其两长,则文质彬彬,尽善尽美矣。"[2]这里作者指出了南北词人不同的创作风格,点明了客观存在的南柔北刚、南华北朴的地域文化风格,希望能够取长补短、相得益彰。明代王世贞在《曲藻》中也论述过南北曲词不同的语言风格:"凡曲北字多而调促,促处见筋;南字少而调缓,缓处见眼。北则辞情多而声情少;南

---

[1] 老舍.青年作家应有的修养[M]//茅盾,老舍,等.关于艺术的技巧.北京:中国青年出版社,1959:10.
[2] 刘熙载.艺概[M].上海:上海古籍出版社,1978:168.

则辞情少而声情多。北力在弦,南力在板。北宜和歌,南宜独奏。北气易粗,南气易弱。"①这也就是现在人们常常讨论的"曲分南北,调各声情"论的来源。这种南北风格不同的理论由文艺评论波及艺术的各个领域,播音艺术也不例外。譬如上海电台的陈醇和天津电台的关山就是地方台比较有影响力的播音艺术家,他们的播音既有鲜明的个人风格,也深受地域文化的影响,被大家亲切地称为"南陈北关"。在各地的主持人节目中,个性鲜明的主持人也都不同程度地带有地域文化的特色。播音艺术应该提倡"百花争艳",只有深深地植根在地域文化的土壤上,充分汲取阳光、雨露和营养,播音艺术才能获得无限的生命力。

(四)播音艺术的个人风格

人们在欣赏一些播音作品时,总会感到不同的播音员、主持人具有不同的语言特色:有的粗放写意,有的秀丽工整;有的严肃大气,有的风趣幽默;有的朴实清新,有的潇洒圆润;有的富于抒情,有的擅长叙理……如同古人刘勰所说,"才有庸儁,气有刚柔,学有浅深,习有雅郑,并性情所铄,陶染所凝,是以笔区云谲,文苑波诡者矣"。风格的形成并不是一蹴而就的,它是长期艺术实践的结果。马克思曾经引用法国评论家布封的话说"风格就是人"(也译作"风格即人"),这就是说,艺术家的风格主要是他的思想品格,或者说是他在作品中体现出的创作个性。由于生活阅历、思想性格、审美趣味、艺术才能以及文化修养的不同,播音员、主持人在播音语言的运用上,会表现出与众不同的艺术特色。播音艺术家在观察社会和表现生活的过程中,如果没有自己独特的感受、观察的视角,没有自己富有特色的表现手段和艺术语言,而仅仅就事论事地客观陈述或者表面地描摹,缺乏对事物深层的表现,就难以显示出自己的创作个性,在创作中也就没有"我"的存在。齐越和方明是两代著名播音艺术家的代表,他们都播送过魏巍的长篇通讯《谁是最可爱的人》。但是由于两人的经历不同、感受不同,所以播出时的风格也不相同。"齐越的感受是:自己进入了战场,同志愿军战士一起朝敌人拼杀。牺牲的战士都是他身边的战友。他对他们的一举一动看得十分清楚。他和他们同呼吸、共命运,所以听齐越的播音,仿佛听众也进入了场景,看到眼前正在发生的活生生的壮烈场面,并且感到振奋与激励,对志愿军战士肃然起敬。而方明的感受是:站在历史的长河之上,追溯40年前那波澜壮阔的一页。他的播音如同一首壮丽的史诗,唤起人们对我志愿军战士深深的怀念与眷恋。"②

播音艺术风格的形成也是一个艰苦磨砺的过程。20世纪50年代初,我国主要借鉴苏联的播音经验。著名播音艺术家夏青认为,苏联的播音经验中有许多有用的知识,同时他也注意到俄语的重音规则和汉语的区别,不能生搬硬套。夏青从自己的实

---

① 郑奠,谭全基.古汉语修辞学资料汇编[M].北京:商务印书馆,1980:483.
② 张颂.中国播音学[M].北京:北京广播学院出版社,2003:49.

践中积累了大量的经验,还广泛地向各行各业的专家、学者虚心请教,逐步形成了自己的播音风格。首先,夏青的播音比较独特,激情澎湃中有着理性的思考,抒情而不恣肆,叙理而不矜持。高尔基的散文诗《海燕》曾给人以激情和力量,但是夏青播送的《海燕》更让人多一些启迪和思考。其次,夏青的表达有许多独到之处,他运用停连的技巧十分高超,多停少连,内在逻辑十分严谨,总给人以"声断意不断,气辍情不绝"的感觉。"严谨"与"疏放"本来是两种相对的表达风格,但他却把语意的严谨和语句的疏放巧妙地结合起来。最后,夏青在重音的表达上也十分精当,他的表达脉络清晰、明白晓畅,节奏跌宕有致,语气庄重,语势稳健……所有这些特点组合在一起,形成了夏青那种"态度庄重、语气质朴、逻辑严谨、感情饱满"的播音特色。这也说明不同的表达手段结合必然会产生不同的表达风格,每一种表达手段的组合都可能产生新的风格。

近年来,在广电新媒体中展现出的播音艺术的个人风格越来越丰富多彩。譬如,赵忠祥在电视专题片《动物世界》中别具一格的解说,给观众留下了深刻印象。他把人与自然的关系描绘得如此和睦、融洽,使人感受到心灵的震撼。再如,在人们的印象中,中央人民广播电台林如的播音风格是典雅、含蓄的;雅坤的播音雍容大度,给人以回肠荡气的感受;虹云的播音热情奔放;铁成的播音则高屋建瓴、铿锵有力……主持人的语言形象就更加讲求个性化:白岩松的犀利、水均益的敏锐、敬一丹的凝重、崔永元的幽默、尼格买提的俏皮……这些都给观众留下了深刻印象,并形成了他们富有个性的语言风格。

三、播音语言的艺术欣赏与批评

艺术欣赏与批评是播音发挥艺术社会功能的重要环节,它们是使播音作品与受众发生联系的桥梁,也是检验作品社会效果的重要途径。无论欣赏和批评都要讲求艺术标准,只有用科学的态度鉴赏和评判播音艺术,才能有力地推动这项艺术的发展。这也是研究播音语言艺术应该重视的环节。

(一) 播音语言的艺术欣赏

艺术欣赏是由于接触艺术作品而产生的一种审美活动,也是一种通过艺术形象认识客观世界的思维活动。马克思指出:"对于不辨音律的耳朵来说,最美的音乐也毫无意义,音乐对它说来不是对象……因为对我说来任何一个对象的意义(它只是对那个与它相适应的感觉说来才有意义)都以我的感觉所能感知的程度为限。"[①]所以,欣赏和被欣赏之间存在着一种相互依存的关系:首先,播音作品是能够被人欣赏的,具有欣赏价值;其次,欣赏者具有鉴赏能力,能够对作品作出合理评价。

---

① 马克思.1844年经济学哲学手稿[M].北京:人民出版社,1985:79.

播音语言作为审美对象,和所有的艺术作品一样,都应具有"真、善、美"的思想内涵。它追求"以声传情,声情并茂"的艺术效果,其特点可以概括为"三性三感",即规范性、庄重性、鼓动性、时代感、分寸感、亲切感。"规范性是指语言规范,清晰顺畅;庄重性是指真实可信,落落大方;鼓动性是指情真意挚,爱憎分明;时代感是指胸襟开阔,新鲜跳脱;分寸感是指准确恰当,不温不火;亲切感是指恳切谦和,息息相通。"①由此不难分析出,"三性三感"实际上涵盖了"求真、向善、尽美"的审美观念。可见,播音艺术语言的审美体系是比较完善的,颇具欣赏价值。作为表情达意、言志传神的媒介语言,它集中表现了汉语言准确、丰富、精妙、优美的特点,形成了一种独特的文化现象。

应当指出的是,我们在鉴赏播音语言的艺术价值时,不能仅以形式主义的标准来加以评判,更应该注重它的实际社会效果。比较容易出现的一种错误倾向,就是过分看重语言的声音特点,而忽视语意的表达。因此任何一个优秀的播音艺术作品,不仅需要赏心悦目(耳),还应该启人心智、感人肺腑。播音创作必须从内容出发,"以积极自如的状态在话筒前进行有声语言的再创造,达到恰切的思想感情与尽可能完美的语言技巧的统一,体裁风格与声音形式的统一,准确、鲜明、生动地传达出稿件的精神实质,发挥广播电视教育和鼓舞广大人民群众的作用"②。当人们聆听方明播送的《在大海中永生——邓小平同志骨灰撒放记》时,他的语言不仅给听众以怀念的感受,而且听众也深深地被他创造的意境所震撼。他在谈自己的创作体会时说:"播这篇通讯和播讣告是不一样的。播讣告是沉痛宣告,播通讯是一种追忆。这时候的情感有别于他刚刚去世时的悲痛,而是从悲痛中有所升华了。虽然在'撒骨灰'一处,有一个情感的高潮,但它在全文中只占很小的分量。这篇通讯更是在确立了继承小平同志遗志的信念这一基础上,概括小平同志的一生。"③方明的语言表达不仅追求声音形式的美感,更重要的是挖掘作品的思想内涵。这篇作品因此获得了第一届中国播音与主持作品奖一等奖(国家级政府奖)。

(二)播音语音的艺术批评

艺术欣赏是对艺术作品的审美感受,艺术批评则是对艺术作品进行逻辑思维的科学评判。艺术批评是艺术欣赏的深化和发展,主要任务是引导和提高大家的鉴别能力,从而促进创作者创作能力的进一步提高。创作者可以从善意的批评中获益,在肯定自己成绩的同时,正视并反思自己的不足,找到前进的方向。

那么播音主持艺术的批评标准究竟是什么?作为艺术标准,从大的方面来说有两项:一个是思想标准,另一个是艺术标准。思想标准主要是指作品内容,艺术标准主要

---

① 张颂.中国播音学[M].北京:北京广播学院出版社,2003:193.
② 张颂.中国播音学[M].北京:北京广播学院出版社,2003:193.
③ 姚喜双,郎小平.方明谈播音[M].北京:中国广播电视出版社,2000:116.

是指表现形式。"作为基础性评判标准,不能不考察内容、形式及二者的关系。离开语言内容、形式、语境,离开节目整体、语言内容和形式的统一,特别是离开'有声语言',这个'标准'就或被架空,失去实践意义,或被扭曲,变得支离破碎。因此,必须从传播效果去考察。如果仅从传播过程的中途——词语组合上,语意形成上,甚至是文字稿件上去考察,就混同于报刊编辑、校对了,实质上,便把'有声语言'的创作降低、抛弃了……因此,如何以播音语言的六个特点对播音质量进行基础性评判,是要有共识的,是要有共同语言的……"①这段论述,明确指出了播音语言艺术标准问题。播音主持艺术的思想标准实际上是指创作者本人的世界观、价值观和人生观在语言作品中是否得到了正确的反映。譬如,对文字内容或节目宗旨是否理解深刻、表达清晰;对受众的思想能否产生正确的引导;语言表达的分寸火候是否得当,等等。夏青曾说:"从我自己30多年播音工作的体验来说,我是很欣赏陆游这些诗句的,叫作'纸上得来终觉浅,绝知此事要躬行''汝果欲学诗,功夫在诗外'。这些诗句的哲理完全适用于我们的新闻播音。我们要开阔视野,丰富生活的经验,不要把目光仅仅局限在稿件上,光从字面上去备稿、播稿。当然,忽视语言表达技巧是不对的,但是,强调理解和体会也是必须的。理解是表达的依据,我们应该在正确理解的基础上追求语言的表达,做到内容和形式的完美统一。"②夏青的这段话提纲挈领、十分中肯。

人们在评鉴播音语言艺术作品时,很多时候并不是理解上的问题,而是创作者的表达技巧或表达能力出了问题。一些很好的思想内容成了"茶壶里的饺子——倒不出去"。这样的播音效果,暴露出创作者表现手段的贫乏,需要努力加以锤炼和提高。播音艺术十分强调创作者的语言基本功训练。语言能力和其他生理功能一样,都是用进废退。我国的播音教学在实践中,形成了一整套科学的吐字归音、练气发声的方法,提倡正确处理好"情、声、气"的关系。基本功是否扎实,在播音创作中反映得十分明显,它直接影响创作者能否准确、鲜明、生动地传达、表现节目的内容。近些年,出现了一些大家都十分喜爱的主持人节目形式。主持人亲切、自如的话语,给人留下了深刻的印象。但是亲切自如,绝不等于放任随意。实践证明,语言形象是需要塑造的,如同"包装"一样,如果仅仅追求一种随意、浅白的语言形式,就会失去语言的魅力,也就谈不上审美艺术效果了。这在广播中表现得尤为突出,由于广播"只闻其声,不见其人",人们往往会从语言形象上去揣测一个人的真实容貌。如果播音员热衷于在公众场合"展示自己",未必就是好事。因为大家一见面,很可能会出现两种情况:要么令人大感意外,要么给人留下遗憾,完全一致的情况并不多见。因此"聪明的广播人"往往会隐匿自己的真实面貌,而努力去塑造和保留听觉的美好印象。

---

① 张颂.中国播音学[M].北京:北京广播学院出版社,2003:194.
② 夏青.新闻播音刍议[M]//本社.话筒前的工作.北京:广播出版社,1983:9.

(三)欣赏、批评与创作的关系

播音创作是欣赏和批评的基础,艺术欣赏和艺术批评都以具体的播音主持艺术作品为对象,这是批评和欣赏的共同点。但是欣赏偏重于感性活动,批评着重于理性分析,这是它们二者之间的区别。它们之间同时还有一种互相促进的关系,欣赏水平提高了,批评的质量才能提高;同样,对作品的分析越深入,对作品的鉴赏也就越全面。目前的欣赏和批评大多局限在专家评奖的过程中,这是远远不够的。我们一方面需要专家的积极评论,另一方面也需要更多地听取群众的意见。当前,人们对广播电视中播音员、主持人的语言现象存在的分歧众说纷纭,莫衷一是,特别是对"播音腔""主持调"的认识各有褒贬。"腔调"本来指词曲的声律,我们又可以把它理解成语调,是一个中性的概念,但有人认为传统播音可以"涵盖"主持人,还有人认为播音员、主持人需要"走出魔圈"去追寻"另类"的语言范式。在语言上,形成了播音员和主持人完全对立的业务观点。这个问题原本并不复杂,完全没有必要搞两套标准、两类研究方向。出现这种情况,只能理解为目前在这个领域中还缺乏正常的艺术批评和鉴赏的渠道。这种状况不利于艺术创作的发展,既误导了播音员、主持人语言创作的方向,又影响了群众对语言艺术的正确评价。同时,这种状况也会造成播音主持队伍业务思想的混乱,我们应该尽力避免。

有声语言是广播电视重要的传播手段。可以说,广播电视节目的任何一项变革都首先会在语言形态上反映出来。"播音腔""主持调"就是在这个发展过程中表现出来的突出问题。"播音腔"反映了语言传播形态的局限性,"主持调"表明了语言传播形态的变异性。语言学家陈原指出:"一般来说,一个社会需要的是规范的语言,而且是相对稳定的语言。如果语音、语汇、语法日日变,这种语言就不能进行社会交际。僵死的语言不能适应变动着的社会生活的需要,同样,变异得离谱、变异得过快的语言也不能承担起社会交际的职责。"[1]规范的对立面是变异,语言的变异会使语言失去规范,而过于固化的规范又会导致语言的僵化。因此,"播音腔"需要增加活力,"主持调"需要加以规范,这才是语言发展的辩证法,也是"播音腔"和"主持调"对立统一的关系。

艺术创作的直接目的是为受众提供欣赏对象,因而满足受众的欣赏需求就常常成为创作目的,影响作者的创作方向。艺术批评是欣赏与创作之间重要的中间环节,能够反映受众的需要,帮助创作者提高创作思想、艺术水平,从而沟通创作与欣赏的关系。艺术批评、艺术欣赏、艺术创作之间存在着相互制约、彼此依存的关系。创作是欣赏的对象,欣赏的需要推动着创作的进步;批评促进创作水平和欣赏水平的普遍提高,批评的水平又因创作和欣赏水平的提高而得到提高。

---

[1] 陈原.语言和人[M].北京:商务印书馆,2003:8.

广播电视从"开始走路"、"自己走路"到"走自己的路"经历了若干发展阶段。如何遵循广播电视规律，充分发挥自己的优势，一直是我们努力的方向，事实上我们也从未停止过这种探索。既成的模式会遇到新问题，变革创新又难免会出现困惑。面对广播电视改革中出现的新事物、新问题，我们都应本着解放思想、实事求是、去伪存真、求同存异的科学态度，处理好继承与发展、改革与创新的关系。只有这样，我们才能有效地解决问题，推动广播电视事业朝着健康的方向不断发展。

第三章 广播电视新媒体播音语境

在现代社会里,人与环境的互动过程中增加了一个重要环节,就是信息环境。日本学者后藤和彦曾经下过这样一个定义:"信息环境,即在与自然环境相区别的社会环境中直接或间接地控制社会成员之行为方式的符号部分;并且,它主要是通过非人际关系向社会提示的环境。"[①]传播媒介是信息环境的主要营造者,甚至它本身也是一种信息,所以我们通常把这种信息环境称为"媒介环境"。随着现代社会的发展,大众传播媒介已经越来越深入地渗透到社会生活的各个方面,成为社会环境中不可缺少的重要因素。早在20世纪20年代,美国著名政论家沃尔特·李普曼就提出了现代人"与客观信息隔绝"的问题。他认为,随着现代生活领域的不断扩大,人们对外部世界的了解不可能都事事亲历,也不可能对社会环境和社会事物总是保持一种经验性的接触。大部分外界信息都依靠各种"新闻供给机构"提供。这样,人的行为已经不再仅仅是对自身环境的反应,而成了对媒介创造的"拟态环境"(Pseudo-environment)的反应。这种"拟态环境"即媒介环境。它不是简单地再现客观环境,而是经过传播媒介选择、加工、重新加以结构化后向人们描摹的环境,以至于人们往往会根据这种环境特点作出反应。李普曼认为:"我们必须特别注意一个共同的要素,那就是在人与他的虚假环境之间的插入物。他的行为是对虚假环境(拟态环境)的一种反应。如果见诸行动,其后果就不是在激起行为的虚假环境中而是在真实环境中起作用。"[②]这就是说,媒介营造的信息环境越来越有演化为现实环境的趋势。这种媒介环境如图3-1所示。[③]

如果把这个环境理解成一种语言环境,那么它基本上由两大部分构成:媒介的话语环境和受众的话语环境,或者说媒介的发送环境和受众的接受环境。它们之间相互联系、相互制约,共同形成了媒介语言环境。在这里,既要考察传播者是在什么样的环

---

① 内川芳美.信息与社会[M].东京:东京大学出版社,1974:155.
② 李普曼.舆论学[M].林珊,译.北京:华夏出版社,1989:9.
③ 崔保国.媒介变革与社会发展[M].南京:南京师范大学出版社,1999:151.

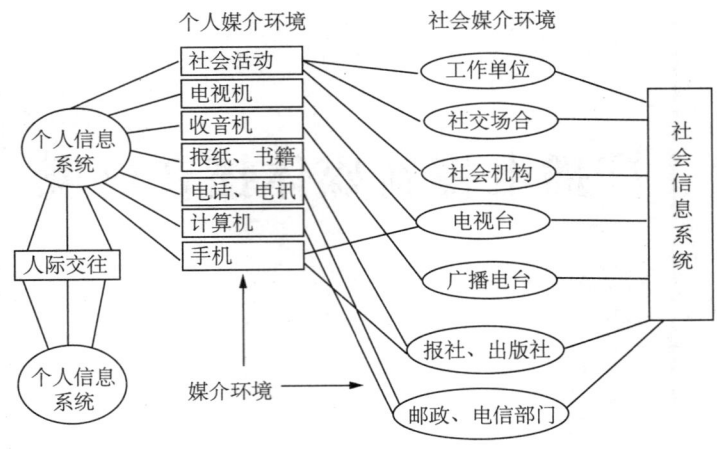

图 3-1 媒介环境的构成

境中使用语言、发送信息的,也要考察受众是在什么样的环境中感受话语、获取信息的。播音语言是在广播电视的发送环境中生成,并通过电子媒介对接受环境施加影响的媒介语言。这种语言既受媒介环境的影响,也受广播电视语境的制约。

第一节 现代媒介环境

随着现代社会的发展和全球化浪潮的兴起,特别是20世纪下半叶,地球通信卫星和国际信息互联网的建成,大大推动了这一发展浪潮,彻底改变了我们的社会环境,加拿大传播学家麦克卢汉所预言的"地球村"正在变为现实。世界变成了一个虚拟社区、一个信息共享的"地球村"。个人与社会的联系交往越来越依赖于各种传播媒介,多媒体、多功能、多选择的电子媒介逐渐进入现代家庭生活。现代媒介环境主要呈现出以下三个方面的特点。

一、跨区域传播的环境

媒介传播技术的创新发展对传播行为产生了不可估量的影响。现代传媒发展的历史脉络已经清晰地显示出加拿大学者哈罗德·伊尼斯提出的"偏倚空间的媒介"倾向。所谓"偏倚空间的媒介"指的是传播媒介在跨越空间地域上具有极其强大的能力。如今,电子媒体实现了远距离实时传播,充分发挥了传媒"偏倚空间"的特性,特别是在全球性的重大现场直播活动中(如奥运会开幕式、世界杯足球赛、战争实况等)。对于分布在世界各地的受众来说,已经没有了"时差"的概念。当前,现代传媒在"时间"与"空间"两个维度上都改变了人们的传统观念。①

美国著名未来学家约翰·奈斯比特对于导致"地球村"出现的技术手段有不同的看法。他在《大趋势》一书中指出:"苏联 1957 年发射的第一颗人造卫星,标志着全球信息革命的开始,这是正在成长中的信息社会所缺少的技术催化剂,其重要性在于它开启了全球卫星通信的时代。正是人造卫星把地球变成了麦克卢汉所说的'地球村'。麦克卢汉认为,电视是促成'地球村'的工具,我们现在知道,其实是通信卫星。"1969 年 7 月 20 日,由美国土星五号火箭发射的阿波罗 11 号宇宙飞船抵达月球,宇航员阿姆斯特朗和奥尔德林开始了人类辉煌的月球之旅。全球 47 个国家约 7 亿观众通过卫星转播收看了从月球上发回的电视图像。这次"电视转播似乎就是'地球村'的落成典礼,是信息时代到来的一个仪式"②。

20 世纪末至 21 世纪初,随着互联网的普及和发展,电脑不再是一种单纯的计算工具,而是变成一种重要的通信工具,把人类历史推进到一个新的发展阶段——信息时代。互联网被联合国命名为"第四媒体",它使得"地球村"的图景更加清晰、辉煌。互联网的实时传播、双向互动、超级链接等优势,极大地压缩了时空距离,并为传统媒体所使用。麦克卢汉提出的"媒介是人体的延伸"的科学假想,在多媒体中得到了验证;"海内存知己,天涯若比邻"正在成为生活中的现实。毫无疑问,互联网成了实现跨区域传播的巨大的推动力。

综上所述,在"广播电视→人造卫星→互联网"的演变轨迹中,人们发现,它们都是实现"地球村"的基础条件。从传统黑白电视到彩色电视,再到有线电视、卫星电视、数字电视;从有线广播到调频广播、数字广播、卫星广播,媒介一步步走向现代化,对社会产生越来越大的影响。这一过程正体现了人类文明社会发展的必然趋势和客观规律。

二、跨文化传播的环境

要了解跨文化传播现象,首先需要了解什么是文化。英语中的"Culture",原意是栽培、种植,并由此引申出对人的性情的陶冶、品德的教养等意思。这种含义与我国古代汉语"文化"中"文治教化"的解释相近。二者不同的是,中国的文化主要关注人类精神领域的教养,而 Culture 却首先关注人类的物质生产活动,然后才扩展到精神领域。这种认识与汉语中"文明"的含义更加贴近。"文明"兼容物质创造和精神创造的双重意义,即人们今天理解的广义的"文化"。概而言之,"文化指的是任何社会的全部生活方式"③。全部生活方式就包括精神生活方式和物质生活方式两项内容。

---

① 伊尼斯.传播的偏向[M].何道宽,译.北京:中国人民大学出版社,2003:2.
② 奈斯比特.大趋势——改变我们生活的十个新方向[M].梅艳,译.北京:中国社会科学出版社,1984:11.
③ 林顿.个性的文化背景[M]//恩伯.文化的变异.杜杉杉,译.沈阳:辽宁人民出版社,1988:29.

既然是跨区域传播的媒体，必然面临如何满足不同区域文化背景和民族习惯受众的需求问题。也就是说，虽然技术上实现了跨区域和跨媒体传播，但只有在内容上也实现跨文化传播，才是真正有效的传播。正如美国学者甘布尔指出："当文化的多样性影响到传播的性质及其影响时，跨文化传播就发生了。因此，当我们谈到'跨文化传播'的时候，我们是指'理解并分享文化者所表达的意思'这个过程。实际上，跨文化传播包含许多不同的形式，其中有跨民族传播（当交流双方来自不同民族时）、跨种族传播（当交流双方来自不同种族时）、跨国籍传播（当交流双方代表不同政治实体时）和文化内传播（包括各种同民族、同种族或其他相似群体内部发生的传播）。"[①]

人类社会是由多元化的文明、文化共同体组成的，它们相互影响、相互作用，形成了不同政治、经济、文化、宗教、科学、艺术等精神生活方式。尽管人类社会的发展程度不同，彼此的文化也有差异，但人类社会发展的基本历史顺序和框架却大致是一样的。从中可以分析出，在漫长的人类社会发展过程中，文化是怎样逐渐突破地域局限，在更大的时空中获得广泛交流的，以至于形成了某些跨区域的社会共同体。当跨越不同发展阶段和不同文化传统，用传播的理念分析人类社会群体在不断变化中走向整体选择时，跨文化传播问题就成为人们在研究现实文化趋同时必然要思考的一个问题。思考的方向就是如何跨越两种以上不同的文化，使人类思想成果得到交流，互相认同，充分共享。

（一）语言文化的差异

语言是文化的载体，每一种语言符号都蕴涵着约定俗成的意义——它们都与文化有关。在文化沟通方面，语言与非语言符号都是习得的，"是社会化过程的一个组成部分，也就是说，象征以及意义是由每一种文化教给它的成员"[②]。比如"龙"字，英语通常把"龙"翻译为"Dragon"，Dragon在西方通常是指一种很可怕的动物，这与中国人心中神圣的图腾"龙"是完全不一样的。所以，文化既教我们符号，也教我们符号所代表的意义。每一个人在成长过程中，在吸收某种社会文化的同时也吸收了符号的意义。跨文化传播在语言符号方面的难度在于"理解任何文化的语言意味着必须超越这种文化的词汇、语法和范畴，扩大我们对文化的理解角度而达到一种宏阔的视野"[③]。

人们在日常交流时使用词语似乎毫不费力，这是因为生活在相同区域中的人们对词语产生的意义达成了高度共识。由于人们的经验背景十分相似，所以为正常交流中使用的大部分语言符号赋予了基本相同的意义。但是人们一旦置身于多元文化背景和国际环境中，就会面临众多的语言文化差异——语言文字的写法、使用范围、使用习

---

① 甘布尔.有效传播[M].熊婷婷，译.7版.北京：清华大学出版社，2005：28.
② 萨默瓦，波特.文化模式与传播方式[M].麻争旗，译.北京：北京广播学院出版社，2003：127.
③ 萨默瓦，波特.文化模式与传播方式[M].麻争旗，译.北京：北京广播学院出版社，2003：221.

惯、语言歧义等,这必然会导致出现沟通障碍。在跨文化传播中,民族语言在不同国家和地区被误译、误读或误解,主要原因就是缺乏对语言差异的深入了解。各民族语言不是建立在共同的词汇基础上的,也就缺乏对词语的含义的认同,以至于想传播什么信息与实际传播了什么信息有时是不一致的。

由于文化差异,许多在国内大家通晓的词汇,却会引起外国人的误解。譬如,在中国"鹤"是长寿的象征,日本也把它看作"幸福"的象征;然而,在英国它被看作丑陋的鸟。再如,"宣传"在中文里是一个中性词,是劝导、传布的意思,而在西方它却含有夸大、粉饰甚至欺骗的意味,是个贬义词,等等。美国媒体在讨论"如何解释美国对中国报道的缺点时"认为:首要原因是"缺乏中国语言和文化知识"。对中国文化历史知识的缺乏,有时会导致美国媒体忽略事件的重要因素,误解或曲解事件的真相。

(二) 民俗文化的差异

民俗文化指的是世代相传、蕴藏在民情风俗中的文化现象。风俗习惯是很难改变的。无论哪个国家、民族都存在这样那样的喜好和忌讳,对于千百年来形成的民族风俗,我们应给予尊重。正如瑞士电力和自动化技术集团总裁巴尼维克所言:"我们如何能取消千百年来的风俗习惯呢?我们不会,也不试图这么做。但是我们的确需要增进了解。"[①]不同的社会习俗对传播的影响很大,对于跨文化传播来说,只有了解与尊重当地特殊的风俗习惯,有针对性地传递信息,才能产生积极的传播效果。

尊重风俗习惯意味着传达的信息不能触犯当地的禁忌,否则将会引起不必要的麻烦,甚至受到抵制。有时一些无意识使用的颜色、数字、形状、象征物、身体语言等都可能冒犯某种特定的文化习俗。因为在不同的文化中,颜色、数字、形状等的含义各不相同。

很多时候人们从自己的文化角度审视他人的生活习惯,作出的判断就可能触犯他人的文化禁忌。譬如,某些地区有动物崇拜,印度人把牛看成是神圣的,中国人把鹤看成是吉祥的,埃及则视鳄鱼为神兽……如果把这些动物当成屠宰对象加以报道,很可能会伤害当地人的民族感情。

除此之外,如果体态语言表达不当,违反当地的风俗习惯,也会导致人们心理上不同的感受,影响传播的客观效果。譬如,包括我国在内的很多国家,点头表示同意,摇头表示不同意。而在同是亚洲国家的斯里兰卡、印度、尼泊尔等国则相反,摇头表示同意,点头表示不同意。因此我们要入境问俗、入乡随俗,避免不必要的误会。

(三) 伦理文化的差异

伦理文化主要体现的是一种人际关系中的价值取向。每个人乃至每个民族,都是

---

① 刘首英.对话:倾听46位世界级商业领袖的声音[M].北京:中国发展出版社,2002:93.

在一定价值观的主导下为人处世的。不同的价值取向会在处理同一事件时,产生不同的结果,有时甚至会有天壤之别。因为价值观所反映出的思想观念、道德准则、喜好态度等,实质上代表了社会潮流和民族意志。如果广播电视中传递的价值观得不到认同甚至引起当地民众反感,那么传播的内容自然会受到排斥。

不同的价值观和思维方式(包括表达方式)乃是中西文化深层次的差异,是中国人与西方人跨文化交流的主要障碍。研究表明,中西文化在价值观念上的差异主要表现为"集体主义"与"个人主义"的对立。中国文化传统历来强调群体意识,从社稷到家庭,从天下到国家,最后才是个人。而西方强调"个人主义",这一理念从西欧启蒙运动开始,经历了几百年的发展。它是一种人生哲学,也是一种政治理念,高度重视个人自由、民主人权,强调自我支配、自我控制。它反对权威对个人各种各样的支配,特别是社会对私生活的干预,主张保护个人隐私和私有财产。

(四)宗教文化的差异

宗教是世界上十分普遍的社会现象和文化现象。据统计,截至2019年,世界总人口约为75.79亿,信仰宗教者约为60亿,约占世界总人口的80%。其中基督教徒(包括天主教、新教、东正教)约有24亿人,伊斯兰教徒约有18亿人,印度教徒约有11.5亿人,佛教徒约有5.2亿人。这个数据表明,世界上大多数人信仰宗教,而其中绝大多数又信仰各主要传统宗教。另有数据表明,世界信仰宗教人数的增长率同世界总人口的增长率基本持平。① 也就是说,全世界信仰宗教者的绝对数每年都在增加。这是广播电视新媒体实现跨文化传播必须面对的现实状况。中国人绝大多数是不信教的,很容易忽视,甚至漠视宗教文化,从而难以理解虔信宗教民族的情感世界。因此,在面向全球的思想传播和文化交流中会产生许多障碍,难以充分沟通和理解。

实际上,在中国传统文化中,有许多主张和观点都是可以包容各种宗教信仰的,这也是我们实现跨文化传播的基础。譬如,中国儒家的"仁学"和"主和"的理念可以成为建立一种与各类教派和谐共处的思想资源和基础。儒家讲"仁者爱人",主张"和为贵"与"和而不同",认为人类是一个大家庭,手足相连,痛痒相关,人本有仁爱之心,扩而充之,不仅可以爱家庭、爱同族,也可以爱人类、爱万物。人类在互爱中共存,在互仇中俱损。有了仁爱之心,便会帮助别人,理解和尊重别人。《周易》讲"天下同归而殊途,一致而百虑",也是这种精神。近代中国思想家谭嗣同提出"仁以通为第一义",通就是沟通、交往、理解、信任,打破种种偏见、闭塞和障碍,只有这样才能推行仁爱之道。有了这种仁爱通和的哲学,就能克服民族歧视,消融民族仇恨,推动民族和解,并且在信仰上承认多元,互相包容。跨文化传播所要达到的主要目的,也是表达和平的愿望,争取沟通和理解。

---

① 赵匡为.世界各主要国家的政教关系[M].北京:中国宗教文化出版社,1998:5.

三、跨媒介传播的环境

网络新媒体是利用数字技术,通过计算机网络、无线通信网、卫星等渠道,以及电脑、手机、数字电视机等终端,向用户提供信息和服务的传播形态。从空间上来看,"新媒体"特指与当下"传统媒体"相对应的,以数字压缩和无线网络技术为支撑,利用大容量、实时性和交互性,跨越地理界线最终得以实现全球化传播的媒体。

由于微电子技术的飞速发展和数字化制播手段的广泛运用,近几年广播电视新媒体节目的技术条件有了很大改善,节目形态也越来越多样化。

首先,数字化引起了节目制作方式和节目形式的巨大变化。从时基开始,数字逐渐将模拟赶出了动画、特技、切换台、录像机、摄影机。随后的台内网和整个传输体制的数字化使节目制作向无带化方向发展。而虚拟演播室的引入,使得与网络有密不可分关系的虚拟显示技术逐步融入演播室和整个广电网络。

其次,互联网的出现改变了传统媒体和受众的关系。广播电视由单一的"点对面"传播,逐步形成了"点对点""面对点"的多种传播关系。互联网上每个人都能发送信息,这些信息既可以是一般的文字信息,也可以是多媒体信息(声音和图像)。这样一来,每个人既可以是受众,也可以是媒体,媒体和受众之间形成了一种互动、双向的关系。

最后,集广播电视与网络宠爱于一身的网络音视频,既具广播电视媒体的视听冲击力和海量的信息承载力,又具有互动性、自由性、实时性、共享性、开放性等独特个性。

这种改变呈现出以下特点:
(1)音视频的"点播"成为一种主流传播方式;
(2)网络音视频具有社会性;
(3)新图像形态正在形成;
(4)多媒体融合传播新格局正在形成。

在网络传播格局中,各地、各类与各级别音视频频道可以通过网络,成为"全国台"乃至"世界台",签约的境外电视频道也可以通过网站覆盖国内受众。这样看来,我国音视频网络正在形成一个新的传播格局。这个传播格局似乎"不经意间"改变着以往传统媒体的传播格局,其中影响最为直接和明显的,就是对受众的分流,由大众逐步分流为"小众"。随着5G、6G技术的推进和采用,新媒体的音视频传播究竟会在受众端产生怎样的影响?这种传播究竟会在多大程度上推动相关传媒政策的改革?还有待我们进一步观察与研究。

正是由于传播的双向化发展,新媒体传播出现了以下特点:

第一,受众与传者地位越来越平等,反馈机会增加。以往的广播电视媒体是单向传播,传者处于中心地位,受众只能被动地接受传者安排好的节目;而双向传播使受众掌握了传播的主动性，改变了过去的被动地位，受众可以按自己的喜好选择信息，甚至发布信息。由于有了更多的反馈信息，广电新媒体可以从受众的选择中及时了解自己传播的内容是否受到欢迎和关注，以便随时对传播内容进行调整。

第二，可以选择传播时空。传统广播电视传播是一种点对面的线性传播，其传播方式和速度受到时间的制约，浏览内容转瞬即逝。而网络化的广播电视传播可以由受众控制，由于增加了空间选择，受众可以像在图书馆检索资料一样检索网络节目和信息。网络化的广播电视有其无法比拟的优越性，它可以以低廉的传播成本获得最大的传播效益。如亿万受众可以通过手机、电脑等同时收看一场电视直播。所以，网络时代的广播电视让受众有了更大的选择余地。

第三，信息价值得到充分显现。传统的广播电视信息传播，虽然快捷而广泛，但对信息的理解和利用却受到不少限制。譬如，国民经济各项发展指标的含义，往往得不到进一步的阐释，令人费解。随着网络广播电视的出现，广大受众在得到这条信息的同时，还可以从中获得更多的补充信息。因此，在网络广播电视中，信息的价值充分显现了出来。

第四，满足专门需要的能力大大增强。虽然传统广播电视媒体能够迅速而有效地满足社会上的一般需要，如报道新闻、股市、天气信息等，但人们在一些不同时间里的特殊需要，很难得到满足。而网络广播电视则可以比较好地解决这一问题。受众可以通过一些专业频道、网页以及交互式查询系统，了解自己所需要的信息。在网络化时代，不仅各种媒体出现相互包容、取长补短、共同发展的趋势，而且媒体的传播方式也发生了根本变化。

现代电子技术日新月异的发展使媒体从业者经常需要考虑：如何不断发展和改善媒体的传播条件，以满足受众日益增长的精神需求。我国广播电视目前正在走向产业开发的道路，数字化、网络化、信息化、规模化是发展的大趋势。因此，不断向受众提供优质的服务成为广播电视传播者需要努力的方向。

跨区域、跨文化和跨媒介，既是现代媒介环境对社会产生的主要影响，也是媒介环境自身的特点。广播电视是这个媒介环境的组成部分，它不但和其他媒介一起对社会形态产生影响，同时也受到整个媒介环境的制约。在这个宏观的大环境下，现代广播电视语境逐渐形成。

第二节　广播电视新媒体语境

语境，就是使用语言的环境，也叫语言环境。"语言交际总是双方在一定的场合中进行的。语言是一种社会现象，是一种社会活动，因此语言总是在大大小小的语言环境中使用着的。理解语言和使用语言,都离不开一定的语言环境。"①语言环境中,对语义影响最直接的,就是说话和听话时的场合以及前言后语的关系。播音是在特殊环境下的一种语言行为,广播电视新媒体语境是在媒介社会环境的影响下,受到广播电视规律制约的一种语言环境。不同的广播电视新媒体语境往往表现为不同的节目形态。

一、广播电视新媒体语境的构成要素

早在1932年,陈望道先生就在《修辞学发凡》一书中提出:"修辞以适应题旨情境为第一义,不应仅仅是语词的修饰,更不应是离开情意的修饰。"②他在书中提出了"六何"说,即"何故、何事、何人、何地、何时、何如"就是构成语境的因素。在播音主持中,"何故"指说的目的,"何事"指说的事项,"何人"指认清是谁对谁说,"何地"指在什么场合说,"何时"指在什么时间说,"何如"指怎样说。

(一) 何故

现代电子传播媒介是党、政府和人民的喉舌,也是党和政府联系群众的桥梁和纽带。广播电视新媒体以具体的节目内容为受众服务,这些内容包括新闻时政、社会教育、文化娱乐、生活服务等,这便是广播电视新媒体基本的社会功能。所有广播电视新媒体节目都是依据各自的节目宗旨来营造节目情境的。新闻时政节目就是向受众提供新鲜、真实、准确的客观事实,发挥舆论引导和舆论监督的作用。新闻的生命在于真实,新闻的力量在于用事实说话。要实现这样的传播目的,就必须依托现实的、客观的语言环境给人以真实感、新鲜感,以引导舆论的正确方向。社会教育是发挥传媒教化功能的主要手段,它通过信息、意见、知识和情趣等方面的传播起到淳化民风、启迪民智的作用。这类节目就需要创造生动、直观的情境给人以信任感、亲切感,从而使受众心悦诚服。文化娱乐是丰富人们的文化生活、愉悦身心、提高艺术修养的活动。文化娱乐节目主要是为了满足人们的审美情趣、审美感受,从而达到"寓教于乐"的效果。现代生活中,人们对生活质量的要求越来越高,总希望能得到一些有益的、有效的生活指导。这些正是广播电视新媒体服务类节目的宗旨。但什么样的服务才是有效、有益的呢?除了应根据受众的实际需要提供应时、急需的信息以外,节目还需要创造一种"充满关爱,互帮互谅"的社会氛围,给人以温馨感和信任感。

(二) 何事

广播电视新媒体节目的内容丰富多彩,形式也多种多样。但是形式必须适应内容

---

① 张志公.现代汉语[M].北京:人民教育出版社,1982:213.
② 陈望道.修辞学发凡[M].上海:上海教育出版社,2006:11.

的需要,这是必须恪守的一个基本原则。从播音的内容要素来看,主要包括新闻类、艺术类和服务类三大类。每一大类中还可以分出许多小类,譬如,新闻类中有消息、通讯、评论等;艺术类中有小说、散文、诗歌等;服务类中有气象、广告、金融信息等。每一类内容中都有不同的具体内容,播音员要根据具体内容营造不同的语境。譬如,通讯《在大海中永生——邓小平同志骨灰撒放记》中有这样一段内容:

　　一个人生命是有限的,而人民的事业是永恒的。

　　如同一朵浪花,他从故乡的山溪流入嘉陵江、长江,然后穿云雾,过三峡,奔腾而下,经过九曲十八折,最终汇入浩瀚的大海……漫长的征程,昭示着一个朴素的真理:敢向时代潮头立,沧海一粟也永恒。

　　邓——小——平

　　——一个活在亿万人民心中不朽的名字,他在大海中得到永生!

这样的内容力求表现中国普通老百姓对邓小平的深情怀念,对他为党和国家事业鞠躬尽瘁表示衷心感谢。因此,这样的内容需要讴歌式的氛围,需要一种深情隽永的语言表达形式。

再如,辽宁人民广播电台《轻风夜话》节目中,主持人有这样一段开场白:

　　晚上好!亲爱的听众朋友,欢迎您收听辽宁人民广播电台经济广播,《轻风夜话》节目又和您见面了!我是节目主持人××,非常高兴又能够与您在空中相逢。同时,我还要代表今天晚上的导播××,感谢您来收听由我为您主持的节目。听众朋友,我们常说"爱情"是人生永恒的主题,的确,在《轻风夜话》节目中,爱情和婚姻也是我们大家经常探讨的话题。有人说"婚姻"是人生成熟的起点,也有人说"婚姻"是一部大百科全书,从中人人可以领略到人生的真谛。尽管如此,走进婚姻大门的人仍然会有这样或那样的抱怨。不过抱怨归抱怨,走进"婚姻"大门的人还会告诉你,不结婚你会后悔一辈子,结了婚如果你不珍惜它,仍将后悔一辈子。听众朋友,您说是这样吗?①

爱情和婚姻是个人隐私,采用"夜话"的方式畅叙衷肠,娓娓道来,十分恰当,既能够让人静心思考,还营造了一种温馨、和睦的心理氛围。

广播电视新媒体节目涉及的内容是多方面的,不同的内容需要创造相应的语言环境,只有如此才能取得理想的传播效果。

---

① 白谦诚,胡妙德.第五届金话筒获奖广播节目评析[M].北京:中国国际广播出版社,2001:248.

(三) 何人

语言是用于思想交流的,不仅要讲求传情达意的清晰、准确,还要顾及对方是否能够充分理解并乐于接受。孔子曾说:"未见颜色而言,谓之瞽。"毛泽东也说:"射箭要看靶子,弹琴要看听众,写文章作演说倒可以不看读者不看听众吗?"这些都说明接受对象对语言有制约作用。只有充分考虑到对方的意愿、需求、兴趣和理解能力,才能有的放矢,收到良好的语言效果,实现积极有效的交流。

一直以来,无论广播还是电视,都把收听、收视率看作衡量自己社会价值的重要尺度。或者说,以吸引受众对象的多少来决定节目的成功与否。实际上,同一社会群体的人们,在行为准则、价值观念等方面有较多的相似性,有着大体相同的选择取向,而不同的社会群体对媒体提供的信息以及对信息作出的反应就会有所不同。这主要是由于受众的性别年龄、职业特点、文化水平、价值观念、民族习惯、宗教信仰等不同造成的。

法国广播公司开设了一个专门针对老年人广播的电台,每天播出约十个小时,为老年人提供各种服务,深受法国老年人的喜爱。老年人遇到什么困难和不开心的事,都愿意向电台倾诉。许多法国老年人在谈到老年电台时都赞不绝口,认为这家电台是他们生活中的良师益友。英国广播公司则在 2002 年开设了两个儿童频道:为 6 岁至 13 岁学龄儿童开设的 CBBC 和为学前儿童开设的 CBeebies。这两个频道全都不播广告,并播放大量的原创节目。我国电台、电视台也有类似的做法。譬如,中央人民广播电台的《小喇叭》节目一直都深受孩子们的喜爱,中央电视台的《夕阳红》是老年人最为钟情的一个节目,妇女们则把《半边天》看作自己的节目……按照不同对象的年龄特点,采取不同的节目形式和言语方式,已经成为各个传媒机构普遍的做法。

以职业特点为对象的节目也并不少见,譬如"农民节目""解放军节目""工人节目"等。国外的一些媒体分得更细,还有专门对警察、宗教信徒、司机等进行广播的节目。不过,随着社会的发展变化,以职业为特征的对象性节目已经越来越少,取而代之的是以社会阶层为划分依据的节目。在现代社会结构中,不同的社会阶层有不同的经济利益和价值取向,了解他们的切身利益是加强语言针对性的主要依据。

要想取得良好的传播效果,还必须根据对方的文化水平调整话语方式。对于文化水平较低的受众,更应该注意通俗易懂,尽量少用文言词语和专业术语。阐述较深奥的道理时,应尽量做形象化的说明;对于文化水平较高的受众,话语应准确、严密,恰当使用一些文言词语、专业术语,能使语言精练有力。在一些国家,大众传媒明确要求针对不同受众的文化水平进行有效宣传。据说,美国之音把国外收听广播并进行思考的上层人士作为主要宣传对象;英国广播公司把国外"不相信本国广播和报纸的知识分子"作为主要宣传对象;苏联莫斯科电台公开说,它"对外广播的对象是普普通通的人,是没有阅读和写作能力的劳动人民"。但从实际情况看,莫斯科电台的对外广播对象是根据地区和国家的情况而有所区别的:对美国、西欧等发达国家和地区,它把当地能左右舆论的上层人士当作主要宣传对象,而对亚非拉等广大落后地区,它则把"既不会读又不会写的那些人"当作主要宣传对象。对象不同,宣传内容、手法也不一样。①

此外,对象的价值观念、民族习惯、宗教信仰等也都是我们在使用语言时不可忽视的影响因素。美国有一位名叫萨拉里圭的西班牙语节目主持人,她拥有来自美国、拉丁美洲和欧洲的一亿多观众,她的节目话题主要反映迈阿密拉丁人社团的问题,同时也涉及一些全球热议或敏感的话题,并邀请各国各民族的嘉宾参加。人们赞扬萨拉里圭从不因为语言和文化障碍而限制自己的节目主题,因而她的节目赢得了众多观众的青睐。

随着广电新媒体分众化的发展趋势日益明显,节目对象越来越具体、越来越明确。这也为我们把握语境,取得更好的传播效果提供了方便。

(四)何地

任何一种语言要较好地达到传情达意的效果,除了内容正确、逻辑分明、语言清晰以外,还必须顺应它所处的语言环境。在日常生活中,如果谁用演说家或教师的口吻和一个家庭成员谈话,人们一定会觉得可笑。同样,在现代家庭中,人们收听、收看广电新媒体,也不会喜欢那种模式化的、固定的"播音腔调"。尽管说得字正腔圆,大家也难以接受,甚至反感。要克服这种情况就必须充分了解广电新媒体所处的环境特点。广电新媒体的语言环境极为特殊,它由两部分组成:媒介的发送信息环境和受众的接收信息环境。从发送端来说,场合地点相对固定;而收受端则难以确定,经常是流动的、不固定的。

发送端的场合也存在两种情况:一种是在演播室内,另一种则是在演播室外的自然情境发生地。演播室内可以营造出不同的环境氛围,可以运用一些技术手段把外界情境引入室内;也可以在室内"造景",按照不同的节目要求运用现代数字技术创造"虚拟演播室";还可以在演播室内安排小乐队、刻意布置环境来制造气氛等。美国有一个知名度很高的节目叫作《拉里·金直播》,这个节目有一个突出的特点,就是频繁使用"双视窗"。这在当时是很新颖的播出方式。"双视窗使观众看到不同地点、不同现场的嘉宾同时出现在一个画面中进行对话,这当然得益于直播的优势,但双视窗的形式能使这种共时性表现得更加直接、直观。不仅是主持人与嘉宾之间共时对话,也让观众边观察边思考,一同参与谈话过程。这种'主演播室+双视窗+各地直播室'的表现形式,已经成为《拉里·金直播》的节目特色……嘉宾之间通过个人所在直播室内的电视屏幕相互对话,突破了空间的局限,在时间上保证了同时进行,这种异地分

---

① 赵水福.国际广播探析[M].北京:中国广播电视出版社,1987:102.

设,多点对答的直播方式,令无数观众为之着迷。"①广播史中也记载了 1933 年 3 月 12 日、5 月 7 日、7 月 24 日、10 月 24 日,美国第 32 届总统富兰克林·罗斯福在广播中发表的四次演讲——炉边谈话,它被标榜为美国政治史和广播史上的里程碑,主要就是因为它改变了以往总统正襟危坐发表演讲的惯例,而采取了一种轻松、自然、亲切的谈话方式,"好似坐在人们的客厅里举行家庭讨论会一样"。颇具权威性的《美国新闻史》一书评价说:"作为一位常在电台发表讲话的总统,FDR(罗斯福全名的英文缩写)能够用自己那传递真诚的嗓音,表达一种给人安慰、让人放心的感觉。他的'炉边谈话'如实反映了这一点。"②从上述例子可以看出,虽然演播室是固定的,但是环境氛围是可以改变的。改变演播室的环境氛围来适应不同的节目和话题,本来就是广播电视节目的应有之义。演播室外的报道活动,主要就是指现场报道、实况转播、人物访谈等,这种报道形式给人以身临其境的感觉,加强了真实感和现场感。社会环境和自然情境往往本身就是一种信息,它们和语言一起表现真情实况,以此增加新闻报道的说服力和感染力。

收受端的环境千差万别。随着现代社会的发展、生活水平的提高,广播电视新媒体的收受环境呈现出"分散、近体、随意"的特点。过去那种群聚性地收看、收听的情况已经很少见。"分散"指的是在人均收听、收视工具增加的情况下,收受方式更加个体化;"近体"是分散的必然结果,人们收听、收看的距离大大缩短,甚至成为"随身听";"随意"是指收受工具成为个人的专用工具,选择余地增大,收受方式更加个性化。一些国家的广播公司不仅了解公众的收听、收看时间,而且十分注意了解接收工具在家庭中的分布情况和放置地点。譬如收音机、电视机,放在客厅或书房的有多少,放在卧室的有多少,放在厨房的有多少等,使播发人清楚地了解受众所处的语言环境,以便根据不同的时间和不同的对象随时调整播出内容乃至口气和语调等,争取最好的传播效果。

把"发送端环境"和"收受端环境"联结起来就成了"通过发射装置、互联网等传送载有信息的声音、图像供受众收听、收看。为了加强传者与受者的感情交流,增强说与听的对象感、亲切感、真实感和现场感,就必须使传者和受者处在一个虚设的交谈环境中"③。可以说,广电新媒体节目形式的创新,其中的重要因素就是节目场景的合理调度和巧妙运用,当然它对主持人的语言能力也有较高的要求。

(五)何时

传统媒体的主要特点是线性传播,即按时间顺序播出节目。这里的时间概念包含三个方面的内容:时代、时节、时段。

---

① 汪文斌,胡正荣.世界电视前沿 1[M].北京:华艺出版社,2001:203.
② 埃默里.美国新闻史[M].展江,殷文,等译.8 版.北京:新华出版社,2001:352.
③ 林兴仁.广播的语言艺术[M].北京:语文出版社,1994:47.

语言的使用总会留下不同时代和社会的痕迹,如政治经济环境、社会思潮等。它们支配着人们的思想和行动,也支配着人们对语言的使用。这种支配作用主要表现在两个方面:一是决定使用的语言材料,二是决定使用语言材料的方式。例如,《中国人民广播回忆录》记载了这样一段历史:"1948年9月24日,我所在的部队正在向北宁线进军,广播中播送着各战场一个胜利紧接一个胜利的消息。一天晚上,我们在一个山村里收听到华东野战军攻入济南的捷报。当晚,广播员向我们报告了济南外围歼敌六万、我军正展开杀敌竞赛的消息和通讯,报告了我军攻入城内正在进行激烈巷战的消息。深夜,当结束播音的时候,广播员向我们道了'晚安',告诉大家第二天再收听济南战役的最后消息。当时大家谁也不肯走,坐在收音机旁边,静听着它的沙沙声响……按照惯例,这种等待是没有用的。但是谁知收音机中竟又传出了我们熟悉的广播员的声音,她破例重喊起呼号,激动地报告了济南解放的消息。显然她不能平静地广播了,简直是欢呼。当夜,胜利的消息很快就传遍了部队,'学习华东野战军,打大歼灭战'的口号在进军的队伍中沸腾起来。"[①]由此可见,播音语言风格是带有鲜明时代特点的。不仅如此,各个不同历史时期都有一些带有浓郁时代气息的播音代表作品,使人们深情回忆起那些时世更移和社会变迁的流金岁月。

时节既指四季轮回,也指节庆。譬如春节、元旦、中秋、国庆以及"五一"等节庆日。由于时节不同,人们使用电视、收音机的时间、方式也不一样。我国是个农业大国,农民占国民总数的80%以上,季节变化对他们的生活和起居规律影响最大,进而形成了不同的收听、收视习惯。春、夏、秋属于农忙季节,他们基本上是日出而作、日落而息,因此主要是收听广播,并且有可能是边干活、边收听。冬季则是农闲,收看电视的时间多一些。按照我国的传统习惯,节庆中最重要的是春节和国庆。央视调查显示:"春节期间(除夕、初一、初二)日人均收视时间为220分钟,比平时人均收视时间多89分钟。春节时曾有'过年三件事:一放鞭炮,二吃饺子,三看电视'的说法,大年三十晚上看中央电视台的春节联欢晚会已成为一种现代民俗。"[②]时节变化对电视的影响要比广播大,收听广播的情况相对稳定,是因为它具有便携和兼听的特点。由此可见,在不同的季节、不同的节日,社会氛围、收受方式不一样,语境状况自然也不相同。

时段就是指广电新媒体节目每天编排的播出时间。譬如,"黄金时间"和"非黄金时间"。音频和视频的"黄金时间"不完全相同。一般来说,早上收听广播的人明显多于看电视、报纸、杂志的人;晚间人们处于休闲状态,一般选择看电视、手机、平板电脑等。不同的时间段安排不同的节目,是媒体编排节目的一般规律。另外,在各个时间段,语境氛围明显不同,节目编排也各具特点。譬如,曾被誉为"早晨的笑脸"的美国

[①] 冯征.人民解放军热爱人民广播[J].广播爱好者,1956(8).
[②] 罗明,胡运芳.中国电视观众现状报告[M].北京:社会科学文献出版社,1998:30.

NBC广播公司主持人简·波利的《今天》,在美国三大广播公司早晨新闻节目的激烈竞争中,始终占据收视率首位。观众说,看波利主持早晨新闻节目,就像吃玉米片、喝咖啡一样舒服。电视新闻界认为,波利开创了早晨电视新闻节目主持人的报道风格:自然、轻松、简洁、明快。① 与此相反,日本朝日电视台晚上10点播出的《新闻站》是日本收视率最高的新闻节目。《新闻站》节目播出的时间安排也费尽心思,节目制作方认为:"日本是男性社会国家。他们平日从公司下班后,一般要与同事一起喝上几杯再回家,这也是日本的社会文化……因此,节目播出时间安排在'回到家的父亲正要看电视新闻的时间'——晚上10点。这一时间段对一家商业电视台来说是非常宝贵的。"② 各家广播电视媒体努力安排好各个时间段的节目,实际上就是利用最适宜的社会语境条件,争取获得最好的播出效果。

(六)何如

广电新媒体的节目内容和表现形式确定以后,怎样说才合适,是构成语境的另一个重要因素。说得不合适就会影响语境的和谐、统一。譬如,"现场报道"不能拟稿再读,只能随看随说;"政府公告""重要新闻"不适合侃谈闲聊,只能郑重宣读;访谈节目也不能"自说自话",只能言来语去地交流……另外,语境本身也提供了许多信息,离开语境很难正确理解话语的含义,甚至产生误解。特别是广播,因为声音是唯一的表现手段,需要强调有声语言的规范性和表现力。相对来说,由于电视的情境较为丰富,对语言的表现能力不如广播要求得那样高,但对副语言的要求提高了。

广电新媒体需要传达的内容越来越多,节目形式也越来越丰富。在这样纷呈的语言环境中,必然要求言随旨遣、语随境迁。口头语言的表现形式也应该是多样化的。

二、广播电视新媒体语言环境的特点

在本章的第一部分中,已经阐述了媒介环境的概念。事实上,广电新媒体就是在社会舆论环境、文化环境、信息环境以及技术环境的共同影响下构成了自己的语言环境,并形成了自己的语境特点。广电新媒体的语境主要有以下三个重要特点。

(一)广电新媒体语境是口语交际的语言环境

书面语体和口语语体是语言功能变体的两大基本类型。媒体应根据自身特性,选择不同的语体形式。报纸杂志等选择书面语体是适宜的,但是广电新媒体是用声音和图像等创造语境的,它们首先诉诸的是人们的视听感觉。因此,口语语体是广播电视语境的最佳选择。

---

① 王英."早晨的笑脸"——NBC《今天》节目主持人简·波利[J].新闻与写作,1986(8).
② 汪文斌,胡正荣.世界电视前沿3[M].北京:华艺出版社,2001:98.

试比较同一内容的两篇新闻：

报刊：本日下午二时一刻，在丰富路和中山南路交叉路口有一辆汽车撞着了路旁的电线杆，有二人受伤，其中一人受重伤。

化工厂的汽车司机刘怀民，现已送市医院。他全身都带伤口，胸部也可能受伤。同车的另一人叫张生华，市百货二公司职工，经治疗后已送回家。

出事汽车是在转弯时撞上电线杆的。据目击者说，车速大约是每小时30公里。刘怀民的胸部被驾驶盘压伤，车身受伤轻微。

广播：今天下午，市内发生了一起车祸。司机受了重伤，他叫刘怀民，是化工厂的。他的同伴、市百货二公司职工张生华受了轻伤。刘怀民的车在拐弯的时候撞上了电线杆，驾驶盘压伤了他的胸部，他现在住在市医院。

可以看出，第一篇是典型的书面语体，遣词用句都十分讲究，适合反复阅读；而第二篇则带有口语色彩，比较简洁、明快、顺畅，一听就明白。如果说广播电视中现在还存在着大量的文字稿件，那么写成稿件的文字语言也是为口语语体服务的，因为它们经常被要求是"写给耳朵听"的。美国南方大学传播学院特德·怀特教授在讲授广播电视新闻课程时就一再强调："广播电视新闻的写作样式与其他写作不尽相同，广播电视新闻稿是给耳朵听的，而不是给眼睛看的。"他还说："采用谈话的格式即意味着新闻稿为耳朵而写，相反，报纸显然是为眼睛而写的。在报纸上，如果读者一时看不懂，他们还可以重新阅读句子或整个段落，但在广播电视新闻中，受众就没有那么'奢侈'了，他们只能听一遍。因此，广播电视新闻稿必须写得简单明了，必须用简洁、明快、果断的语句把思想迅速地表达出来，你的目的是让普通人听懂，也就是说必须让别人用不着细想就能迅速明白你所要表达的东西。如果受众听不懂，那么一切都是白费劲。"他再三强调"广播电视稿一定要用普通人的说话方式写作"①。

当前广电新媒体的"谈话节目""说新闻""夜话节目""专家述评"等节目形式深受欢迎，说明使用口语语体的节目符合其传播规律。媒体记者的口头报道较之报社记者的笔墨文章也毫不逊色，主持人节目又常常被誉为"脱口秀"等，这些都说明广电新媒体语体走上了符合自身规律的发展道路。

（二）广电新媒体语境是复合的语言环境

运用电子传播技术可以使媒体语言超越时间和空间，为自己创造新的语言环境，这种语言环境是一种复合形态。在面向大众的同时也在模拟个别交流的语境，因此广电新媒体语境是多种口头语体同时并存的语言环境。譬如，中央电视台《实话实说》节目有一期"话说广场鸽"是这样开场的：

---

① 怀特.广播电视新闻写作与报道[M].吴风，丁未，田智辉，译.北京：新华出版社，2000：12.

主持人(对电视机前的广大观众说):各位朋友,大家好,欢迎收看《实话实说》节目!应该说,城市的繁华跟鸟类是没有什么缘分的。我们已经知道,现在城市里的鸟越来越少。有这么一句诗,叫作"两个黄鹂鸣翠柳,一行白鹭上青天"。有人说,它现在只能存在于城市人的梦中。有人还说,鸟类是人类的朋友,可又有人说,我们的朋友在城市里,就剩下乌鸦和麻雀了。最近,在北京、上海、太原等一些大城市,出现了一些新的人文景观,其中一个就是"广场鸽"。那么,人们究竟应不应该放养广场鸽,我们就和大家一起来探讨这个话题……(转为对嘉宾一说)江炜,你能不能告诉我们,为什么人们把鸽子叫作"和平鸽"?

江　炜(律师):这个我也知道得不是很确切,但据我所知,这恐怕是一个来自《圣经》的故事。当初上帝不满人类的所作所为,发大水淹没了所有的陆地,只有诺亚一家乘方舟逃过了这次劫难。一天,他们看见一只鸽子,衔来一枝嫩绿的橄榄枝,他们根据这个信号,知道有陆地露出来了。但据我看,上帝停止惩罚人类,信号是那嫩绿的橄榄枝,而不是那只鸽子,所以我觉得从和平的意义来看,应该是种树,而不是养鸽子。(掌声)

主持人(转为对嘉宾二说):舒乙先生,您在研究文学之余,有没有养几只鸽子?

舒　乙(作家):我虽然不养鸽子,但我觉得鸽子是一个永恒的话题,而且是一个美丽的话题。

(大家纷纷说……)

男士一:我是一个"自然之友"。我同意刚才江律师的观点。就事论事地讲,养鸽子头一点是需要吃粮食,一只鸽子吃35到40克。一年多少?一万只多少?

主持人:这与每一只鸽子的条件,比如体重啊,有关系吗?

男士一:那当然有关系啦,冬天多吃一点,夏天少吃一点儿呗!但它有一个平均数。如果拿这些粮食去扶贫呢?

男士二:我养的是信鸽,对广场鸽不熟悉,但对刚才江律师的有些观点我是不赞成的。

主持人:他伤害了您的鸽子,也伤了您的心。

男士二:如果按照这位说的要支援灾区,那就干脆把所有的动物全都宰了。

男士三:我是中国人民大学环境与发展学会的会长,也是农业经济系的。广场鸽的粪便如果处理好的话,是可以拿来做肥料的。

主持人:从您的专业角度来说,不但鸽子可以养得多,还希望它粪便能够多一点。(观众大笑)

……

主持人（转为对电视机前的观众说）：有这么一句话，听起来像是老生常谈，叫作"人类只有一个地球"。实际上，地球除了我们人类，还有植物，还有动物，这个地球同样也属于它们。我们在强调人和人之间互相尊重、互相理解、互相爱护的时候，也应当关心关心鸟类。把人和人之间的温情分一份，哪怕是一小份，给它们。在我们即将结束今天的节目时，我们请台上的四位客人，每人用一句话，表达自己的内心感受。请！

（嘉宾对电视机前的观众说）

胡　钰：我认为，广场鸽是现代城市文明的一个有效标志。

江　炜：形式主义害人，也害鸽子。（掌声）

舒　乙：广场鸽是生态环境，是旅游项目，甚至是哲学符号。我愿广场鸽成为北京美丽的一景。（掌声）

高　武：希望人和自然界的鸟类，生活在一个和谐的空间里。

从上面的节目中，我们可以清楚地看到，由于对象发生了变化，节目中至少出现了三种语体："对电视机前的观众说"、"对嘉宾说"和"对现场观众说"。三种说法各有其模式，这就是语境制约下的不同语体现象。

还有一种多重语境是后期制作形成的场景变换，以中央人民广播电台《午间半小时·难以忘却的歌声》为例：

（崖下黄河滔滔，空中野鸽啾啾，还有翻飞的燕子、缓缓的流水，羊儿咩咩。牧羊人歌声）

开开圈门叫花狗，

咱嘹哥哥放羊走。

前山的糜子后山的谷，

哪里想起哪里哭。

（伴随现场音响，播音员在场外进行描述）

播音员：如同流淌了千百年的黄河一样，黄土高原上的牧羊人总是唱着同样幽怨的民歌。

（牧羊人歌声）

不大的小青马，多喂上三升料，

三天的路程两天到。

月亮上来星星睡，哥想妹呀，掉下桶粗泪。

播音员：这是一个古老山村的并不古老的故事。河曲县的南沙洼，山西省西北部一个普通的山村。

（村头鸟鸣，鸡安闲地咯咯叫。忽然屋里窜出一条小黄狗，朝鸡扑去。

鸡扑棱棱飞,边逃边叫,狗边追边吠……)

（记者和刘巨仓相遇）

记　者:你好啊！你康健！

刘巨仓:喔！你们来这是要……

（记者对收音机前的听众说）

记　者:我们来这采访,采访河曲民歌。

（记者对采访对象说）

刘巨仓:这也没什么,就是个哥哥长、妹妹短,也没什么价值。

记　者:啊！好哇！你今年58,会唱吧？喜欢吗？

刘巨仓:他们……可能过来就要采访我。

记　者:啊！你是……

刘巨仓:刘……

记　者:刘巨仓啊！哎呀,真是太好了！我听山西电台说,你山曲唱得很好。我是慕名而来……（压低混播）

（播音员的场外描述）

播音员:就这样,我们无意中遇见了故事的主人公——刘巨仓。他脸上没有那种过上安生日子心满意足的神情,那带点混浊的眼睛,顾盼之间,流露出几分忧伤。他一直没能忘情于他死去的妻子李金香。

……

（记者对采访对象说）

记　者:在金香病重的时候,你们是不是又想起了当年唱的歌。

刘巨仓:唉！那个也可能想起来——思想里边吧,感到痛苦,人家对我的爱情是很深的。在她病重的时候,她还在哄我,说她没有问题。

记　者:她知道是癌症吗？

刘巨仓:知道。

记　者:她瞒着你,怕你心里难过。

刘巨仓:其实,我早已知道了,我还是瞒着她。两个人互相瞒。最后赶三月的时候不行了。我以为,她连话也不会说了。我那大孩子说,会说。我说,会说,说啥？"我担水回来,你出外头,我倒水时候,我妈对我说,往后,你要好好听你爸的话,不要让爸生气。"最后说的时候,我那小子哭了,我也没有往下问。

（场外描述）

播音员:一时间,我们找不到任何话语来安慰刘巨仓老人。如今,儿子找到伴侣,要结婚成家,可他,却成了孤单的大雁。

（现场混播描述）

（加了混响的，刘巨仓唱的"灯瓜瓜……"飘然而起）

　　（刘巨仓的歌声渐渐飘逝，随之而起的是乐队伴奏的"灯瓜瓜……"声音飘忽，缓缓回到现实。混播）

　　播音员： 多少年来，这首表达坚贞爱情的歌，随着滚滚黄河，到处流传……

　　这个广播节目中既有现场实况、后期音响，也有播音环境的描述，多种语境穿插重叠，相互映衬、彼此补充。真情和实感、语言和音响、写实和抒情都交织在一起，起到了感人肺腑的强烈效果。其实这是广播电视经常使用，并且受到欢迎的一种表现手法。如果只使用一种语言形态，显然不能适应场景变换的需要，也难以达到广播"如临其境，如见其人"的感人效果。

　　《时空连线》是中央电视台新闻评论部进行栏目改革，向着新闻传播的纵深领域开掘的前沿阵地和突破点。它借鉴国外先进的节目样态，以多视窗形式访问各方当事人（图3-2）。同时，各方当事人之间也可以互相沟通。多种节目要素灵活组合，从而完成对新闻事件的透彻分析。《时空连线》不是一个新闻人物访谈节目。人物访谈运用的手法是由事见人，而《时空连线》是由人见事。采访对象互动交流，实现了当事人在不同空间的同时交流。

图3-2　"走进战争的中国人"（中央电视台《时空连线》）

（三）广播电视语境可以是模拟的语言环境

　　广电新媒体语境是传受双方被隔离在电子传媒的两端，借助电子技术建立起的一种语言交流环境，创造了一种"远在天边，近在眼前"的传播环境。

　　电视可以模拟面对面交流的情境，广播更可以利用"耳听为虚"的作用来模拟各种情境。正如前面介绍的夜话节目就是一个例证。这类节目一般都涉及个人隐私，只适合个别交谈。所以节目中所有的称谓都是"您"或"你"，双方都希望在你我之间交谈，于是主持人模拟了一个私密的场合。但实际上，这个节目面向的是社会大众，是"没有围墙的客厅"，可以随时吸收社会各界的广泛参与。所以节目的结尾，主持人又改称为"听众朋友们"或"我们"，这就是一个典型的模拟语境。广播的模拟语境是客观存在的，是给广播的听、说双方所设想的现实中交谈的一种语言环境，使说方和听方处在一个虚设的交谈环境中,以便加强说与听的对象感、交流感和真实感。事实上,在大多数情况下,广电新媒体传受两端的语言环境都是虚拟出来的,并没有直接的交流关系。现代数字技术甚至把人也虚拟化了。譬如,英国在 2000 年 4 月 19 日推出了世界上第一个虚拟"新闻节目主持人"——安娜诺娃(Ananova)(图 3-3);一些国家也纷纷效仿英国的做法,推出了自己媒体的虚拟"形象代言人"。这种做法是否可行暂且不论,但是由于环境的虚拟化,把环境中的"对象"——人虚拟起来似乎也变得顺理成章

图 3-3　虚拟主持人安娜诺娃

了。因为虚拟的人是没有心理活动的,不存在适应环境的问题。而真人必须调整自己的心理状态才能适应这种特殊的环境。

　　播音员、主持人总是在高度封闭、隔绝噪声的播音室里播送节目的,运用对象感、情景再现、内在语等心理技巧表达节目内容,形成适宜的传播语体。而在传播的另一端,受众的收受环境难以确定,它既和受众的现实生活环境有关,也与受众的收听、收看方式有关。所以从总体上看,广播电视新媒体创造的语境是模拟的。随着现代电子技术的发展,演播环境和情景模拟技术日益成熟。譬如,现在有的电视台使用的"虚拟演播室"(图 3-4),就是利用数字模拟技术,将一个实际并不存在的演播环境展现在观众面前,而主持人则必须想象自己身临其境(调整心理语言),才能够运用好适宜的传播语体。

图 3-4　虚拟播音室

第三节　广播电视新媒体语境制约下的功能语体

英国功能学派语言学家哈里迪在 *The Linguistic and Language Teaching* 一书中提出语境的组成包括范围(Field)、风格(Tenor)和方式(Mode)三个部分,这三个部分"共同作用所产生的言语变体叫作'语域'(Registers)。"吴为章在《普通话语言学教程》里分析语境和语域的关系时认为:"'语域'是语言使用中适应一定语境的'话语'(篇章)的'型'(模式),类似于'功能语体'。比如广播电视语言是一种'谈话体'、一种功能性语体'。"林兴仁在1989年出版的《实用广播语体学》中首先提出了"广播语境"的概念,同时也论述了这种语境制约下的广播语体以及语体分类的原则。他还提出了"广播模拟语境"的理论:"广播模拟语境是客观上存在的,是给广播的说方(播音员,包括为其写稿的广播编辑和记者)和听方(听众)所设想的现实中交谈的一种言语环境。它模拟人际交谈,使说方和听方处在一个虚设的交谈环境中,以便加强说者与听者的感情交流,增强说与听的对象感、亲切感、真实感和现场感。"①他在这里提出"广播模拟语境",主要是为了帮助广播编辑、记者在行文时按照广播语境的需要写作稿件。或者说,写出更加口语化的稿件。既然是口语语体,为什么一定要写出来呢?这是因为早期广播参照报社形成了"三级审稿制度",要求播音员必须以稿件为依据才能够播出。在这种制度下,一方面要求记者、编辑写出"口语化"的稿子,另一方面要求播音员朗读得像"说出来"的一样。所以从本质上说,传统广播电视主要就是使用了口语语体——朗读语体。播音界的老前辈齐越也认为:"朗读是一种有声语言艺术。课堂朗读、舞台朗诵、话筒前播音,都属于这种艺术。"②随着广播电视社会功能的拓展、节目的日益丰富,广播电视中出现了越来越多的现实交流情境和话语环境。譬如,广播热线电话节目、电视访谈节目、电视综艺节目等。在这些节目中,主持人面对的不再是"模拟语境",而是现实的交流情境。这就需要主持人随机应变,脱离稿件(即所谓"无稿播音"),运用多种口语语体,达到传播和交流的目的。由此可以看出,话筒前的"说话方式"是多种多样的,问题就在于怎样正确认识播音中的语体现象。

一、广播电视新媒体播音中的语体分类

语体分类的著述颇多,学者们见仁见智,都从不同的角度提出了语体划分的办法。语体分为书面语和口头语两大类,没有太大的争议。但这些论述对书面语体谈得比较多,对口语语体的诠释则过于简略。概括起来,学界对口语语体有这样几种

---

① 林兴仁.实用广播语体学[M].北京:中国广播电视出版社,1989:62.
② 齐越.漫谈朗读[J].语文学习,1979(1).

分法①(图 3 - 5):

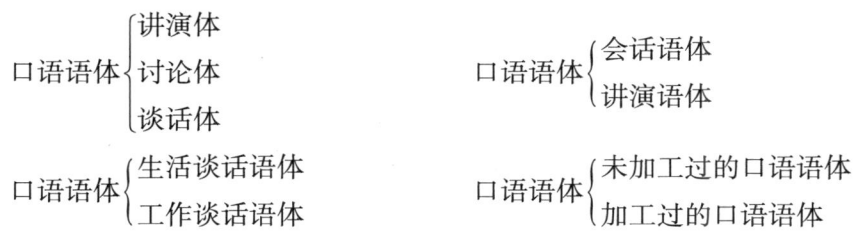

图 3 - 5　口语语体分类

这里所说的"加工过的口语语体"是指充分吸收口语特点,经过编写后的稿件;"未加工过的口语语体"就是脱口而出的话语。但不管是"加工过的口语语体"还是"未加工过的口语语体",都需要播音才能播送出去。所以,播音就是一种口头语言形式。播音学对这两种不同语言材料的运用提出了"有稿播音"和"无稿播音"的概念,显然它们是两种不同的口语语体。但如果从应用语言学的角度分析,在现存的播音方式中至少涵盖三种口语语体形式,即播读、阐说(演讲)和谈话语体(图 3 - 6)。譬如,政府公告、新闻播报、文艺作品演播是播读语体,广播评论员(主持人)主要使用的是阐说语体,访谈或谈话节目中主持人运用的是谈话语体。这些语体形式在广播电视新媒体中是客观存在的,它同播音学中的"文体"概念完全不同,语体不是文章体裁,也不能把语体看作特殊的独立的语言。这是从总的语体特征上对语言功能作出的分析。

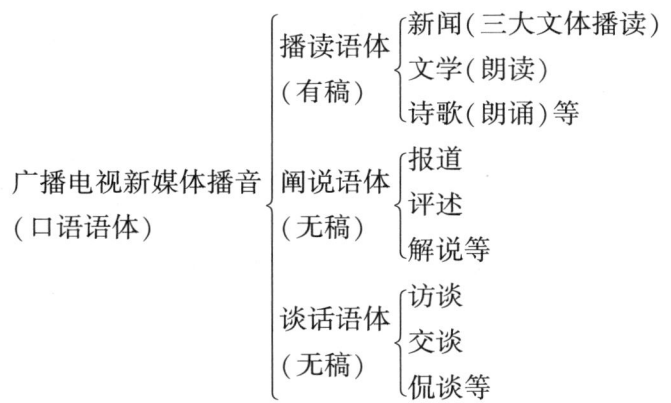

图 3 - 6　广播电视新媒体播音从应用语言学角度分类

当然,上述分析并没有涵盖广电新媒体播音语体的全部内容,但至少做到了一点,就是大大地扩展了它的外延。这项研究已经引起了播音学界的重视,张颂教授在《广播电视语言艺术》一书中明确指出:"广播电视播音主持语体研究是一个综合性、实践性很强的研究方向。它的任务是系统研究各类广播电视节目播音主持的语体特征以及与之相适应的教学训练体系;分析不同言语形式与心理机制、生理机制的关系,研究

---

① 林兴仁.实用广播语体学[M].北京:中国广播电视出版社,1989:167.

创作心态差异和肌体反应差异对语言表达模式的影响。它以辩证唯物主义为指导思想，以调查研究、个案研究、系统研究、比较研究为主要研究方法。该方向将立足于总结我国广播电视播音与主持的丰富实践经验，吸收相关学科的理论研究成果，构建中国广播电视主持语体的理论体系。"[1]需要说明的是，任何一种语体现象都不会孤立存在。各类语体间必然存在相互渗透、相互影响的情况。特别是广电新媒体的语境可塑性较强，注定了适应性语体的多种变化。

二、媒介环境对播音语体的影响

（一）全球传播环境对播音语体的影响

目前广播电视所处的是一种越来越开放的国际化传播环境，省级以上的大众传媒都有自己的上星节目，不少地方电台、电视台都设立了自己的网站。这说明广电新媒体已经或者正在进入全球传播的环境中。在这样的传播环境里要争得自己的话语权，就必须着力研究更加广泛的受众特点，有针对性地改善自己的话语方式。过去长期形成的刻板、模式化的官方用语，在新的传播环境下必须有所改变。我们的话语方式必须与国际接轨，尽可能多地考虑受众国的文化背景、民族习惯、宗教信仰等，以全球化的话语方式吸引更多的受众，发挥更加广泛的影响。

（二）多元文化环境对播音语体的影响

跨国传播面临不同的文化背景，受众的社会心理也不一样。我们既要了解、尊重别人的文化传统，也要传承自己的民族文化。发达国家跨国传媒集团的形成和垄断势力的扩张，使世界多元文化面临萎缩和单调的危险，这将大大削弱人类文化发展的基本动力——多元文化的交流、沟通与互动，从而影响人类社会的健康发展。这种外来文化对语言的影响是显而易见的。目前，广电新媒体中的外来语、借用词语以及语音系统的变异现象（如所谓的"港台腔"等）日益增多，已经严重影响汉民族语言的纯洁性和规范性，应该引起足够的重视。放任这种情况泛滥，不仅会大大削弱我们自身的影响力，也会造成民族文化的衰落，不利于振兴民族文化，发扬民族精神。

（三）信息环境对播音语体的影响

在一些发达国家，由于数字化进程加快，数字卫星电视、有线电视、无线电视以及计算机网络正在为受众营造一个日益丰富的媒介环境。过去，受众面对大众媒介提供的有限信息服务，只能被动地接收，没有太多的选择余地。现在，随着各种数字化媒介、互联网的普及，受众信息消费的主动性和选择性空前提高。研究表明，信息化程度

---

[1] 张颂.广播电视语言艺术[M].北京:北京广播学院出版社,2001:250.

越高、信息流量越大的社会,人们对信息的筛选能力就越强。在这种情况下,语言的个性化就显得越发重要,因为一般化和雷同化的东西最有可能被淘汰,只有显示出与众不同的个性,才有其存在的价值。

信息环境的变化使人们收受新媒体的方式也发生了很大变化。便携、移动、多媒体化是主流发展趋势。人们从专注收听(收看),转为随动兼听、随意收看。譬如,被认为是第五媒体的手机,既能为通信服务,又能上网看视频、收听广播等。试想,在这种情况下,如果还是沿用那种刻板的语言方式,试图让人们专注收听(收看),恐怕难以取得理想的传播效果。

(四)高新技术环境对播音语体的影响

技术的发展也在不断改变着传播方式,互动、高清晰、环绕声都是电子媒介的发展方向。媒介技术的发展大大改善了受众的视听条件,不仅提高了语言的清晰度、可感度,也对传受之间的话语方式提出了新的要求。譬如,媒介的单向传播越来越多被双向交流所取代,受众由被动接收变为主动选择,单媒体变为多媒体,等等。这些变化必然对传统的播音语言方式产生冲击和影响。播音语言有可能从"主说型"变为"应答型","传"与"受"之间的关系不再是固定的、单向的,而是互动的、转换的。

三、广电新媒体语境对播音语体的制约作用

广电新媒体语境主要就是指广电新媒体的发送环境,事实上它是宏观媒介环境下的微观环境,是媒介环境的组成部分。广电新媒体语境是由自身的规律所决定的,这种语境对播音语体的运用有制约作用。

(一)口语交际的语言环境需要口语语体

广电新媒体的语言环境主要是口语交流,需要一种使受众"听得明白"的表达方式。叶圣陶老先生曾深有感触地说:"咱们听读报、听广播也有一些经验。有时候听得完全明白,好像看了书面文字一样。有时候心里一愣,不明白听到的话是什么意思,又不便仔细揣摩,因为读报的人、广播的人并不等咱们。一揣摩,以下的话就滑过去了。这就说不上完全听明白。可见便于听和不便于听的分别显然是有的。"[1]播音语体就是这种能够让人在广电新媒体中"听得明白"的语言体式。虽然过去也要求广播记者、编辑把稿子写得"像说出来的话",要求播音员读得"像自己说"一样,实际上这种"说双簧"的模式,并不是广播电视的唯一选择。如果记者、编辑能够说的像写的一样,播音员自己也能出口成章,那么就是广电传媒生产力的一次大解放。现在对主持人提出的基本要求也概莫如此。所以,传统广播电视的审稿、评稿方法应该有所改变,

---

[1] 叶圣陶.叶圣陶语文教育论集[M].北京:教育科学出版社,1980:104.

使其有利于广电新媒体优势的发挥,促进口语语体能力的培养。广电新媒体与报纸不同,它应该更加看重从业人员的口头表达能力,这是由广电新媒体特殊的语言环境所决定的。

过去,播音被看作广播电视一小部分从业人员的专利,他们被称为"播音员",专事把文稿转述成有声语言的工作。但是,这样的业务观点恐怕已经不合时宜了。事实上,无论是记者、主持人(编辑身份),还是播音员都已经走到了话筒前、镜头前。这里所说的"播音"概念是涵盖一切"话筒前进行的有声语言创作活动"[①]。这些有声语言的形式就是典型的口语语体形式。

(二)复合的语言环境需要多种语体并用

广电新媒体的语言环境多种多样,它的节目形态反映了多种语境的变化。如同书面语体需要适应文章体裁一样,口语语体也是多种多样的,它们都是不同语境下的语体形式。广电新媒体节目中的语言环境并不是固定的,场景常常切换,对象也会有所不同,而且可能同时出现不同的话题。也就是说,广电新媒体节目中呈现的主要是一种复合的语言环境,传播者需要用不同的语言方式来适应环境的变化。譬如"与嘉宾交谈""向受众转述""对事件评说"等。无论采用何种语体形式,都应该得体、适宜,既适应场景的需要,也符合自己的身份。在广电新媒体中使用的各类口语语体都是语言艺术,也都有各自的规律。只有遵循这些规律,才能有效提高自己的语言表达能力和传播手段。

(三)虚拟的语言环境需要心理语言的支持

播音员、主持人是在一种极为特殊的环境中,面对受众进行交流的。事实上,在很多情况下,他们并没有直接的交流对象,只是一种虚拟的交流语境。这种语境与实际产生的语体往往是不相适应的,必须依靠传播者的心理功能来加以调适。

播音员、主持人的语言活动必须借助电子媒介传递,自然音响和生活原型被转换成了声频和视频信号,这不仅在一定程度上改变了声音和形象的原貌,而且也对传受心理产生了影响。大家都知道,广播有一个"适应不适应话筒"的问题,电视也有一个"上镜不上镜"的问题。播音是借助话筒、镜头传播有声语言和行为语言的活动,只有遵从广播电视的电声规律和影像规律,才能取得理想的视听效果。当然,现代电子传播过程很复杂,远不仅限于"话筒"和"镜头"这样简单的环节。声源发出的声波在媒质传播过程中,其声压或声强会随着传播距离的增加而逐渐衰减。一般来说,高频声波比低频声波衰减得快。远距离传播还有干扰、衰变、失真等现象存在,虽然这些都是传播技术上的问题,但要取得理想的播音效果,我们也必须了解和把握一般的电子传

---

① 阎玉.中国广播电视学[M].北京:中国广播电视出版社,1990:528.

播过程和规律。

另外,为了获得理想的广电新媒体传播效果,播音员、主持人常常是在低噪声、无反射、强灯光的物理环境中,从事语言传播活动的。这样的条件往往会使人失去日常生活中的正常感觉,给人一种心理压力。譬如,不能得到对方的正常反应和及时反馈。在这种心理压力下,有些人会形成一些语言行为的错觉,如果不能克服这些心理障碍,就会出现不自觉的失语现象。实践证明,在广电新媒体中的语言传播活动是需要心理语言支持的,也就是业界常说的获得对象感、情境再现和内在语的运用等。这些就表现在广电新媒体语言传播所需要的记忆力、注意力、想象力等心理能力上。这些能力需要不断锻炼,它们都遵循着用进废退的基本规律。

第四章　广播电视新媒体播音语体

如前章所述,语言表达得体,主要是指使语言体现语境和语体的要求。从语境和语体的关系上,主要是语境制约语体,语体适应语境。古希腊哲学家亚里士多德曾说:"既不要把重大的事说得很随便,也不要把琐碎的小事说得冠冕堂皇。对于一些平凡的普通名词,不应加上一些漂亮的修饰语,否则就会显得滑稽……在表现情绪方面,谈到暴行时,你要用愤怒的口吻;谈到不虔诚或肮脏的行为时,你要用不高兴和慎重的口吻;对于喜事,要用欢乐的口吻;对于可悲的事,要用哀伤的口吻。"[①]事实上,亚里士多德强调的就是根据场合、对象、目的、表达方式等差异做到语言得体。

随着广播电视新媒体的改革发展,节目形式日益丰富多彩,也随之呈现出越来越多样化的语言环境,出现了播读、阐说、谈话等多种广播电视新媒体语体现象。

第一节　播读语体

播读语体就是在广电新媒体中所运用的朗读语体。语言学家徐世荣先生说:"朗读就是把书面上写的语言变为口头上说的语言,把无声语言(文字、文章、文学作品)变为有声语言——更能表情达意的口头活语言。"[②]他还说:"既然大张旗鼓地讲'修辞学',也就应该同等地讲'朗读学'……生活中需要朗读和需要写作是同等的。"[③]张颂教授在这方面作出了突出的贡献。他不仅对我国弥足珍贵的文化遗产——朗读艺术做了全面整理和论述,而且把它运用在广播电视播音实践中,从而培养了大批优秀的播音主持人才。广电新媒体中的大量稿件需要转变为有声语言才能传播出去,需要一个朗读转化的过程。但是广电新媒体中的朗读受到技术传播环境和媒体功能的制约,不同于一般的朗读行为,有自己的特殊规律,可以将它称为"广播朗读"或简称为"播读"。

---

① 亚里士多德.诗学[M].罗念生,译.北京:人民文学出版社,1962:12.
② 张颂.朗读学[M].3版.北京:中国传媒大学出版社,2010:1.
③ 张颂.朗读学[M].3版.北京:中国传媒大学出版社,2010:2.

一、播读语体的语境特点

(一)诉诸听觉

播读是把书面语言转化为口头语言的一种表达方式。播读艺术就在于用有声语言准确、鲜明、生动地表达书面语言的内涵和实质,把"目治"的语言变为"耳治"的语言的过程。高明凯先生说:"书面语是'写的语言'或'目治的语言',口语是'说的语言'或'耳治的语言'。书面语和口语虽然都是语言的存在形式,却具有不同的特点。因为一个是拿手来写或拿眼睛来看的,一个是拿嘴来说或拿耳朵来听的,所以两者存在的环境有所不同;因为一个是写在纸上或留在其他坚实的物体上面的,一个是发成音波,一发即逝的,所以两者的物质条件也有所差别。"[1] 不同的存在环境和不同的物质条件,使它们具有不同的特点。播读是诉诸听觉的,所以让人听得清、听得懂是首要目的,另外还需要愉悦人的听觉和心智,给人以美感享受。

(二)口语转述

播读是转述他人意见的一种口语形式。播读必须依据文字稿件,表达文字不能或不便表现出的意蕴和内涵,是语言艺术再创作的过程。因为播读的内容虽然是转达他人的意见,却融合了播读者自己的看法,表达的是一种共同的认识。文学作品的播读,由于增加了语音信息,因而"它才增加了活力,有了跳跃着的生命"[2]。播读艺术会使文字作品产生更加深邃的意境,达到感人肺腑的艺术效果。

(三)心理情境

播读一般是在封闭的环境里(播音间),根据自己的想象活动建立与外界的联系,所以它不具备接受反馈的条件。

在交流性的话语环境中,说话者可以得到对话者的直接反应和心理上的支持。但在播读的环境中,传播者则只能运用对象感、情景再现等自我心理活动,来建立与受众的联系,给人以"闻其声如见其人"的交流感。

二、播读语体的分类

播读语体通常分为新闻作品播读、文艺作品播读和服务性稿件播读等几种类型。

---

[1] 高名凯,石安石.语音学概论[M].北京:中华书局,2002:233.
[2] 张颂.朗读学[M].3版.北京:中国传媒大学出版社,2010:1.

(一)新闻作品播读

1. 新闻消息

以事实说话,追求真实、新鲜、客观,是新闻消息播音的突出特点。从文体上看,"新闻是新近发生事实的报道"(陆定一语),要求准确、客观、及时,并且恪守真实性和时效性原则。播报新闻消息需要具有较强的新闻敏感性,表达事实必须客观准确、实事求是。新闻的真、快、新的特点,使得新闻播音的语言以叙述、报告为主,以实声为主,语气朴实大方,节奏明快稳健,重音突出准确,停连合理得当,给人以真实感和信任感。

新闻消息播音应该注意寻找和把握新闻的新鲜点。新鲜点主要存在于事实的新闻要素中。它是消息播音表达的重要依据,也是创作过程中的表达重点。播音主体的政策观念、新闻敏感、知识结构决定其对新鲜点把握的准确程度。

新闻消息播音还具有表态性,所以要注意把握分寸感。在这里,"客观"是指对事物本质的客观认识,而表态是基于这种客观认识所产生的恰如其分的态度。面对客观事物的变化,没有态度或无动于衷,反而显得脱离实际,故作姿态,不够真实。

2. 新闻通讯

"真实生动,感情饱满,以情感人"是新闻通讯播音的重要特点。新闻通讯是用形象化的手法报道新闻事实的一种文体。它具有很强的描绘性和抒情性。新闻通讯播音在准确、鲜明的基础上,应着重强调表达的生动性。

新闻通讯形象生动的特点要求播音表达时充分展开联想和想象,活跃形象思维。丰富多样的情感色彩使得气息控制也变化多端,多为实、虚声相结合。在有声语言的表达上,一般重音灵活、停连自由、语气丰富、节奏多变。由于新闻通讯播音感情细腻丰富,具有抒情、写实的特点,语势大多呈现跌宕多变的态势,所以对语言表现力的要求相对要高一些。

新闻通讯一般分为人物通讯、事件通讯、风貌通讯、工作通讯(经验通讯)、录音通讯、配乐通讯等。不同的通讯体裁有不同的播音要求,譬如:人物通讯要求生动传神,力求神似;事件通讯要求叙事抒情,脉络清晰,以事醒人;风貌通讯要求新鲜亲切,舒展自如,荡气回肠;配乐通讯则要求意境深邃,音声和谐,相得益彰等。

3. 新闻评论

"是非分明,逻辑严谨,以理服人"是新闻评论播音的主要特点。新闻评论,主要运用叙事说理手段,通过对事件或问题的深刻分析,阐述对该事件或问题的见解或主张。评论的核心问题是论理,根本目的是揭示客观事物的本质,指导人们的行动。新闻评论的内容,主要是对当前实际工作的指导性意见,政策性比较强。播音员在论述某种观点、分析某种现象的时候,必须做到心中有数,熟悉了解相关的政策和针对性,只有这样才能在语气上把握好分寸火候,增加对实际工作的指导意义。

新闻评论播音态度鲜明、分寸得当、质朴庄重。在表达手段上应当表现为重音坚实、语气肯定、节奏稳健、张弛有致。论证方法要了然于心,使论证充分有力,论点、论据清晰准确,从而达到以理服人的播音效果。

4. 电视新闻片解说

电视新闻片解说,就是给电视新闻现场图像配音。电视新闻片声像结合,以画面为主,声音为辅,声音用以补充说明画面。由于声像结合的关系,解说语言具有跳跃、插入、领起等特点。

解说语言的表达是为了说明画面的,所以语速应随着画面节奏的变化而变化,需要强调与画面的和谐与统一。画面无法表现的内容往往是语言表达的重点。电视新闻片解说服从新闻性质的基本要求,语势不宜夸张,语气比较平稳,语流应通顺畅达。

5. 电视专题片解说

电视专题片以真实性为基础,由于它不像新闻片那样强调时效性,所以制作上比较考究,具有较高的艺术表现力。因此,解说语言需要与之相适应,语言表达讲求细腻、生动、具有感染力。吐字发声方面一般表现为:强控制、弱发声;唇舌力度大,吐字灵活集中,不跳脱。从语流形态看,始终保持畅达连贯,有明显的推进感,起到烘托画面的效果。

在注意与镜头画面配合时,解说还要和音乐、音响、画面节奏相吻合。与镜头的运动方式、景别、场景相适应。电视图像的组合有一定的讲究,体现不同的含义和情感,解说语言都应与之配合。如,远景显示开阔,中景表现实感,特写突出内涵;仰拍意味褒扬,俯拍表示贬斥……画面节奏的变换和音乐气氛的烘托,都提供了不同的意境,解说语言需要将其细腻地同步表现出来。当然,并不是说每个镜头都必须严格对应,而是要求在重点和特点部分着重加以表现。

(二)文艺作品播读

1. 散文

散文形散而神聚。散文朗读的目的是达到"神聚"的效果。无论叙事还是抒情,优秀的散文都有着深邃的意境。朗读这种文体,要细细品味其中的意蕴,并给以恰当细腻的表现。它不需要像诗歌朗诵那样跌宕起伏,也不必像小说朗读那样绘声绘色,而主要是运用朴实、真切的语言,直抒胸臆,让人浮想联翩,给人以回味悠长之感。

2. 诗歌

诗歌的特点是感情饱满,想象丰富,意境深邃,韵律和谐。诗歌的朗读需要把这些特点都淋漓尽致地表现出来。诗歌一般分为格律诗和自由诗两种,朗读的方法也不尽相同。朱光潜先生说:"诵诗的难处和作诗的难处一样,一方面要保留音乐的形式化的节奏,一方面又要语言的节奏,这就是说,要在迁就规律之中流露活跃的生气。"①这恰恰说明朗读诗歌需要一定的艺术功力。

格律诗的音乐性很强,讲究韵律和平仄,朗读时要表现出抑扬顿挫的韵味。格律诗一般为双行用韵,只要注意这些韵脚的呼应,就能形成回环往复的节奏感。格律诗的节拍也十分有规律,可按照词的疏密度适当划分音步。不同的格律诗有不同的音步安排。

如,七言诗常见的"二、二、三"格式:

朝辞\白帝\彩云间,
千里\江陵\一日还。
两岸\猿声\啼不住,
轻舟\已过\万重山。

五言诗常见的"二、三"格式:

床前\明月光,
疑是\地上霜。
举头\望明月,
低头\思故乡。

朗读时根据这样的疏密度适当顿歇,用"吟咏"来展示其优美的韵律,显现出它的音乐性,把诗的韵味恰如其分地表达出来。

自由诗用韵不像格律诗那么严整,因而不能把格律诗的朗读方法完全套用在自由诗的朗读上,以便表现出自由诗朗读那种豪放不羁、跳脱奔腾的特点。自由诗的音步不如格律诗那么固定、均匀,但诗意中包含着情感的律动,只要是诗情需要作出的停顿,就可以分出一个音步。包含音节较多的音步,节奏要紧凑一些;包含音节少的音步,节奏就舒缓一些。诗味就是从这种抑扬顿挫的节奏中展现出来的,不但展现出音韵美,而且显示了意境美。无论是叙事诗、抒情诗,还是讽刺诗,如果没有意境,就不能算是好诗。而表达不出诗的意境,也就算不得好的朗读。那种虽然有着声音外在的跌宕起伏,却情浮意浅、没有意境的朗读,难以调动听众的想象和情感,产生朗诵的感染力。

3. 文艺作品解说

文艺作品解说主要是指对电影、戏剧、广播剧以及歌曲、音乐、戏曲等的介绍。文艺作品解说要求对文艺作品的内容、主题、艺术形式、特点风格有深刻的了解。解说语

---

① 朱光潜. 诗论[M]. 北京:生活·读书·新知三联书店,1984:134.

言要和画面、音响、音乐等协调配合,始终处在"配角"的位置上,发挥烘托和说明的作用,切不可喧宾夺主,影响作品的整体效果。

在文艺作品解说中,既要对整部作品总的基调予以把握,也要在剧情或内容发展过程中灵活变化。当以录音素材为主时,解说语言处于从属地位,为其铺垫引路,或是解释说明,语气、节奏可较为平淡、和缓,只要适应录音素材情绪的变化就可以。一般来说,解说的语言先于录音素材,起铺垫引路的作用;后于录音素材,则起解释说明的作用。

(三)服务性稿件播读

这类稿件的突出特点是具有服务性,它为老百姓提供生活资讯服务、科技教育服务等。在信息社会里,它能够有效地为人们释疑解惑,提出指导性意见。

服务性稿件播读主要是指知识类、服务类稿件的播读,通过说明性的语言向人们介绍事物的特征及其规律。知识类、服务类稿件的语言表达要亲切自然,根据具体的对象把握适当的语气,增强交流感。这类节目的播读需要讲求科学性和条理性,用比较清晰的思路阐述事物的来龙去脉,揭示其中的奥妙和规律。以诲人不倦的态度提高人们认识事物、辨别是非的能力。这类稿件的播读语气是诚恳的,节奏是稳健的,多用比喻性重音和判断性停连。

第二节　阐说语体

阐说语体实际上是一种演讲语体。演讲是一种古已有之的社会活动和文化现象。早在殷商时期,我国就有关于演讲的文字记载。《尚书·盘庚》中,盘庚动员臣民迁都的三篇演说词,便是最早的证明。按照《辞海》的解释,演讲就是"在听众面前就某一问题表示自己的意见或阐说某一事理"[1]。它的基本特征是:面向大众,阐述己见;出口成章,言之成理。张颂教授认为:"朗读学是演讲学的孪生兄弟……它源于生活中的对话,而不强调对文字脚本的依存。"[2]虽然电子传播的情境有别于大庭广众的演讲环境,但是作为面向大众的传播媒介,它既表现为对耳闻目睹事实的阐释,又是对社会事件的评说。正如美国著名的口语传播学者雷蒙德·罗斯教授所说:"广播和电视是当今演说传播讲台的一部分。"[3]广播电视中主持人进行的现场报道、现场解说、新闻点评等都带有"阐说"的语体特征。

---

[1]　夏征农.辞海[M].上海:上海辞书出版社,1989:988.
[2]　张颂.朗读学[M].长沙:湖南教育出版社,1983:15.
[3]　罗斯.演说的魅力[M].黄其祥,曹宏亮,丁宏新,译.北京:中国文联出版社,1989:1.

一、阐说的语境特点

阐说是一种在"我说你听"的语言环境里运用的表达方法。阐说者并不是依据稿件,而是即兴发挥,说出表达意见。这样的表达方式受制于特定的语境条件,特点如下:

(一) 时间效率高

阐说往往是对新闻事件的同步报道,而新闻事件是一个动态的发展过程,所以阐说必须根据事件发展的客观情况,随机应变,及时加以说明。特别是现场直播的报道,只能一次成型。在这种情况下,语言的调动和组织都带有较大的随机性,否则难以捕捉或描述瞬间发生的新闻事实。这就需要事前的判断准确、事由的说明清晰、事后的评点恰当。在这种环境下生成的语体虽然略显粗糙,却较为朴实、生动、真切。

(二) 空间跨度大

偶发的新闻事件往往不受空间的限制。在现场环境中,报道者常常面临纷繁复杂的局面和许多不可预知的突发情况,但是这种环境因素往往又是可以利用的新闻事实。在现场报道中,音响、画面和语言都是说明事件的重要因素。譬如,当重要音响出现时,报道要突出音响,不能让语言湮没音响;同理,当关键的新闻场景出现时,也不能试图转移受众的视线,因为在这种情况下,让受众耳闻目睹的事实比叙述的事实更有说服力。因此,报道者需要充分运用环境因素来阐发事物的本质。不过,环境因素既是现场阐说的组成部分,也可能对阐说产生干扰,如环境噪声对广播拾音的干扰、环境采光对电视摄像的干扰,等等。要克服这些干扰,就必须对环境因素有所选择,对报道角度和阐说重点进行适当的调整。

(三) 情境因素多

情境因素是在特定的社会心理氛围中产生的。阐说伴随着采访活动,通过与采访对象的互动形成一种情境。由于双方处于一种临时的特定关系之中,因而对话语形式的选择和话语内容的理解都受到情境制约。环境越复杂、采访对象越多,情境因素的影响就越大。所谓"射箭要看靶子,弹琴要看听众",就是指要根据对象的身份、职业、性格、处境、心情等选择对方容易接受的话语方式,以达到预期的表达效果。在不同的环境中,面对不同的对象,谈话方式就不一样。由于他们都是与事件有关的人物,所以话题相对比较集中,只是观点各异,提供的情况多样,这些都为报道者提供了丰富、新鲜的话语资料。

二、阐说的语体特点

(一) 出口成章,阐发新意

阐说在大多数情况下都是在现场进行的。由于现场的情况千变万化,这种阐说总是边听、边看、边想、边说,紧扣事件发展的动态。在头绪纷乱的现场中,报道者要善于捕捉与事件有关的细节要素,准确地把握事件发展的脉络,做到条分缕析、心中有数,并紧紧围绕事件的来龙去脉,即兴阐述,恰当评说。不能因为身处纷繁的现场,搞出许多"花絮"来,令人不知所云,甚至离题万里。这需要报道者具有较强的语言组织与表达能力、丰厚的文学素养、广博的文化知识,面对变幻不定的现实,能够迅速抓住要点,言之成理,语出成篇。

(二) 利用情境,据实讲解

现场的音响和画面都是一种新闻事实,也是一种情境意义,报道者可以利用这些情境意义据实阐述。比如人物、景物、实物、氛围等,都是可以利用的。只要选择恰当,使用贴切,就会形成特有的表达魅力。因此,报道者应具有敏锐的观察力以及冷静、机敏、随机应变的语言表达能力。

(三) 言近旨远,语随境迁

现场事件是按照时间顺序发展变化的,这就注定报道者不能对动态的事物进行过多的渲染和铺陈。只能择其要义,用通俗、简练的语言揭示事件的深刻内涵。在阐说新闻事件时,时间是有限的,空间却是无限的;既要依循时间发展的脉络,又要包容空间延展的概貌。这往往是现场报道所面临的突出矛盾。时间的紧迫要求言简意赅,空间的延展又要求意蕴丰富。在这种情况下,报道者须力争做到以下几点:

一是依据不同语境的表达需要,修饰和调整不相适应的言语形式,甚至创造特殊的表达方式;

二是利用情境因素来排除歧义,使语言中的多义和歧义现象获得明确的单义性;

三是利用语境中特定的情境意义补衬语言本身的意义,表达出更多的言外之意。[①]

三、阐说的语体分类

如今,在广电新媒体节目中,阐说运用得越来越广泛,特别是在口头报道、现场解说中。

---

① 刘焕辉. 言语交际学[M]. 南昌:江西教育出版社,1986:67.

(一) 口头报道

口头报道也叫现场报道,是一种边观察、边采访、边口述的报道形式,其突出特点是现场感极强。最早为人们所称道的现场报道是 1940 年 8 月 18 日美国 CBS 著名主持人爱德华·默罗主持的《这里是伦敦》。他手持话筒,冒着德军狂轰滥炸的危险,站在英国广播公司的楼顶上,描述现场情况。这种报道方式如今已经被我国广播电视媒体普遍采用。譬如,在风云多变的中东地区,中央电视台主持人水均益冒着生命危险,深入巴勒斯坦和以色列的冲突地区报道巴以局势;1997 年 7 月 1 日中央电视台主持人白岩松等对"香港回归祖国"进行了成功的全程报道……这些都给大家留下了深刻的印象。

1993 年获中国广播电视优秀节目一等奖的北京人民广播电台现场报道《隆福大厦火灾目击记》就很有代表性。

记　者:听众朋友,现在是 8 月 12 日晚上 11 点 5 分,我们刚刚接到一位听众的电话说隆福大厦起火了,我们现在正在赶赴现场……我现在是站在了隆福大厦的南口。整个隆福大厦的上空被一股浓烟团团包围住,大概这里停了有几十辆救火车。现在我跑过了几道防线,已经走得更近一些了,也就是说来到了隆福大厦的楼底下。据我们所知,李其炎市长正在这里担任现场指挥,还有苏仲祥局长……

记　者:李市长,您是什么时候赶到火灾现场的?

李其炎:哎呀,你现在还采访我,现在把火救完了,就算了吧,小伙子!

记　者:苏局长,您作为现场的总指挥,对火情是不是很了解呢?

苏仲祥:现在我们的探险班正在向里面去探查。前面冒烟的这个估计不是火,是后面的火蔓延过来的烟。现在新楼里面没有起火,主要是这个地区居民的房子比较狭窄,消防车进来有困难,水源也不太足。

(砸碎玻璃和喷水声)

记　者:现在我已经接近火源,消防队员先用石块砸碎了紧封的玻璃;然后呢,用水枪来扑灭火舌。现在我已经完全接近火源,也就是离大火燃烧的地方 10 米左右,浑身真正感到了灼热的感觉。

听众朋友,在火势最凶猛的隆福大厦的后楼,一、二、三、四,第四层我们看到消防的抢险队员,也就是探险队员已经搭上云梯敲碎了玻璃,现在正准备闯入火灾的最中心地区。现在在四楼还有没安全撤出的人员,他们正在抢救被火围困在屋子里的人。

(消防队员的喊声:李强,接她一下,接她一下,好了好了)

记　者:现在消防队员已经登上了云梯,接住了刚刚撤离火灾现场的那位戴眼镜的女同志。据隆福大厦的同志介绍说,这是一直坚守岗位的隆福大厦总机值班员。

(记者被浓烟呛得咳嗽声)

记　者:听众朋友,我现在冒着滚滚的浓烟试图闯进刚刚被扑灭的一楼的货场。一楼的货场里充满了浓烟,消防队员正在努力地搜索每一个最后的星星点点。

在这个篇幅很短的报道中,浓缩了丰富的内容:火情的严重、市长的焦虑、消防战士的无畏……记者把事件阐说得清晰、准确、形象。这篇报道集中反映了现场报道的特征:时效快、真实感强、富有感染力。

1. 口头报道的基本要素

(1)说什么

记者或主持人赶赴现场以后,面对新闻现场的基本事实,准备"说什么"很重要,以下几个方面应该有所涉及。

①介绍。报道开始就必须把事件发生的地点、时间、人物、事实、原因等新闻要素介绍给受众,同时也应该向他们交代自己的身份及所处的位置。有时,还需要介绍背景。譬如,《隆福大厦火灾目击记》如果只在北京报道,大家都知道"隆福大厦"是北京刚刚翻建不久的有名商厦。但是,如果面向全国,这种报道的开头就显得比较粗糙,背景介绍得不够充分。沈阳人民广播电台在1995年9月18日播出的现场报道,开头就比较有代表性:

听众朋友,我是记者李慧敏。我在辽宁大学门前向您做现场报道。(出音响:警报声)今天是9月18号,现在的时间是22点20分。您听到了吧?此时我市夜空响起震耳欲聋的警报声。64年前的这个时刻,日本军国主义炮击沈阳北大营,拉开蓄谋已久的侵略中国的序幕。沈阳市委、市政府决定,这个时刻在全市13个县区同时拉响150个警报器,以告示人民,不忘"9·18"。①

一篇报道的头开得好就能给人以先入为主的印象,吸引人听下去、看下去。

②描述。广播电视描述的侧重点各有不同,但目的都是要给人以身临其境的感觉。画面、音响无法表现的重要细节,只有用形象化的语言加以描述、补充,加深受众的印象。《隆福大厦火灾目击记》的描绘就比较朴实、生动:"现在我已经接近火源,消防队员先用石块砸碎了紧封的玻璃;然后呢,用水枪来扑灭火舌。现在我已经完全接近火源,也就是离大火燃烧的地方10米左右,浑身真正感到了灼热的感觉。"黑龙江人民广播电台获得2000年中国广播奖一等奖作品《冰雪情》中的一段对哈尔滨举办

---

① 中国广播电视学会.1995年度中国广播奖获奖新闻作品选评[M].北京:中国广播电视出版社,1996:63.

的"冰雪节"的描述也比较生动:"各位听众,现在一簇簇礼花绽放在冰雪大世界的上空。空中五彩缤纷,江上流光溢彩,空中的礼花与江上的冰灯交相辉映,组合成亦真亦幻的人间仙境。人们被这美丽的景色感染了,欢腾着、跳跃着,尽情享受着冰雪带来的欢乐。"这段报道,轻描那些人们能够听到的情境,重绘那些人们在广播中看不到的情境,取得了相得益彰的良好效果。

③串联。现场的直观印象都是一些片段,这就需要记者、主持人从目击事件中迅速找出具有典型意义的段落加以编串,起到承上启下的作用。"我们现在正在赶赴现场……我现在是站在了隆福大厦的南口……据我们所知,李其炎市长正在这里担任现场指挥,还有苏仲祥局长……(分别采访李市长和苏局长)现在我已经接近火源……在火势最凶猛的隆福大厦的后楼……现在消防队员已经登上了云梯……消防队员正在努力地搜索每一个最后的星星点点。"这篇报道总共不过2分钟,但是十分完整,把火灾的现场情况交代得很清楚。

④评述。现场报道的评述往往只是点染性的。与口头评论的点评不一样,它是通过对事实描绘后自然得出的结论,而不是仅仅通过逻辑推理作出的判断,主要表达记者、主持人对事件的主观印象。

如,《冰雪情》中的评述具有很强的抒情性与感染力。

男主持:各位听众,现在夜空里星光闪烁,冰雪大世界内更是繁星一片。

女主持:天上人间融为一体,就像一条相融相谐的彩链,编织着人们无数的憧憬与企盼。

男主持:此时此刻,冰雪大世界到处是欢声笑语,到处都是观灯赏雪的游人。

女主持:让我们一起赞美冰雪,共同谱写人与自然和谐的音符。

男主持:因为有了冰雪,哈尔滨的冬天才不会寂寞。

女主持:因为有了冰雪,北方人在冬季里才更加欢乐。我们祝愿哈尔滨冰雪节在新的世纪里越办越好!

男主持:祝愿我们的听众朋友在新的世纪里幸福快乐!

(2)怎么说

广电新媒体现场报道的语境就是自然空间,环境氛围会影响记者、主持人的情感乃至阐述方式。在这个过程中,记者、主持人既要保留现场的真实感,也要从受众的角度考虑,适当有所节制,以便在各种情况下,有条不紊地报道事件的来龙去脉。

①注意抓动感,用行进式语态。因为记者、主持人面对的是正在发生、发展的新闻事实,要边看边说,所以给人以现场感很重要,有了现场感才更加真实。《隆福大厦火灾目击记》的记者是在十分紧急的情况下赶赴现场的,还没等喘过气来就进行报道,被浓烟呛得咳嗽不断。情境和语言连贯和谐,毫无做作之感。当记者采访市长时,市

长说:"哎呀,你现在还采访我,现在把火救完了,就算了吧,小伙子!"这段话十分真切,既说明了事态的严重,也反映出市长的焦虑和不安。再如,中央人民广播电台获得2000年中国广播电视新闻奖一等奖的作品《漫步悉尼》。前方记者和后方主持人密切配合,妙语连珠,生动形象。记者在奥运会的各个角落,边看边说,边走边播,现场感极强。主持人灵活调动各个场地最精彩的内容,使听众在第一时间里,身临其境般地领略了奥运赛场的气氛。

记　　者:下一个上场的就是我国选手林伟宁,她要的重量跟报名表上稍微不太一样,报名表上她报了135公斤,现在她要了132.5公斤。这是林伟宁今天晚上挺举的第一次试举,是132.5公斤。林伟宁现在已经上场了。可能有的听众能够听到,现场有很多人在喊加油,许多华人来给中国选手助威。好的,林伟宁现在一翻腕,把杠铃压在双肩上站了起来。教练在旁边大声喊着动作的要领。好的,举起来了,举起来了,全场一片掌声。林伟宁举这个重量也显得很轻松。三盏绿灯亮起,林伟宁第一次试举132.5公斤成功了。

记　　者:听众朋友,大家好!我现在在澳大利亚悉尼国际会议中心举重馆内向您介绍第27届奥运会女子举重69公斤级颁奖仪式的情况。今天颁奖的嘉宾是国际奥委会委员和国际举重联合会秘书长。名字我没有看清楚,对不起。林伟宁目前是该级别的世界纪录保持者,总成绩252.5公斤的纪录是她去年在我国武汉举行的亚洲举重锦标赛上创造的。现在林伟宁走上了高高的领奖台,举起双手向全场致意。我们看见场内有很多中国的观众拿着五星红旗在向她示意。金光闪闪的奖牌已经戴在了林伟宁的脖子上。这是中国举重队在本届奥运会为中国代表团贡献的第三枚金牌。我们为中国举重队能培养出这样优秀的体育人才、体育健儿感到高兴。林伟宁手举鲜花向全场示意。林伟宁现在擦了一下双眼,看来也是激动万分。今天这枚金牌得的的确是不容易……

记者以娴熟的报道技巧对这一体育事件进行了准确、真实的报道。语言形象生动,时空调度得当,具有强烈的现场感和动态感。

②语言简洁,句子精练。现场报道应尽可能选用凝练、明确的词语,多用短句,减少附加成分。这是由现场报道的时态性和动态性决定的。事态的发展不可能等记者(主持人)从容描述,所以语言必须简洁、明快、生动、准确。譬如,对我国著名跳高运动员朱建华在破2米38这一世界纪录的瞬间所作的报道中,记者只用了30个字就十分生动形象地报道了这个历史性的时刻:"开始助跑了,助跑有力!起——,过——,过去了,成功了,朱建华再一次打破了世界纪录!"随着突然爆发的雷鸣般的欢呼声,听众的情绪完全被带到了现场。

语言简洁应注意四个方面的问题：一是导语简明，尽快把受众带入"现场"；二是背景的介绍要言不烦，紧扣现场；三是按事件发展的脉络取舍，紧扣主题；四是结尾见好就收，干净利落，尽量不用空泛的口号和浮泛的感叹。

③紧扣音响、画面。现场报道中，音响、画面已经说明的就不必赘述，但是音响、画面表现不足的还需要及时加以补充说明。所以记者、主持人在观察现场的同时，必须冷静地组织语言，准确地把现场情况传达出去。不可因为过于激动而语塞哽咽，错过关键的音响和画面；也不要因过于激动而大喊大叫，湮没了现场音响，影响画面的表达。

2. 口头报道的语言特点

（1）口齿清楚、表达流畅

目前存在的主要问题是：从事口头报道的广电新媒体记者比较注重报道手段，却往往忽视了语言表现能力。经常会出现吐字不清，甚至夹杂着方言土语的现象。国家规定，普通话"是以汉语传送的各级广播电台、电视台的规范语言，是汉语电影、电视剧、话剧必须使用的规范语言"（《关于开展普通话测试工作的决定》）。但是，目前只对播音员、主持人提出了必须达到的上岗标准，对记者语言却没有提出明确的等级要求。这既不利于推广普通话，也不利于口头报道的清晰、流畅、准确。譬如，边鼻音不分，就会把"老汉无奈"，表达成"老汉无赖"，"一年到头"说成"一连到头"；平翘舌音不分，把"栽桃"变成"摘桃"，"阻力"变成"主力"，"私人"变成"诗人"；前后鼻音不分，把"成就"说成"陈旧"，"金鱼"变成"鲸鱼"，等等。记者的现场报道也是媒体语言，应遵循共同的语音规范和表达要求。

口头报道中需要具有"穿透力的声音"。事实证明，这种高频语音的抗噪能力比较强，在噪声干扰较大的自然环境中，可以保持较为清晰的传达效果。

（2）通俗生动，简洁准确

口头报道是一种调动听觉感受的语言。不但要通俗易懂，还要简洁准确，只有这样才能给人以真实感、亲切感。口头报道切忌拿稿子照着念，实践证明这样的效果很不好。因为稿子只能阐述已经发生过的事实，无法说明瞬息万变的事态发展过程，与现场事件完全剥离，会给人造假的感觉。例如，"各位听众，今天是3月1日，是全民文明礼貌月的第一天。一大早我们就驱车来到××市的繁华街道——××路。我们将在这里向诸位做文明礼貌月的现场报道。（音响突现……压混……）今天的××路，路面打扫得干干净净，车辆行人各行其道、秩序井然，商店营业员满脸微笑，饭馆里服务员服务热情周到，投递员像辛勤的鸿雁传递着春天的信息……（音响，民警说：请走人行横道……走……）"这段报道既不口语化也不真实。首先，用词上很多都不是口语，如"驱车""诸位"，应改为"乘车""大家"；其次，记者在现场不可能同时目睹"营业员""服务员""投递员"的行为，给人留下了虚假的印象，很可能这就是一篇事先写好的稿件,不够真实,不够生动。

通俗化的一条原则就是要具体化,避免抽象化;通俗化的另一条原则就是要采用符合规范的、大众的口头语言。生动就是要形象化,避免概念化。具体化、形象化的语言,给人以真实感。实的东西可以看得见、摸得着,很快在脑子里形成印象。只有感觉到的东西才能激发人的情感。简洁准确,就是要删繁就简,言必有中,这是由现场报道的时效性和动态性所决定的。繁杂、缓慢、冗长、多修饰、隐讳曲折的语言形式不适宜用于口头报道。

(3)明察秋毫,反应机敏

新闻现场纷繁复杂,千变万化。记者、主持人必须时刻保持冷静的头脑、敏锐的观察力。这样才能在事件突变的情况下,镇定自如、随机应变。临场慌乱常常是在缺乏细致观察、心理准备不充分的情况下发生的。一旦发生这种情况,就会失去一些重要的报道细节,造成难以弥补的损失。所以,当记者、主持人身处报道现场时,要不断地提醒自己镇静、细致,从而使自己始终处在稳定、积极的心理状态中。上海台记者和播音员曾一起对宝钢一号高炉出铁现场进行报道。当时出现了意外情况,难以保证现场报道的真实效果。在离出铁还有几分钟的情况下,播音员改变原来的方案,迅速爬上十多米高的炉台,来不及喘一口气就手持话筒,冷静而有节奏地报道起来。这位播音员在事后写的体会文章中说:"播音员(记者)要培养自己的'应变能力''语言组织能力''语言表达能力',才能在投入现场报道时,处于主动积极的状态。当然,有些情况可以事先了解,也可以打腹稿,或做点文字准备。可是,一般来说,能使整个报道更生动、更有真实感的往往是现场捕捉的东西。"①

(4)情绪饱满,真情实感

进行现场报道时,如果记者、主持人处在此情此景中无动于衷,就会给人以置身事外的不真实感,当然也就失去了"现场"报道的意义。人们对爱德华·默罗的《这里是伦敦》的报道之所以印象深刻,有一个重要原因便是默罗充沛的感情。"他在楼顶上第一次广播,据说是以嘶哑的、颤抖的声音播出的。有时还突然发出呜咽之声。这次广播肯定具有强力的感情冲击力。"②由此可见,默罗生动的语言和真挚的感情对这次报道起到了重要的作用。

口头报道时,记者、主持人的感情应融入现场氛围中,掌握好基调和节奏。这种基调与节奏也反映在音响和画面中,使得语言、情绪、音响、画面都能和谐一致。像朱建华打破跳高世界纪录的报道中,记者的节奏感非常好,几乎是按朱建华跑步的节拍,越说越快,最后在起跳的同时喊了起来,动感十足,感情基调也把握得恰如其分。常见的不和谐情况主要是脱离画面、音响气氛,莫名感伤、兀自抒情,这样反而起不到感染的

---

① 辰锋.一次现场报道引起的思考[J].上海新闻广播,1985(11).
② 马图索.美国电视明星[M].杨照明,叶莲,倪垚,译.北京:中国广播电视出版社,1987.

效果。语言的节奏和感情的张弛应该是一致的,使真情实感自然地从语言的抑扬顿挫中表现出来。

我们一起来回顾口头报道的典范之作——爱德华·默罗《这里是伦敦》的报道片段。① 1940年8月24日星期六,3000万美国家庭坐在收音机旁收听默罗的现场广播——《这里是伦敦》。节目一开始,美国人起居室内的收音机里传出的是震耳的空袭警报与隆隆的炮声。接着,默罗以一种慎重、准确而有节奏的声音广播道:

> 你们此刻听到的噪声是空袭警报发出的声音,在不远的地方,探照灯突然亮了,一道强烈的灯光正从我的上空划过。人们在静静地向前走。我现在正在一个防空洞的门口,我得把电缆线挪动一点,这样可以给人们腾出进入防空洞的通道……
>
> 我站在屋顶上,俯瞰着伦敦全城。此刻万籁俱寂。为了国家和个人的安全,我不能告诉你们我现在讲话的确切位置。在我的左边,很远的地方,我能看见高射炮射出的闪电般的炮弹划过青铜色的天空,但炮声太远,在这儿不可能听到。
>
> 战斗接近了。
>
> 我想大概不出一分钟,我们就能在附近听到枪炮声。探照灯正在向这个地方的上空搜索。你们将会听到两次爆炸声。听,爆炸了!过一会儿,这一带又会飞来一些弹片。弹片来了,越来越近了。
>
> 飞机还是飞得很高。刚才我们也能听到一些爆炸声……又响啦,那是在我们上空爆炸的。早些时候,我们似乎听到许多炸弹落下来,落在附近的几条街上。现在,就在我们头顶,是高射炮弹的爆炸声。可是附近的炮又似乎没有开火……你们马上又要听到两声爆炸,而且是在更近的地方。听,又响了!声音是那样冷酷无情……

默罗以平静而富有感染力的声音对"不列颠战役"进行了生动描述,对炸弹飞崩、烈火燃烧的伦敦进行了翔实的刻画。

(二) 现场解说

现场解说是在现场直播或实况转播的情况下,伴随现场活动的过程进行的解说和评述。与现场报道相比,现场解说具有不同的特点:

一是,它与新闻活动在时间上是同步的,是在事件发生、发展的同时用解释性话语报道现场实况。这与现场报道有类似之处。两者不同的是,现场解说主要是对宏观场

---

① 曼彻斯特. 光荣与梦想:第2册[M]. 广州外国语学院英美问题研究室翻译组,译. 北京:商务印书馆,1978: 729.

面的直播,而现场报道兼有微观动态的报道。

二是,现场报道一般是突发新闻,准备时间比较短,需要主持人有较强的应变能力。现场解说的对象一般不是突发事件,而是事前有所组织和安排的活动过程。主持人按照活动程序需要做些必要的准备,如撰写解说稿或提纲,尽可能收集与活动有关的材料和资料,进行一些事前的采访,制订直播计划,采取一些技术措施等。

三是,现场直播的解说与事件发展同步,一切技术工作的重点都在现场。一般来说,现场直播的技术要求比现场报道高,使用的设备、动用的人力也复杂一些,在大多数情况下要使用转播车等直播设备。画面的剪接、音响的调度等都在现场完成,由转播导演进行切换组接。现场解说要配合导演意图,对切换的场景进行解说,不可游离或跳脱。

四是,现场直播是一次完成的,不可重复。现场的实况是同步直播的,如果重播或再做事后处理,就属于现场实录而失去了直播的意义。

现场解说主要有两种形式:大型活动解说和体育解说。

1. 大型活动解说

大型活动解说的基本特点主要表现在以下四个方面。

(1)紧扣主题,突出重点

现场的解说稿要有比较清晰的脉络,尤其要突出对典型场面和典型事例的报道。在转播的过程中恰如其分地插入背景材料和情况介绍。

中央广播电视总台在中华人民共和国成立70周年庆典中的现场直播的主题就比较突出严谨,解说的语气大气、庄重,显示出大国的风采和气度。

> **女**:今天是你的生日,我的中国。在这个不同寻常的节日,相信每一位中华儿女都会从心底里说一句——我爱你,中国。
>
> **男**:70年风雨兼程,天安门广场上的红飘带寓意着红色基因连接历史、现实与未来。
>
> **女**:今天的天安门广场是世界瞩目的中心,今天的中国正前所未有地靠近世界舞台中心。
>
> **男**:长安街上,人民军队精神抖擞,这支曾经穿草鞋、拿梭镖走上征途的队伍,现在已经拥有了自己的航母和新一代隐身战机,正阔步迈向世界一流军队。此时此刻,4名上将、两名中将、100多名少将,近15,000名官兵列队完毕,等待接受统帅的检阅,接受祖国和人民的检阅。
>
> **女**:长安街两侧身穿节日盛装的10万游行群众已集结完毕,一个多小时后,他们将组成一个个方阵,从天安门前通过,向全世界展示自由生动、欢愉活泼。70年前,中国人的平均预期寿命只有35岁,70年后的今天,已经达到77岁。70年来不断创造奇迹的中国让世界刮目相看。

男：新中国用短短几十年的时间，走过了西方发达国家几百年的工业化历程。70年前的中国满目疮痍，积贫积弱，今天中国已经成为世界第二大经济体，是全球经济发展的第一引擎。

女：长安街始建于明代，寓意长治久安。回望长安大街，它记载着一个国家的兴衰和曾经有过的悲伤挣扎、奋斗喜悦，也记载着我们浴血奋战得解放，披荆斩棘成大道，砥砺奋进新时代的伟大征程。今天走在中国特色社会主义道路上，我们无比自豪、无比自信。

男：黄河长江的浪、长城内外的风，起起伏伏，多少仁人志士上下求索。

女：革命先行者孙中山，凝视着天安门广场，他曾经奋力让黑暗的中国走向黎明。

男：开国领袖毛泽东，注视着天安门广场，他让沉睡的东方雄狮昂起了头颅。

女、男（合）：1949年，一唱雄鸡天下白，中国迈进新纪元。

男：此时此刻，地域不同、口音不同的人们汇聚在这里，有56个民族的兄弟姐妹，有港澳台同胞和海外侨胞，有关心和支持中国发展的外国友人，我们将共同见证历史。

男：中央广播电视总台。

女：中央广播电视总台。

男：这里是中华人民共和国首都北京。

女：我们在这里向全球直播，庆祝中华人民共和国成立70周年大会。

男：一个必将载入史册的国家盛典即将开始。

这篇解说贯穿了"强军、爱国、改革、奋进"的主题，展现了社会主义祖国蒸蒸日上的美好前景，具有强烈的感染力和感召力。

（2）语言表达形象生动

现场实况要依托音响、画面来表现，更需要生动形象的语言来描绘。中国国际广播电台香港回归之夜现场直播节目中主持人的几段描述就比较生动：

男：我们所在的直播场地有几家电台正在不间断地播音。

女：紧邻我们前排的是摄影记者的场地，所以，相机快门声和闪光灯的亮光简直是此起彼伏，不知道今晚他们会消耗多少个胶卷。不过可以肯定的是，中英两国政府香港政权交接这一历史时刻，会在他们的手中变成永恒的画面。

……

女：听众朋友，现在是北京时间23点59分16秒，现在英国国旗和港英旗正在徐徐降落，它标志着英国对香港155年的殖民统治彻底结束了。

男：它宣告香港百余年屈辱史的终结。

（英国国歌扬起至终）

（响起中华人民共和国国歌）

（掌声，混响）

男：听众朋友，现在，中华人民共和国国旗和香港特别行政区区旗高高飘扬。

女：香港回到了祖国的怀抱！从这一刻起，中华人民共和国对香港恢复行使主权。

男：听众朋友，现在我们已经跨入了北京时间1997年7月1日，这一刻，必将载入历史。

女：香港，在每一个中国人的热切期盼中、在全世界的凝神关注下，昂首跨入它新的纪元。

男：香港的明天更美好！

……

女：听众朋友，现在中英双方领导人依次握手告别，他们告别一段历史。

男：告别一个时代。

女：听众朋友，从鸦片战争开始的中国近代史，是一部帝国主义列强侵略、瓜分中国，中国人民饱受屈辱、苦难的历史，也是无数志士仁人高举爱国主义旗帜，唤起千千万万民众，为实现国家的独立、统一和富强进行艰苦卓绝斗争的历史。"起来，不愿做奴隶的人们，把我们的血肉，筑成我们新的长城……"国歌中这几句话，正是这段历史的真实写照。

男：今天，香港155年之后回归中国，宣告了香港百年屈辱史的终结。

上面的解说声情并茂，描绘、抒情、议论都恰到好处，把现场的氛围也表现得十分形象生动。

（3）报道解说需要随机应变

虽然在大多数情况下，主持人都会准备相应的解说稿。但现场情况是变化的，如出席名单、活动程序、典型细节的出现等都需要主持人随机做出调整，不能完全按照文本机械地宣读。解说语气也需要根据现场气氛的变化而变化，既要和音响配合，也要与画面协调。

请看中央电视台、浙江电视台获得中国广播电视新闻奖一等奖的对钱塘江潮的一段现场解说：

章伟秋：现在从我站的这个位置上可以看到，从杭州湾方向有一条白色的飘带向我们舞动过来。潮声已经告诉我们它离我们不远了，潮声总是一路首先报信，真可以说是潮水未到声先行。我在当地听到一个传说，说是这潮水在最早的时候是没有声音的。我猜想,是不是因为千百年来,人们一直惧怕而又欣赏关注着涌潮,涌潮也就逐渐地对人类有了感情,提前发出声音来,好让欣赏它的人们尽早避开,免得受到伤害。

现在我来介绍一下今天在第一个观潮点上您能看到什么。在这里,您可以欣赏到钱塘江涌潮中唯一的南潮。潮水从东面逆流而上之后,因为在前方碰到了一个大弯子,结果东潮就变成南潮了。也就是说,本来从这面过来的潮水,瞬间变成了从对岸奔涌过来,让你能够体验到正面迎击潮头的感觉。另外,在这里,我们还有可能欣赏到著名的交叉潮。交叉潮不像一线潮、回头潮每一次来潮水时都可以看到,它的出现没有规律可循。相对于其他潮景来说,交叉潮更难得一见,但偏偏它又是最为奇特的一个潮景。

它形成的原因是江面从 100 多公里宽一下子收缩到我们这个位置的 3.5 公里宽。江面的突然缩窄,就会造成这一带泥沙淤积,也就是人们所说的会形成沙洲。正是因为有了这个沙洲,交叉潮的形成才有了可能。

形成的过程是这样的,潮水因为碰到了沙洲就分成了两股,从这边过来的叫东潮,从那边过来的叫南潮。东、南两股潮头在绕过沙洲后,就会在这个位置相撞交叉,形成交叉潮。然后它们会融合在一起,继续向西边挺进。

据了解,我们最近看到交叉潮的年份分别是 1995 年和 1998 年,看看我们今天有没有这个眼福,让我们共同期待它的出现吧。

从测距仪上看到,潮水现在距我们只有二三百米远了,再过三四分钟,潮水就要淹没我所在的丁字坝,现在我和摄像师马上要转移到上面的堤坝,在那儿我们继续为您报道。

(潮到大缺口)

章伟秋:现在潮水已经迅速逼近了。刚才我所站的 48 号丁字坝已经成了横贯水面的江中瀑布了,涌潮的声音也越来越强烈。让我们往潮水前进的方向看,江面已经隐约地形成了一个"一"字,到了下一个观潮点,您就可以领略到一线潮的风采。南潮正面冲击海塘是我们在这个观潮点看到的最大的一个特色,很多朋友可能没看够,让我们再来欣赏一下。

(一段直升机跟拍潮水的镜头)

(精彩回放)

章伟秋:很遗憾,我们今天没有看到一开始介绍的交叉潮,是什么原因呢?请专家解答。

(采访专家为什么没有形成交叉潮)

章伟秋:今天现场的朋友没有看到交叉潮,比较遗憾,但是对于电视机前的朋友们来说,我们已经作了准备来弥补您的遗憾。我们把近几年来拍摄到的一些精彩的交叉潮的画面编辑成了一条小片子。请您欣赏。

从这段解说可以看出,当人们期待的"交叉潮"没有出现时,主持人所做的临时处理,也满足了电视观众的需求。

在中央电视台"香港回归 CCTV72 小时现场直播"中,主持人白岩松负责解放军进驻香港的报道,但是出现了意外情况,不得不做临时处理。他回忆说:"车到大桥另一端的香港海关出口,CCTV 的报道准备都已做完,我下了车便接过话筒,开始了这一头部队正式进入香港的报道。本来时间只有 10 分钟,但由于部队入港时间要符合事先谈好的时间,我的报道被延长到 20 多分钟,事先的准备显然是不够的,只能根据现场的情况做应急报道。时间好像很长,但直到摄像师告诉我:'好,不用说了。'我才从直播状态中释放出来。"尽管白岩松对自己的表现不够满意,可事实上这一段解说还是很精彩的。这次报道经验使他明白了一个道理:"现场直播考验的绝不仅是一个人的业务能力,更是心理素质。"①

2. 体育解说

体育解说面对更多不可预知的因素,赛场风云千变万化,输赢得失难以预料。所以解说者必须具备丰富的体育知识、临场应变能力以及伶俐的口才。播好一场赛事的解说,需要做好以下几方面的工作。

(1) 赛事前的准备工作

在每场赛事开始前,解说者要对该体育项目的比赛规则、基本战术和参赛队的情况有比较全面的了解,还要对双方参赛队员的姓名、年龄、体格、技术特点、爱好、历次赛事的表现等做详尽的了解。中央人民广播电台著名体育解说员张之在谈自己的创作体会时说:"在很短的时间里,怎样认识外国运动员,并记熟他们的名字,是件困难的事。我的做法是:在外国队来访之前,先从体委要到外国队员名单。在外国队到京时,我就到机场或火车站接他们。在跟他们一起去饭店的汽车上,我就抓紧时间访问运动员,从他们的肤色、脸型、头发颜色和身高等方面找出特点以便记忆。当天就把主力队员的名字记住。第二天去采访训练中的外国队员时,无论是坐公共汽车,还是骑自行车,我手里都捏着运动员名单,不时地看,不时地记,同时联想他们的特征,直到记住为止。有时候,外国运动员去故宫、天坛或其他地方参观游览,都是我们采访他们的好机会。我就利用这个机会跟运动员接触交谈,借以熟悉他们,搜集更多的报道材料。"②在每场比赛开始前,解说员还要准备好开场白和结束语以及适时插入各种比赛的背景材料等。材料准备充分,解说就会更加全面、准确。

(2) 解说需要表现体育精神

体育比赛是对抗性的,比赛双方的竞争很激烈,受众的情绪也会因之有较大的波动。解说员的感情当然会随着现场气氛而不断变化,但在任何情况下,解说员都不宜

---

① 白岩松. 痛并快乐着[M]. 北京:华艺出版社,2001:138.
② 张之. 球赛实况转播札记[J]. 现代传播,1980(2).

过于偏袒一方,说出过激的言辞,甚至伤害另一方的感情。解说员应该始终本着"友谊第一,比赛第二"的体育精神,对参赛各方作出实事求是的评价。当场内出现违反体育道德的现象时,应该及时作出客观公正的评议;出现赛场新风时,应该作出积极评价。

(3) 形象化地普及推介体育知识

体育运动项目众多,其中的战术、技术纷繁复杂。体育解说如果仅仅介绍或解释一些竞赛规则和一般的战术、技术,无法满足受众的要求,因此解说员还必须具备丰富的体育知识以及形象化的语言表达能力。著名解说员宋世雄说:"1978年10月,在中国青年杯足球赛期间,我同上海足球队的教练坐在一节车厢里从南京返回上海,他给我上的那堂生动的'旅途足球课'打开了我的新视野。他告诉我:一讲到足球比赛,人们都会提到中锋精彩的射门、守门轻巧的扑救,而把足球场上重要的传球、接球抛在一旁。可是,在一场比赛中,有80%的时间是在传球和接球。运动员把传球和接球比喻为足球场上的语言。'足球场上的语言'说得多么形象啊! 的确,在激烈的足球比赛中,队员无法用语言表达自己的思维和意识,那么他们靠什么进行思想交流呢? 靠传球和接球。比如,头脑清楚的控制球的队员把球传到了左边,就等于告诉同队接球的人'快,往左边跑,那里没有人防守,从那里发起进攻最合适'。以后,我在转播中,介绍运动员打什么位置,有什么特点,报道体育战术,介绍体育项目等,尽量做到形象化。"①

(4) 思维敏捷,口齿伶俐

体育比赛紧张激烈,赛场形势瞬息万变。解说员始终处于高度紧张兴奋的状态,应用适当的语速,清晰、准确地报道赛场形势的变化。口齿伶俐、吐字清晰、反应迅速、声音圆润,这些是体育解说的基本要求。宋世雄在谈自己的体会时说:"我刚开始练习时,感觉很难。话说快了,就说不清楚,不是吃字就是结巴;说话时间长了,声音又容易嘶哑。为了提高播音素质,我用多种办法进行练习。有时一个人在空洞洞的房子里练习演讲,有时召集一群小朋友给他们讲故事,有时看一幅画练习口头作文,有时站在繁华的街头,描述来往的车辆和行人,以此训练我立意构思、布局谋篇以及遣词造句的能力。到比赛现场进行转播之前,我先把转播当中的常用术语背得滚瓜烂熟。比如足球转播中的这段话:'现在中国队前锋任彬在中场得球。他一脚长传,把球递给右边锋丛者余。丛者余沿着右边线带球,对方后卫上来阻截,丛者余过了一个人,到了底线,突然一脚传中,张宏根在禁区里抬脚射门,球进了……'我背了几百遍。这样一天又一天地练,一遍又一遍地说,终于掌握了体育播音的技巧。1981年我在日本转播7场世界杯排球赛实况时,在20天的时间里要熟悉9个队的100多名运动员。1982年在转播第12届世界杯足球赛时,我要熟悉24个队的600名运动员,这确实是比较难

---

① 张颂.中国播音学[M].北京:北京广播学院出版社,2003:488.

的。有些运动员名字很长,从语音结构上来看,也很复杂,转播时要念快,真有点'绊嘴'。但由于平时坚持背诵"吃葡萄不吐葡萄皮儿,不吃葡萄倒吐葡萄皮儿"等各种绕口令,做声母、韵母、声调对比练习及气息吐字综合练习,有了播音的基础,无论转播中比赛场上情况如何千变万化,我仍能做到运用自如。"①

(5)从文学中汲取营养,提高语言表现能力

优秀的体育解说不仅要把体育赛事说得明明白白,而且要在解说语言中表现出较高的文学素养,给人以美感享受。我国体育解说前辈张之的解说就具有这样的特点。他说:"为了使体育广播生动有趣、引人入胜,还必须在语言方面下功夫,需要阅读古今中外的文学名著,从中汲取营养。白居易的长诗《琵琶行》给了我很大启发。他用通俗优美的文字把在浔阳江边送别的环境、地点和人物介绍得鲜明如画。特别是那一段弹琵琶的描写,生动形象。像'大弦嘈嘈如急雨,小弦切切如私语,嘈嘈切切错杂弹,大珠小珠落玉盘''银瓶乍破水浆迸,铁骑突出刀枪鸣',等等,想象力多么丰富啊!我觉得要学习白居易白描的手法,通俗易懂,不咬文嚼字,虽不浓艳,却很动人。更值得学习的是他运用各种形象比喻描绘弹琵琶,把供人听的音乐,改换成供人看的文学诗句,使人过目不忘。我们完全可以借鉴这种手法,把供人看的球赛,用形象有趣的语言传达给听众,把他们引到特定环境里,就像坐在体育馆里看比赛一样。我国古诗词中有不少用形象表现感情的描写,也可供球赛解说借鉴。比如忧愁的形象,李煜有:'问君能有几多愁?恰似一江春水向东流';李清照有:'只恐双溪舴艋舟,载不动许多愁';贺铸更是用三个画面表现愁,他写道:'试问闲愁都几许?一川烟草,满城风絮,梅子黄时雨'。人的喜怒哀乐都可以用形象化的语言表现出来,使听众的脑子里呈现出立体画面。在实况广播中,有时我直接引用一些诗句,来丰富解说语言。如用李白的诗句'一夫当关,万夫莫开'来形容足球守门员的防守严密;用'黑云压城城欲摧'来形容足球场上的重兵压境;用'山重水复疑无路,柳暗花明又一村'来形容场上战局的变化。为了丰富实况广播的语言,我也试着从听众熟悉的中国古典小说《三国演义》《水浒传》《西游记》中寻找可借鉴的素材。这几部著名小说中都有很多描绘得栩栩如生的战斗场面。我就用听众熟悉的古典小说情节,来形容比赛场上的形势。譬如,把足球前锋冲进对方禁区,形容为他单枪匹马冲入重围,好像长坂坡前的赵子龙;讲一个运动员身体孔武有力,就说他好像有倒拔垂杨柳的劲头;对一个运动员一开球就连抽几板,我描述为一上阵就使出了程咬金的迎面三板斧。这种描绘方法,使听众觉得既熟悉,又亲切。除了中国的古典文学外,外国著名作家的写作技巧也值得学习。比如巴尔扎克的人物描写入木三分,应该引为楷模;杰克·伦敦的短篇小说《墨西哥人》里写的拳击场面,也很激动人心。为了学习生动的语言,我读了著名语言大师老舍的不少著作,特别是他的剧本。他写的台词通俗简练,生动有趣。《龙须沟》《骆驼祥子》里

---

① 李瑞英,刘连喜.广播电视播音与节目主持人[M].沈阳:辽宁人民出版社,1991:210.

的对白,写得多好啊!他还善于用简短的出场台词交代每个人物的精神面貌,像话剧《茶馆》的第一幕,出出进进二十多个人物,有的只有两三句台词,但是观众就可以通过这两三句话了解这个人物。为了学习这位语言大师在运用语言方面的高超技艺,我除了读他的剧本以外,还到剧院去看他剧作的演出,来加深我对使用语言的理解和印象。"①可见,体育解说是一门独特的语言艺术。

(三) 口头评论

口头评论一般是指记者或主持人针对新闻事实、社会现象作出的评论。从夹叙夹议的表达特点上看,口头评论类似于"新闻述评"。但与一般"新闻述评"不同的是,这种评论往往带有个性特色和口语色彩。

口头评论一般有两种形式:一种是三言两语的"点评",即就新闻事实发表的随感式的简短言论;另一种是短评,是就某种新闻事实、社会现象发表的较为系统的见解或论述。

1. 点评

点评是主持人在报道过程中对新闻价值的一种提示,要言不烦、点到为止。可以从以下几方面入手:

(1)解析——既有解释作用,又有提示意义。在中央电视台《走近好人——一座雕像的诞生》节目中,主持人敬一丹说:

> 一位普通医生的故事讲完了,这座患者们自发捐助的雕像如今已经安放在温医生生前工作的岗位上。人们需要这样的好医生,我们的社会呼唤这样尽职尽责的好人。反过来想一想,如果我们每一个人都很好地担负起社会赋予的责任,能为社会多做一些有益的事儿,那么谁还会说我们的身边好人太少呢?

这段点评就是对故事含义的深刻揭示,说明了"人人都应增强社会责任感"的真正意义。

(2)表态——凡是评论都具有鲜明的观点,没有观点就无从评论。点评就是在叙事说理的过程中恰如其分地表明自己的观点。在中央电视台《洋河污染导致大片农田绝收》节目中,主持人章伟秋说:

> 上午8点20分我们就来到张家口市政府,要求采访市长,可到了中午12点,市政府办公室负责人还不知道市长到哪去了,说因为地市合并,工作太忙。但是,我们以为,老百姓的吃饭问题也是很重要的,也需要忙一忙。

---

① 张之.球赛实况转播札记[J].现代传播,1980(2).

这段点评和观众心中的想法相吻合,可以说是入木三分,既表明了自己的观点,也给人一些启迪。

在晓之以理的同时,主持人还要动之以情,以取得意想不到的效果。在《李欢:弹奏生命赞歌》节目中,主持人敬一丹和着李欢弹奏的乐曲说出了这样一段激动人心的话语:

> 现在由于疾病的原因,李欢还不能够站立起来。但是就精神而言,谁又能说她没有站立起来呢?在采访中李欢告诉记者,她最喜欢弹奏的曲子是贝多芬的《欢乐颂》。那么,现在就让我们一起来感受《欢乐颂》那富有生命力的旋律吧。

(3) 阐发——点评不仅仅是就事论事,还需要说明事件的深层含义。它的特点是"叙与议""事与理"相互交融在一起。但是"议"的目的是为了深化"叙"的内容,"理"又是"事"的必然结果。前些年,市场上出现了许多美化侵略、炫耀日本军国主义的玩具,使许多不谙世事的儿童在游戏中浑然不知地混淆了是非观。在《小玩具,大是非》中,主持人王利芬在玩具柜台前发表的一段点评让人深思:

> 观众朋友,有意思的是这两样玩具出现在一个柜台上,并放在一块儿。这个玩具是旧日本海军特型潜水艇,它是旧日本海军炫耀自己海军力量的一种玩具,这让我们想起了100多年前的甲午海战,邓世昌驾驶这艘致远号在孤立无援的情景下,冲向敌舰的悲壮情景。当然我们并不是说孩子们的每一个玩具都要具有这种教育功能,我们只是在面对自己的历史的时候,一定要教孩子们区别正义与非正义,不能模棱两可,像这个玩具一样,侵略者以这个方式出现在这里。

主持人此时的点评可谓是对事实的升华,这种点评不仅具有导向作用,而且发人深省。

(4) 引导——主持人不直接下结论,而是留下悬念,让人们去思考。许多人在书摊上看到过形形色色的《脑筋急转弯》,这些书籍通过一些所谓的"趣味性问题"对儿童的基本判断进行误导,干扰了正常的教学和正常的思维。

> 小学生:我说一道题吧,有钱人最怕什么?
> 记　者:最怕什么?
> 小学生:不知道钱放哪儿。
> 记　者:你觉得这个问题好玩吗?
> 小学生:好玩!
> ……
> 小学生:有一次小明从楼上往下扔垃圾,小英却没有反应,因为答案是小

明他们家楼底下就是垃圾站。

　　记　者：贝多芬给你们最大的启示是什么？
　　小学生：背了多分，一背得分就多。
　　记　者：听了孩子们刚才的回答，我不知道那些出版单位是不是还会因为自己制造的这样一些"幽默"而发出会心的微笑。面对这样一些问题，我们很难明白那些出版单位究竟想把孩子们的脑筋转到什么地方去……

这样的点评，掷地有声，切中时弊。

（5）协调——点评发挥调节舆论温度、平衡社会心态、对报道中的偏差进行补正等作用。《东方时空》的子栏目《生活空间》曾播出一期节目《王子梦》，讲了河北一名叫"王子"的女孩练网球的事。结尾处，母亲问："你最喜欢吃什么？"王子答："法国大餐！"母亲说："将来咱得了世界冠军就可以吃真正的法国大餐。"王子说："要包专机去法国吃，把餐馆包了，买车自己开。"母亲问："要什么样的车？"王子答："至少得奔驰以上的。"主持人白岩松敏锐地感觉到这样的结尾会导致负面影响，破例做了点评：

　　如果王子夺得冠军时，面对的只是鲜花和奖杯，没有法国大餐，也没有奔驰以上的轿车，不知她是否还能一拍接一拍地打下去？

这样的点评既给人们留下了思考空间，也起到了纠偏补正的作用。

2. 短评

以主持人身份作出的短评，主要还是随感式、探讨式、启发式、商榷式的，主持人决不能居高临下、以势压人。因为主持人代表的是民意，而不是法令，所以短评应该具备这样一些特点：

（1）深入浅出，微言大义

广播电视具有受众广泛和线性传播的特点，要求评论的语言通俗易懂、朴实流畅、富有内涵，尽可能使用大家都能听得懂的语言，实际上也是叙事说理中一种待人以诚的表现。古人说："精诚所至，金石为开。"无数事实说明，"诚"是取得对方信任、达到说服目的的基础和前提。"诚"的含义，首先是态度真诚，要"存实事求是之意，去哗众取宠之心"；其次是语言热诚，要说服人，先要尊重人，不可出语轻浮，巧言令色，给人以不信任感；最后是襟怀坦诚，应该敞开胸怀，推心置腹，以心换心。例如，甘肃甘南人民广播电台播出的广播评论《不能鼓了腰包，秃了山包》，议论的是乱砍滥伐的危害。这篇配发新闻的口头评论，语言十分质朴平实和口语化：

　　听众朋友，这两年，洮河林区的一些村民靠一把斧子、两只手，钻山沟，毁林致富，发木头财，吃现成饭。这种杀鸡取蛋的做法实在不可取。林区群众中，有这样一句顺口溜："要想快快富，进山砍松树。"乍一听，"生财有道"；细细一想，却不是个正道儿。常言说：靠山吃山。问题是怎么吃。吃山首先要养山,只吃不养,只能坐吃山空。农谚讲得好:"山上松柏青,胜过拣黄金。山上没有林,有地不养人。"大自然的惩罚是无情的。就说今年吧,卓尼和临潭的一些地区遭受暴雨、洪水袭击,庄稼被冲,房倒屋塌,给当地群众的生命财产造成了严重的损失,这和大面积森林被毁,植被遭到破坏直接有关。现实告诉我们:只抓"财宝",就会伤了"绿宝"。秃了山包,到头来,腰包也鼓不起来。毁林致富,也是国家法律不允许的。前不久,卓尼、临潭两县依法处理了几起毁林案件,毁林者分别受到没收木材、罚款、行政拘留、判刑等处罚。这不?吃亏的还是自己。致富路有千万条,靠毁林致富,既不正当,又不长久,何必偏走这条道呢?

这篇评论的口语色彩很浓,如把"杀鸡取卵"改成"杀鸡取蛋",把"不应该"说成"不是个正道儿";变长句为短句,如"钻山沟,毁林致富,发木头财,吃现成饭""靠毁林致富,既不正当,又不长久,何必偏走这条道呢?"其中还引用了熟语和谚语,听后给人以亲切、真诚的感受,朴实、通俗的评论语言中蕴含着"护林就是护家"的大道理。

(2)以事醒人,以理服人

以理服人首先要以事实为依据,事实胜于雄辩,所以好的评论总是依托具体的新闻事实,阐发其中的道理,增强评论的说服力。用事实说话,往往胜过连篇累牍地讲大道理,但使用不当有时会起到适得其反的不良效果,因此用事实说话应该注意三点:一是要以理为本,叙事说理要相互补充;二是以精取胜,应该点到为止,见好就收;三是以新为贵,要引用新事例、新角度、新观念,即使是司空见惯的事物,也要常说常新。中央电视台《焦点访谈》播出的一期节目《铲苗种烟,违法伤农》的社会反响十分强烈,引起了中央领导的高度重视。主持人的短评穿插在采访画面中:

最近我们的记者到重庆市巫山县官阳区采访的时候,在当地发现很多地方都贴着这样一条标语,写着"全面实行烤烟净作",净是干净的净,作是工作的作。跟当地人一了解呢,所谓的"烤烟净作"就是说地里头不许种别的东西,只能种烤烟。为了实现这样的目标,当地的乡乡镇镇可是想尽了办法。(采访)……今年三四月份,在重庆市巫山县官阳区,苗圃里和地里农民精心培育的一些青苗被来检查的人无情地铲掉了。(采访)……农民说,来检查的是官阳区各乡镇的干部,他们铲掉青苗是为了强迫大家种烟。据了解,烟草的税收是当地最主要的财源收入。(采访)……在农村实行的是土地承包制,承包期间,地里到底该种什么,卖什么,怎么去卖,决定权在农民自己手里。如果官阳区的有关领导真想帮助农民尽快致富的话,应该做的是,尽量多地给农民提供市场导向的意见,普及相应的农业科学知识,让农民自己去作出选择,而不该采取强制的手段,逼着农民非得去种烤烟。这样种出来的烤烟如果卖得好还可以,如果卖亏了钱,你到底赔不赔钱给农民呢?据了解,在我们的记者采访以后,巫山县的领导已经作出决定,要迅速调查此事,对体罚殴打群众的镇干部进行查处,同时给有关的镇领导作出相应的党纪和政纪处分。

这段评论举事说理,以事显理,很有说服力。

(3)夹叙夹议,情理交融

口头短评都是在采访过程中有感而发的议论。既要晓之以理,还要动之以情。用真挚、深沉、丰富的感情去打动对方,根本的问题是要有平等而诚恳的态度和鲜明的是非观念。"情"通才能"理"达,人同此心才能心同此理。中央人民广播电台《新闻纵横》节目"不该忘却的纪念"系列报道的短评就很有特色,起到了振聋发聩的作用。其中说道:

> 步入中年的人们在重提王杰这个名字的时候,还能想起王杰那句"一不怕苦,二不怕死"的誓言,那幅王杰为掩护民兵战友扑向炸药包的油画,还有自己当年被王杰事迹激荡起来的山风海涛般的情怀,同时,也许为自己现在的坚强、正直找到一个精神支点。而在现在的青少年当中,王杰这个名字要么陌生,要么显得遥远。(采访)……看来,我们的时代的确有点要把王杰这位英雄给忘却的样子了。对英雄个人来说,这种遗忘也许算不了什么,但是,对那曾经迸射出灿烂光彩的英雄精神来说,遗忘则不能不说是一种悲哀。(采访)……各位听众,人没有一点吃苦精神是不行的,但没有人天生爱吃苦;人固有一死,但没有人生来不怕死。当苦不可回避,死突然降临时,是把苦和死留给自己,还是把甜和福留给自己,人的选择是不一样的。因此也就有了见义勇为和见义不为之别,有了言行一致和言行不一之别,有了挺身而出和围观起哄之别,有了仗义执言和敢怒不敢言之别。但是,有一点恐怕谁都清楚,这就是:如果没有像雷锋、王杰、徐洪刚这样的千千万万的好人和英雄的见义勇为、言行一致、挺身而出,那么我们社会的文明程度、道德水准肯定会下降不少。鲁迅先生说过:中国自古以来就有为民请命的人,有舍身求法的人,有拼命硬干的人,这些人才是真正的中国的脊梁。历史证明,一个民族总是需要一点气节和精神的。如果被一些短期行为、急功近利蒙住了双眼或伤了心,忘却英雄,丢掉传统,到头来是要吃苦头的。我们现在之所以大声疾呼公民意识、公民素质、社会公德,和淡忘英雄的情形不能说没有关系。不管于公于私,于己于人,于中华民族的现在还是将来,我们都要呼唤一句:英雄,魂兮归来。

在中央电视台制作播出的特别节目《敦煌再发现》中,出镜记者用夹叙夹议的口播方式,生动直观地报道了现场的情况:

我现在是在莫高窟南区的三层,千百年来这里开凿了上千个佛窟。从远处看,这里就像蜂窝一样密密麻麻地布满了佛窟。不过,大家可以看到,其实原来这里的崖壁并不是这样的,这是1963年修护的时候,特意选了一种色泽和材质都非常相近,很坚固的建筑材料。同样,我身后的这些脚手架也是用于加固顶层一个已经坍塌的洞窟。文物保护是莫高窟最重要的工作之一,对于我们来说,在直播过程中如何做好文物保护也是头等大事。所以,这次我们在制定直播方案的时候,每一个细节都跟文保专家进行了认真的推敲,同样,当我们进洞的时候,您能发现我们的器材是特别引进的器材,我们的光源都是冷光源,这样对壁画的影响最少。还有一个要对您说抱歉的是,由于要保护文物,我们每一个洞停留的时间都不会太长,所以每一个洞我们都要抓紧时间去看。那么,我们将要看的第一个莫高窟是什么呢?我手里有一张莫高窟的旅游门票,大家可以看到上面是一尊安详、沉睡的大佛,这是莫高窟的涅槃洞,是我们今天参观的第一个洞,首先我们就来参观莫高窟的第158洞。

为了倡导敦煌莫高窟的文物保护,中央电视台特别制作了这一大型系列直播报道节目。在报道中,主持人漫步在狭小的莫高窟通道内,先详细地介绍了自己所在的位置,并重点说明这次报道的目的,是为了宣传祖国的文物。他把背景资料运用到报道中,用一张门票引出了报道主题,语言自然、顺畅。

(四)"说新闻"

美国哥伦比亚大学教授詹姆斯·W.凯瑞曾对新闻学下过一个定义:"新闻学是一门经过严格训练的叙事艺术,它要求描写!描写!再描写!"新闻是对客观事实的报道,从消息传播到讲述故事,主要是为客观报道注入富有趣味的情节。特别是,当受众需要了解新闻事实中更多的内容、更详尽的细节,以至于需要重现整个事件时;当新闻事实题材不大,但情节生动、富有人情味时;当为争取新闻时效,疏漏了重要消息,需要作出弥补的时候……用"说新闻""讲故事"的方式就显得更加适合、十分必要了。

在20世纪五六十年代中国广播中,"说新闻"曾风行一时,譬如,上海电台的"阿福根说新闻"(沪语)、江苏电台《农村节目》的"老农说天下事"、天津电台的"快板新闻"等。到了20世纪90年代,该类节目再度兴起。最初播音员只是把文字稿变成自己说的"话","读"起来像"说"的。但是,仅仅满足于"读"得像"说",显然不是"说新闻"的目的。我们从各国广播电视新闻传播经验中得到启示:广播电视与报刊不同,它在说明新闻事实的同时,还可以阐发新闻价值,使人们更容易理解新闻的意义。这也正是报刊新闻所不具备的独特优势。实践表明,"说新闻"不但是可行的,而且很受大家的欢迎。"说新闻"实际上就是主持人对新闻事实的一种阐释方式,所以把它说成是"阐说新闻"可能更准确一些。美国CBS的新闻杂志节目《60分钟》的创始人和制片人唐·休伊特对新闻主持人的素质做过这样的描绘:"我认为,要想成为一名优秀的主持人,必须兼有两种能力,一种是发现新事物的能力,另一种是把发现的新事物通俗易懂地传达给别人的能力。这两种能力兼而有之的人,也就是既能发现又能传达的人,实际上是很难找到的。"①可以说,沃尔特·克朗凯特就是他物色到的具备这两种能力的新闻节目主持人。而这家广播公司多年来也一直致力于网罗这样的人才,先后出现了沃尔特·克朗凯特、丹·拉瑟、迈克·华莱士、彼得·詹宁斯等。他们的工作方式都反映出"阐说新闻"的基本特征。

1998年4月1日早7点整,陈鲁豫面对镜头,精神极佳地报出了第一条新闻,她甚至没怎么看提词器,那一天世界的风云变幻好像都变成了她嘴里的小故事。从此,香港凤凰卫视中文台陈鲁豫的这种新闻播法成为大家推崇的"说新闻"模式。中国传媒大学叶凤英教授在介绍陈鲁豫"说新闻"的情况时说:"陈鲁豫在'说新闻'的时候,不是简单地把播的形式改成说,而是一种真正意义上的角色转换。她不是在念别人给她拟好的稿子,而是在说她自己的语言,她是选择新闻、提炼新闻、报道新闻的记者、编辑和主播。这种角色的转换已经把播音员的角色转换为记者、编辑的角色。"据陈鲁豫介绍,她每天早晨5点半开始工作,阅读当天的报纸,与主编一起选择当天播出的重要新闻,边看边记录,并在半小时之内将要点背下来。节目直播时,没有提词器,她也不会照念报纸原文,而是将报纸内容转化为个人的叙述,因此,整个播出过程是一个不断编辑加工的过程。这种编辑过程与播出过程的合一,加快了制作周期,提高了时效,同时凸显了主持人的个人风格。

事实上,"说新闻"就是要求主持人把新闻事件故事化,用"编故事"的方法加工新闻事实,用"讲故事"的方法叙述新闻事件。

1. 新闻的故事要素

美国《华尔街日报》资深撰稿人威廉·E.布隆代尔说:"人们永远在思考哪些元素让一个故事从本质上变得有趣,如何在瞬间吸引观众的注意力,如何安排情节让故事具有持续的吸引力,以及如何让故事深深地刻在人们的记忆中。"②他认为,让故事吸引人有四方面的要素:

时间。如果能够抓住过去和未来,故事就得到了延展,就会有更多的读者喜欢。新闻界常有一种说法,"今天的新闻就是明天的历史",这是一个时间的概念。能够成为"历史"的新闻,当然蕴藏着很多故事,把这些故事情节挖掘出来,放在一个动态过程中,就能使它具有来龙去脉的联系。

范围。新闻中的"何人、何事",虽然关注的只是某个人或某件事,但他们都是在特定的社会环境里发生发展的。社会环境的各种因素都会与人和事发生某种联系,这

---

① 任远.名主持人成功之路[M].北京:中国广播电视出版社,1999:61.
② 布隆代尔.《华尔街日报》是如何讲故事的[M].徐扬,译.北京:华夏出版社,2006:3.

才使得新闻更加真实可信。揭示这些环境因素的影响,是使得新闻事件具有故事性的决定因素。好的新闻会让事件中的每个层面都得到充分的展现。

变化。可以通过两个途径来展现好故事的品质:一是提供不同类型的信息源,从多种视角来审视新闻事件,通过平衡报道来取得客观性;二是依据事实说话,提供不同类型的事实依据,表现新闻的真实性。

动感。布隆代尔所说的"动感",主要是让故事的情节按照"发生——影响——反作用"的结构顺序发展,但如果这样的发展顺序在新闻事件中并不存在,最常见的一种方法就是让对立元素轮番出现,形成交锋的动感,譬如关于同一问题的不同视角、不同见解等。

2. 怎样编新闻故事

美联社特写部原主任布鲁斯·德希尔瓦说:"研究显示,以说故事的方式向人们提供的信息更容易被理解和记忆。因为这种方式让人放松,让人觉得有趣。以这种方式整合过的新闻素材将更加有效地吸引读者。因为读者看到的不再是干巴巴的事实罗列,而是真实的生活。"[1]

(1)从新闻导语中引出趣味

导语以简洁、生动的叙述方法,揭示新闻事实的要点,引出新闻主题或主旨。从讲新闻故事的角度来看,导语就是把事实"拎"出来,把故事"拎"出来,它的首要任务就是抓住听众的"耳朵"或吸引观众的"眼球"。

不少资深记者往往会把轶事作为新闻导语,称其为"轶事导语"。美国学者谢丽尔·吉布斯等在《新闻采写教程:如何挖掘完整的故事》中写道:"在你回顾你的笔记前,问问自己是否记得有人告诉了你诙谐的、动人的或有趣的故事。是否有一个故事看起来包括所有这些?如果是,就考虑将其用作导语。不过,要仔细。人很容易醉心于一个有趣的轶事或话语,而去引用一些并不符合整个报道基调或显得牵强的轶事。如果一个轶事并不能阐发整个故事的大结构,仅仅使用它就是不够的。"[2]

"人物"和"故事"实际上有一体化倾向,选择适宜的切入点,关键在于回答人物个体和群体谁更典型这个问题。如果个体典型,则宜由人物切入;如果群体显著,则宜由故事切入。譬如:

> 听说过用胶水粘年画的,可您听说过用胶水粘大桥的吗?您别不信,还真有这样的新鲜事。

这样的导语很快就形成了故事的"悬念",容易引起受众的兴趣。

---

[1] 施瓦茨.如何成为顶级记者——美联社新闻报道手册[M].曹俊,王蕊,译.北京:中央编译出版社,2003:157.
[2] 吉布斯,瓦霍沃.新闻采写教程:如何挖掘完整的故事[M].姚清江,刘肇熙,译.北京:新华出版社,2004:131.

来看一幅照片,这是一辆车,周围聚集着不少人,这是干什么呢?……

南亚大地震的救援工作还在进行,虽然救援工作困难重重,但是在这其中还发生了不少奇迹生还的故事……

现在工作很难找啊,可《羊城晚报》报道说,最近在广东东莞召开的一个人才招聘会上,有一个年薪18万的职位,愣是没一个人应聘……

(以上均引自央视《马斌读报》)

(2) 在新闻主题上展开情节

主题陈述是新闻故事中的"骨架",犹如庄子在《庄子·养生主》"庖丁解牛"中所述:"臣之所好者,道也,进乎技矣。始臣之解牛之时,所见无非牛者。三年之后,未尝见全牛也。方今之时,臣以神遇而不以目视,官知止而神欲行。"庖丁历经三年的摸索,对全牛的骨架了然于胸之后,就可以驾轻就熟地解剖全牛了。编写新闻故事也需要了解主题的"骨架",分清层次,把握全局,择其要旨,娓娓道来。切不可恣肆挥洒,离题万里。主题陈述应尽量简单、明了、清晰、突出。与文学作品不一样,它应该让受众更容易理解和接受,而没有太多想象的空间,在情节的描述中,直接导出新闻的结论。特别要提醒的是,在情节的叙述中时刻要注意"何人、何时、何地、何事、为什么、怎么样"这样的"新闻六要素"。关于新闻六要素,也可以把它们理解为:哪些人参与了?谁是主角?事件引起了哪些回应?发生了什么?还有哪些细节?在什么地方?在什么时候?为什么会发生这件事?事件是如何发生的?它会有什么影响?等等。

来看"胶水粘桥"的叙述:

前不久,一些南京的市民就发现,耗资5000万、刚建成一年的南京汉中门大桥上,花岗岩栏杆扶手有30多处地方开裂……有关单位抢修动作很麻利,第二天一早,人们就发现这些裂缝已经被修补过了。只不过,维修的方法有点新鲜,您再看这张照片,这是维修过的裂缝,仔细看看,这些白花花的东西,不是别的,是胶水。

再如,南亚大地震的叙述:

在巴基斯坦的穆扎法拉巴德,一位名叫拉什达的45岁妇女,自家房屋倒塌后,被压在废墟下面105个小时,终于被土耳其救援队顺利救出。当这位幸运的妇女被救出来后,她丈夫那叫一个激动啊,不停地对营救队员说谢谢,谢谢,我妻子回来了,可以重新开始新生活了!在不远处,一栋坍塌的房屋下面,营救人员认为这个地方可能有幸存者,刚挖开一个洞,一个五岁的小女孩自己爬了出来,让在场的人惊喜不已……

(3) 在新闻价值里解读意义

对"解读"的理解切不可只把它与数据、意见等相提并论。"用事实说话"是新闻报道中最基本的方法,也是新闻的至理名言。借用相声语汇中的"抖包袱"来比喻,若能将"抖包袱"的技法融入讲故事中,增强故事的生动性、形象性及感悟力,就能更有效地吸引受众的注意力。

理查德·索尔·沃尔曼在《信息焦虑》中提出了这样一种观点:"纯粹的信息不是最有价值的产品。理解是有效传播的重要途径。新闻工作者在集中报道新闻时,更多的是在传递一种理解。没有这种理解,受众就会在信息的海洋上漂流,甚至可能会在更深的地方淹死。"[1]这就是说,仅仅叙述一个有趣的新闻故事,并没有完成传播的任务,新闻的落点还在于解读。解读好了,就可以让受众知其然,也知其所以然。这样既揭示出新闻的价值,也阐明了故事的意义。

譬如,上述"胶水粘桥"说明了什么呢?

第一,斥巨资修建的大桥刚刚一年就出现这样的裂缝,不禁让人质疑大桥工程的质量和安全;第二,用胶水去黏合裂缝,糊弄的不是市民,而是自己的良心。

从南亚大地震的新闻人们得到的启示是:

在遭遇大灾的时候,人们总能看到顽强生还的故事,希望能够找到更多的幸存者!

3. 怎样讲新闻故事

(1)把握叙述方法

2018年12月,中央电视台主持人白岩松为北大学子上了一堂业务课,分享讲故事的技巧。白岩松谈到,现今的传媒环境正在急剧变化,尽管选题把握了讲故事的主旨,但传播方法才是牢牢抓住受众注意力的关键。如何让讯息被受众充分接收,使"有效触及"最大化,考验着媒体人讲故事的功力。讲故事的魅力之一,就是要善于制造"悬念"。有悬念,有冲突,才容易吸引受众。许多人将故事描述得过于四平八稳,以至于悬念变得很小,冲突也很小,无法吸引受众。因此,在讲故事的时候,讲者应学会利用悬念,牢牢抓住受众的心理特点。先不说故事的结局,反而是针对剧情细节或人物内心的情感变化进行深入描述,进而推动故事发展,扩大戏剧张力,持续引起受众的不安与期待感,有时"拐弯抹角"比"开门见山"更加迷人。

美国《华尔街日报》的资深撰稿人威廉·布隆代尔在《〈华尔街日报〉是如何讲故事》中,提出了讲好新闻故事的几种叙述方法:

①遣词用句一定要清晰准确,不能含糊其词。他说:"一个讲故事的人要尽量使用精致的画笔,而不要使用海绵块。如果他的打字机中蹦出的尽是一些诸如'问题、

---

[1] 布鲁克斯.新闻报道与写作[M].范红,译.北京:新华出版社,2007:10.

情况、反应或者利益,这样的抽象名词,他应该立刻停下来,问问自己能不能用更具体、更形象的词语来取代这些抽象词语。"他还说:"如果具体的名词能够让故事变得清晰,那么具体的动词就能够增加故事的活力和表达的深度……"①

②修辞要严谨生动,准确洗练。他认为:"为了不让自己的作品变得平淡无奇、啰唆繁复,优秀的作者往往会对自己的作品采取严格到苛刻的态度。""说新闻"同样要求主持人将新闻素材编辑加工成准确、鲜明、生动的故事题材。

③描述是讲好故事的必要手段。描述的目的是唤起受众听故事的想象力,使故事情节变得更加形象生动。他说:"有许多的描写段落,尽管文字优美、内容清晰,但对于整个故事的动态发展来说,是一种打扰和离题的表现。只有那些与故事的主题相呼应的描写,才是能够推动故事发展的描写。"一个置身事外的受众,永远不会被故事所打动。只有把受众领到故事中来,让他们亲身感受,才能让受众产生真实感,并被故事所深深吸引。

④在讲故事的过程中,与受众建立交流感很重要。他说:"记者在新闻报道中,如果心中没有某个具体的读者形象,他就很可能会犯和演说家一样的错误。一个善于谈话的记者能够避免这样的错误,因为不论他要写些什么,他都会问自己一个问题:我和朋友聊天的时候是这样说的吗?"他还说:"一位善于交谈的人,经常会使用流畅的口语来增加谈话的精彩度,他甚至还会在谈话中使用俚语,只要他认为这是表达意思的最好方式。记者也一样,不要犹豫自己该不该使用通俗的语言,只要你的语言能够充分表达你的意思,没有什么不可以的。"

⑤讲故事要注意情节的连贯性。"当一个故事拥有了连贯性,读者就像是坐在冲浪滑梯上一样,沿着作者搭建好的通道,直冲下去。等他们抵达通道的末端时,往往会露出兴奋而惊讶的表情。整个通道上没有任何障碍,也没有令人晕头转向的急转弯,因为作者已经把障碍物铲除,把急转弯拉成了直线。"擅长讲故事的人,很少使用过渡句或段落来转换故事情节,而是让故事情节自然发展。只要他的材料是事先整理好的,那么他的叙述就会脉络清晰、顺理成章。

⑥构建合理的故事结构。一个完整的故事,既有发生、发展的过程,也有高潮和结局。这个框架就凸显出故事的整体结构。"一个好的故事结尾有总结,还有惊喜,也许是让事件完美收官,将主人公完全置入一个全新的境地。它将清楚无误地表明,故事已经结束。"②

(2)尊重新闻规律

新闻故事仍然具有真实、客观的性质。如果它偏离了新闻的基本规律,就无法实现新闻的目标。譬如,有的新闻节目在"说新闻"的基础上加入表演的成分,变成了

---

① 布隆代尔.《华尔街日报》是如何讲故事的[M].徐扬,译.北京:华夏出版社,2006:179.
② 哈特.故事技巧——叙事性非虚构文学写作指南[M].叶青,曾轶峰,译.北京:中国人民大学出版社,2012:36.

"演说""戏说",如被称为创造了全国第一个曲艺式新闻形式的《拉呱》,即把曲艺这种娱乐的元素和新闻进行嫁接。节目中除了主持人小么哥外,还设置了"搭词的",类似于相声中"捧哏"的角色,与主持人插科打诨。有的主持人在节目中用相声"说学逗唱"的方法评说社会民生、政经要闻、文化动态、娱乐八卦。还有的节目引入戏剧表演成分,以麻辣小品剧的形式解读、再现新闻事件。这些追求娱乐效果的"说新闻",一味放大了新闻当中的娱乐因素,却忽视了新闻的真实性与客观性。

还有一些节目主持人在"说新闻"时调侃的味道越来越浓,对信息的点评过分随意,语不"雷"人死不休。有的没弄清楚基本的新闻事实就妄发议论,有的更是断章取义,抓住一点大加演绎,背离了新闻节目客观、公正的立场。这种有违事实真相的评论会误导不明真相的观众,也会损害媒体的公信力和权威性。谈到这类主持人,一位资深新闻工作者感慨:"每天看着20多岁的俊男靓女在电视屏幕上预测经济前景,纵论国家大事,我就体会着在大街上遇到卖假药的心情。"这句话虽然尖刻,但也揭示了"说新闻"并不容易!只要随便列举一二,就可以看出一些主持人是多么随意和不成熟。譬如,一家省级电视台的年轻主持人在"八国首脑会议的召开"和"意大利频发抗议活动"这两条新闻的串联词中说道:"年年召开八国峰会,都是旧账还未还清,又有新问题出现。有关人士分析今年的峰会也结不出与往年不同的果子。但是在峰会召开地意大利,恐怖事件却在毫不含糊地发生着。"谈到南联盟局势,她说:"塞族政府想拿米洛舍维奇换大米,但现在人是交出去了,大米却没有换来,这搞得塞族政府很丢面子……"看得出,主持人在这里力求说出些噱头来哗众取宠,却失之浅薄,由于缺乏思想深度,扭曲了新闻事实并贬损了新闻价值。

"说新闻"并不简单,不仅要"说"得准确、"说"得客观、"说"得真实,还要"说"得自然、"说"得亲切、"说"得深入浅出。请看《大刚说新闻》:

  网罗天下大事,笑谈人间百态!欢迎收看《大刚说新闻》。
  开头说的是,沈阳大爷雪中被撞,放走肇事者,还说"我有医保,你上班去吧!"12月19号,网友"沈阳陈鸿博"在微博中晒出这样温暖的一幕:大雪天里,一位大爷被电动车撞倒,骑电动车的小伙子把大爷扶起,一边跟大爷赔礼道歉,一边问大爷"哪儿不舒服呀?"可您猜大爷怎么着?大爷对小伙子说:"小伙子,我没事,我有医保,你赶紧上班去吧!"听听,这是什么境界?赶紧给这位"大人大量"的大爷点个赞吧!
  网友评论:
  大河石头:沈阳好大爷,冬天里的一把火,您的言语行动温暖人心。
  明恕之道:凡人善举,人性光辉,在喧嚣的当下显得尤为刺眼和久违,值得尊敬的老人!
  花卷儿兜兜:莫名击中泪点,多久没有被感动过了,大爷实在,祝您身体健康!

  硬汉 LHQ：肇事的小伙子无论多忙，都应该把老人送到医院，到医院用医保卡买单，看完病再把老人送回家，这样就更完美啦！

  雪中被撞，竟然放走肇事人，这位大爷究竟是怎么想的呢？晒出微博的网友"沈阳陈鸿博"说自己当时特意去问大爷，可大爷说了："雪天不好刹车，互相理解一下，感觉自己没啥事儿，何况还有医保，咱不能干讹人的事儿。"说完这番话，大爷就一瘸一拐地走了。各位亲，听到大爷这番话，是不是感动之情油然而生啊？社会需要正能量，向包容者致敬！感谢沈阳大爷让我们看到人性的善良，感谢您在寒冷的冬日为人们心头添上一抹温暖，祝您身体健康，祝好人一生平安。

第三节 谈话语体

  随着社会的进步和发展，越来越多的广电新媒体节目都在创造一种双向交流的情景，例如广播谈话节目、电视谈话节目、嘉宾参与节目、访谈节目等。目前，这类节目收听、收视率较高，深受群众的欢迎。当广电新媒体中出现这样的情景时，必然要求使用相应的谈话语体。

  国外的教科书对主持人也提出了提高交流能力的要求："一个理解与观众交流的主持人知道怎样去读并以读来阐明文稿的意图。他并不使用一种固定的模式，而是以一种开放的方法、一种追求文章主旨的方法去交流表达。在很多情况下，一个好的主持人并不一定要有很动听的声音，但他会在表达时使文稿显得纯朴、自然、可信，更能反映作者的意图。"[①]

一、谈话的语境特点

（一）言来语去

  谈话是一种双向交流的过程。没有对象的谈话，就只是心理独白。所以，它是以言来语去的方式形成这种交流关系的。这种交流是亲切、真诚的，不应该是"背对背"而是"面对面"的；这种交流是一种允许别人回应的平等关系，所以它应该是"一应一答"或者"一对一"的关系。尽管谈话的场合有时会有人群聚集，或者出现"一对众"的谈话情况，但是谈话交流只针对具体的"一个人"。如果转对"众人"，谈话就成了阐说或演说。换句话说，谈话与阐说在语境上的最大区别就是"一对一"还是"一对众"。

[①] 豪斯曼,本诺特,唐纳,等.美国播音技艺教程[M].王毅敏,刘日宇,译.5版.上海：复旦大学出版社,2007:54.

(二)情境宽松

邀请对方谈话,应该选择适宜的场所。不同场所提供的谈话氛围也有所不同:朋友相聚,总是轻松愉快的,一般会选择家居客厅、风景胜地等;工作谈话比较严肃,一般选择办公室、会议室等正式场合;邀约谈话,则可以在茶馆、饭店等非正式场合……不同的场合对谈话的效果会产生一定的影响。另外,谈话语境中可以利用的因素很多,人物、自然景物、实物、情境气氛等都可以利用,只要选择恰当,就能形成特有的表达效果。

(三)意趣相投

俗话说,"话不投机半句多",没有共同语言,谈话很难深入,所以节目对嘉宾和现场观众都应有所选择,使其既具有一定的代表性,也具有共同的兴趣。在广播电视谈话节目中,曾出现过因话不投机而导致谈话中断的情况。譬如,北京电视台 2001 年 10 月 27 日播出的《国际双行线》的一位嘉宾因与另一位嘉宾在艺术观点上见解不同,谈话进行到一半便拂袖而去,使得事先安排好的节目程序被打乱,谈话无法继续。出现更多的情况是,嘉宾观点有很大分歧,谈话的效果不好。由此看来,谈话的语境应当是轻松的、自然的。谈话是一种由交流到交心的过程,所以应该客随主便、主随客意。

二、谈话的语体特点

在面对面的交谈中,谈话氛围应是自然、亲切、自如的,因此在话语方式上会显现出以下几个特点:

(一)通俗化、口语化

由于谈话是随想随说的,来不及字字推敲、句句斟酌,所以不仅句子要简短,而且应当通俗化、口语化。但口语同时存在着重复、啰唆、词序颠倒,易受环境干扰等缺陷,这是播音员、主持人应当尽力避免的。

(二)形象生动

由于是面对面的交流,双方会借助手势、姿态、表情、眼神等辅助言语进行表达,会出现大量副语言的成分,从而使谈话更加形象生动。同时谈话对环境的依赖性较强,环境对语意的传达也会产生一定的影响。在日常生活中,谈话地点的选择一般都和话题有关。广播电视的谈话节目也会根据内容和话题的需要,设计适宜的环境来增加大家的谈兴。环境因素与谈话内容融合在一起,能营造出一种浓郁的表情达意的氛围。

(三) 适于交流

谈话的句式结构比较自由,根据交流对象对语意的理解程度可以灵活调整。谈话的双向性使得反馈及时,可以不断矫正表意不足的缺陷,作出补充性的说明。所以,这种语体沟通及时、易于理解。许多书信往来、电话沟通难以表达、不能解决的问题,往往可以通过面谈取得共识、达成谅解。

从谈话内容上分析,它主要是由话题、谈话资料、观点三部分组成的。播音员、主持人首先需要针对不同的谈话目的,选择适宜的话题;然后为了使谈话积极有效,还要搜集足够的谈话资料;最后要实现谈话的目的,就要表明基本观点。实践证明,广播电视谈话节目在促进民主政治建设、发挥舆论监督作用等方面,起到了积极有效的作用。

三、谈话的语体分类

目前广电新媒体节目的谈话形式多种多样,但是大体上可以分为访谈、交谈和侃谈三大类。

(一) 访谈

访谈就是采访性的谈话活动。主持人访谈实际上是由记者采访演变而来的,当记者的采访报道被固定在新闻栏目中出现时,它就是"主持人访谈"。特别是在国外,这类访谈节目比较多。如美国有线电视新闻网(CNN)的《拉里·金现场访谈》、英国广播公司(BBC)的《新闻人物访谈》等。

与一般的采访活动不同,访谈既是记者、主持人与采访对象之间的谈话过程,也是一种公开的面向受众的谈话交流活动。资深记者艾丰提出的采访的"取予观"就很有启发意义。他认为:"在采访过程中,记者要向采访对象索取情况,采访对象要给予记者一些情况,这种情况的取和予,是记者和采访对象之间关系的内容和实质。可以说,记者在采访活动中所进行的一切活动,都是为了顺利地解决这个矛盾,把新闻报道所需要的材料'取'到手。"[①]事实上,这也是访谈活动的基本规律。艾丰还提出了"取"和"予"的六项条件。

从取方(主持人)对予方(采访对象)的要求来看,他希望自己的对象:一是具有他所需要的情况或材料;二是愿意谈出这些情况或材料;三是善于表达或传达这些情况或材料。简言之,即"有情况""愿意谈""善表达"。

从予方对取方的要求来看,他希望从对方那里知道:一是对方想知道哪方面的情况;二是我的谈话在他那里会引起什么样的反应;三是这次谈话会有什么样的后果。简言之,即"要求明""反应灵""交底清"(图4-1)。

---

① 艾丰.新闻写作方法论[M].北京:人民日报出版社,2007:233.

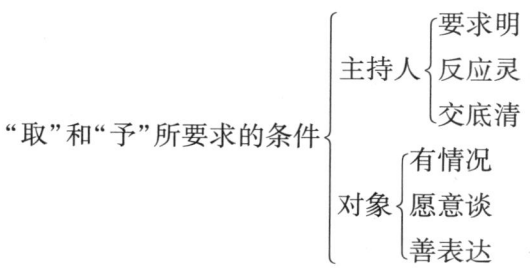

图 4-1 "取"和"予"所要求的条件

1. 要求明

看起来这是对采访对象的要求,实际上它取决于采访者的准备程度。如果采访者对采访对象不甚了解、对采访涉及的情况知之不多,自然就不会有明确的方向和重点。美国著名记者约翰·布雷迪曾说:"经验丰富的记者一致认为,每采访一分钟至少要准备十分钟。认真调查之后(不是之前)进行的采访总是更有成果。"[①]可见,主持人在访谈前掌握相关的材料十分重要。这一般需要经过三个阶段:搜集材料、分析材料、制订提纲。搜集的材料越广泛、研究的问题越集中,采访提纲就越明晰。有了明晰的采访思路,自然就能向采访对象提出明确的要求。主持人认真搜集材料、分析材料,与谈话对象就容易取得共识,产生共同语言。

2. 反应灵

反应灵主要是指记者、主持人在访谈中,及时把握受访者的真实思想,以便作出及时反应。"听话听声,锣鼓听音"指的也是这个意思。访谈节目的记者、主持人尤其要善于倾听,只有认真倾听才会有真诚的交流。在访谈中,有时会出现言不由衷或答非所问的情况,往往就是误听话语、曲解原意导致的结果。访谈前的准备十分重要,但是谈话中可能会得到更有价值的信息,这就需要采访者随机应变,改变原定的话题方向。

3. 交底清

交底的主要目的是为了解除对方对提供情况的顾虑,建立一种相互信任的关系。有了这个基础,才能为访谈创造良好的氛围。水均益在谈采访基辛格的体会时说:"基辛格是一个国际级'大腕',见多识广,长于外交,所以要想使他开口,迫使他和我合作,一上来就要向他发难。而一些轻松的有关个人的问题放在后面用于拖延时间。采访开始后,第一个问题我就问他中国和美国现在是朋友还是敌人。博士先生听完后愣了一愣,也许他没有想到我上来就会这么问他。于是,他认真分析了'冷战'后的国际关系,包括他的'大国平衡论'。在此之后,我便根据事先的设计,接连问他美国能否当世界警察、对华最惠国待遇、中国的改革等问题,由于这些都是基辛格的长项,他

---

① 布雷迪.采访技巧[M].范东生,王志光,译.北京:新华出版社,1986:48.

乐此不疲，开始滔滔不绝。当他用一个极幽默的回答回应了我问他为什么美国议会总是通过有关中国内政的议案问题后，我将话题转向了轻松而又简短的个人问题，包括他的乒乓球球技、家庭、子女、近期著作等。这里要感谢当时在场的方宏进编导，方导不失时机地插问基辛格来北京有没有吃烤鸭，使当时的气氛一下子活跃了许多。71岁的基辛格显得格外兴奋。"①原本只答应接受5分钟采访的基辛格博士，这次居然兴致勃勃地谈了20多分钟。

下面是这次访谈的节选：

水均益：基辛格博士，在"冷战"前以及"冷战"后，国际关系显然发生了很多变化，您认为"冷战"结束后中美两国是一种什么样的关系，是朋友还是敌人呢？

基辛格：应该这么说，即使是在"冷战"时期，中国也处在一个很特殊的地位，美国在那个时候同共产主义是对立的。但是从政治上讲，我们同中国是友好的。现在我们在意识形态领域和政治制度上都有很大的不同，但是我们在政治上的友谊仍然是有基础的。我相信在"冷战"之后，中美关系仍然可以在这个基础上进行合作。

水均益：既然您认为两国在"冷战"前后都是政治上的朋友，那么，您认为我们两个大国应该怎样协调关系呢？

基辛格：首先我认为两国高层领导人之间的对话应该经常进行……中美两国在维护亚洲和平方面有着共同的利益，有助于防止该地区任何一个国家成为军事强权。

水均益：23年前您第一次来中国访问，您还记得那次访问吗？您这次来中国，看到中国发生了很大变化，请您做个对比。

……

水均益：我们注意到美国国会经常对中国国内的一些事情通过议案，您能否告诉我们这是美国国会的一种习惯吗？

基辛格：美国国会不仅对中国这样做，他们对许多其他国家也是这样做的。

水均益：您作为一个著名的国际关系方面的专家，您赞成这种做法吗？

基辛格：我认为从原则上讲，我们同中国的关系应该依据中国在外交上的所作所为，而不应该依据中国的内政情况。当然美国有自己的价值观，美国要维护它的这些价值观。但是我认为在处理同中国的关系问题上，美国不应该向中国随意地指手画脚，而正确的办法应该是进行协商。

---

① 孙克文.焦点外的时空[M].北京：生活·读书·新知三联书店，1997：38.

水均益：基辛格博士，既然您认为"冷战"前后中美两国都是政治上的朋友，那为什么这么多年以来，我们两国一直存在着一些分歧和争论，特别是像在最惠国待遇问题上？

基辛格：许多美国人认为，美国应该在全世界范围内促进人权状况的改善。他们有时不一定理解其他国家，当然不仅仅是指中国，这是一个内政问题，所以在这个问题上，中美两国有很大的分歧。然而我相信在未来的几周里，最惠国待遇问题会得到解决的。

水均益：在当今世界上，许多人觉得美国在国际事务上一直在充当世界警察的角色，您认为美国是否应该扮演这个角色呢？

基辛格：不，不，不，美国不能充当世界的警察，如果说美国试图充当这个角色的话，美国应当对世界的力量均衡作出贡献，而这种均衡的作用就是保持世界的稳定。

……

水均益：乒乓球在中美关系上起了媒介作用，您会打乒乓球吗？……有没有吃过烤鸭？……请您谈谈家庭情况？美国议员是否经常旅行？……您能经常与家人团聚吗？

……

水均益：中国人从电视上见过的您都比较严肃，现在您笑容可掬。我们知道再过10天是您的生日，我们代表中国几亿观众祝您生日快乐！请您对观众说几句，我们一起向观众说声再见。

……

(中央电视台1994年5月14日)

4. 有情况

除了访谈对象提供的情况以外，采访者还希望能够挖掘出更多有价值的信息，以便进一步丰富访谈的内容。著名美籍华裔学者、记者赵浩生说："人物访谈要有内容，有深度，有新闻价值，更要有历史价值。记者的人物访谈，其格调应该有大政治家畅谈天下事、大学者纵论人生与宇宙奥秘的高度；访问者与被访问者要有同等交流的智商，才能使读者和观众感到意味无穷。"[①]

请看他对邹韬奋之子邹家华先生的一次访谈：

赵浩生：韬奋先生是去世之后才追认为中共党员的，但事实上，他生前一直受到党的照顾。

邹家华：是的，后来我们知道的很多情况，证实了这个事实。他在1937

---

① 赵浩生.赵浩生名人采访集[M].北京:新华出版社,2001:2.

至 1938 年间,已经向周恩来提出入党的要求。周当时考虑,从党员的条件上来讲,他没有问题,但是从当时的历史情况来看,还是在党外做工作更加有利。因为如果你是党员,别人会以为你是代表党来讲话;但作为一个党外人士,从客观的立场讲话,就更具有说服力。在这个问题上,父亲一直是按着这个要求来做工作的。在这个过程中,譬如在重庆时期,他跟党组织的关系非常多,周恩来、叶剑英都曾到生活书店去做过报告,宣传抗战,对他都有很大的教育与影响。

……

父亲去世以后,组织上就派人到上海跟我母亲商量,是不是把我接到根据地。我母亲同意了。……我 1944 年 12 月到了根据地,18 岁。以后整个的历史就是在党的培养教育下成长。……到了 1948 年,新的局面越来越大,中央决定派一些人到苏联去学习,其中我们这一批是党内一些烈士的子女,一共 21 人。

……

赵浩生:如果没有听到你的故事,我还以为韬奋先生一生从事文化工作,经过许多困苦颠连,或许是韬奋先生觉得不要你走他的旧路,才要你学机械的。听了你说的经过,才知道这完全是国家的安排。

邹家华:组织上也考虑到他的遗嘱。他写遗嘱的时候问过我们愿意搞什么,我说我愿学机械。因为他自己得了癌症,也希望有一个孩子学医,要我弟弟学医,妹妹嘉骊搞文学。遗嘱是这么写的。后来因为形势的变化,弟弟去了延安,那时他年纪还小,后来就搞气象,到现在已经搞了几十年。

赵浩生:你要搞机械的动机是怎么来的呢?

邹家华:因为我从小就喜欢玩机器,对什么专业并不清楚。这也是组织上考虑到这是我父亲的愿望。我在建设大学念的是财经系,和机械还算接近点,其他如做群众工作的民政系以及教育系,距离就更远了。后来我到山东省政府建设厅,修路、造桥,搞各种土木工程,和机械又近了一点。到苏联学习的时候,结合过去的经验,很自然地就走到机械这条路上来了,现在我所做的都是些组织工作。

赵浩生:你这个部是国务院下属最大的一个部。如果韬奋先生地下有知,他对自己曾参与缔造的新中国一定感到万分欣慰,对你的成就也一定感到非常骄傲。

邹家华:这都是党组织的培养。为党为人民做工作,这就是我父亲和我个人的愿望。

赵浩生:作为韬奋先生的私塾弟子,我今天能听到韬奋先生这个光荣的家庭的革命故事,我也感到很光荣。①

5. 愿意谈

一般来说,要使访谈对象说出心里话,需要访谈者以诚相见、以心换心。当对方不愿说出自己的真实想法时,总是有一定原因的。但是只要用真诚打消他的顾虑,拨动他的心弦,他就会情不自禁地向你倾诉衷肠。西方记者惯用"激发式"的问法,使对方难以回避而谈出他们需要了解的情况,其中不乏一些可借鉴之处。1980年8月21日和23日,意大利著名女记者奥琳埃娜·法拉奇对邓小平访谈时提出的几个问题就有明显"激发"的意味:

> 天安门上保留的毛主席像是否要永远保留下去?
> 据说,毛主席经常抱怨你不听他的话,不喜欢你,这是否是真的?
> 你是否认为资本主义并不都是坏的?

这些尖锐的问题令人无法回避。所以,1986年9月2日美国哥伦比亚广播公司(CBS)的资深节目主持人迈克·华莱士采访邓小平,当问到"你有没有接受过一对一的电视采访"时,邓小平回答说:"电视记者还没有。与外国记者谈得比较长的是意大利的法拉奇……她考了我。我不知道她给我打了多少分。她是一个很不容易对付的人。"从法拉奇的问题中,不难看出,她对有关问题有着深刻全面的了解,而且对访谈对象的情况也十分清楚,因而能够比较准确地抓住问题的要点;更重要的是,她提出的这些问题代表了很大一部分人的想法,也能激发采访对象的兴趣,但又是不容回避的问题。

6. 善表达

虽然这里指的是访谈对象的语言表达问题,但这一问题主要还是取决于访谈者的引导和提问艺术。"'提问'是什么?提问的实质是由记者抛出的联系记者与采访对象'取'和'予'的纽带。提问的方式,即'取'和'予'的联系或联结的方式。"美国哥伦比亚大学教授麦尔文·曼切尔把提问分为开放式问题和闭合式问题两种基本类型。所谓开放式问题,就是问题比较笼统、概括,没有严格的限定范围,自由发挥的余地比较大;所谓闭合式问题,就是问题比较集中、具体,有明确的限定范围,一般只能就事论事地给予回答。开放式问题一般适于转入话题、调节气氛、纠偏补差等,闭合式问题则适合重点突破、层层深入、揭示实质等。这两种方式交替使用的效果比较好。

请看主持人白岩松与国学大师季羡林的一段访谈:

①**白岩松**:张中行先生在写您的时候曾经提到先生有三个特点:一个是

---

① 赵浩生.赵浩生名人采访集[M].北京:新华出版社,2001:3.

学问精深；一个是为人朴厚；一个是有深情。他以为在这三者中最难得、最重要的就是先生身上的为人朴厚。因为他觉得，在他见过的很多学者大师里头，在这方面再也没有超过您的了。

季羡林：这个事情是这样的，我认为人应该有自知之明，一般人缺乏自知之明，我这个人自知之明恐怕过了头，总觉得自己不行，不是自己故意装，你装也装不出来，只觉得好多方面自己不行。在这方面我自己的解释是说自知之明过了头。过了头也不好，应适可而止。

②白岩松：我听说过这样一件事，有一个书商卖您的书，希望您签上名，那么他会好卖一点儿。您非常高兴地给他签了名。签名之后，您听说他在楼下等着，您又跑到楼下去感谢那个书商，结果搞得那个书商自己都不知所措。

季羡林：是有这回事，现在每个作者都希望他的书被人读，那书商找上门来，当然我要感谢他了。这个当时也没有什么思想活动，只是听说人家在门口，要赶快出去感谢人家。

③白岩松：在这个世纪末的时候先生提出了一个"三十年河西，三十年河东"的论断。认为到下一个世纪，以中国为主的东方文化一定会在世界文化中占主导地位。

季羡林：过去在唐朝，就是在穆斯林运动初期，在波斯和阿拉伯就流传着一句话，说世界上古代希腊人有一只眼睛，中国人有两只眼睛，了不起哦，而世界上其他的所有民族都是瞎子。我觉得这话是穆斯林讲的，而且是在我们唐朝，在 7 世纪时，中间必然有它的道理。

④白岩松：季先生是国学大师，我非常钦佩，然而到这儿来，看到两套房子基本上都被书占据了，而季老仍然非常委屈自己，住的地方很小，家里也很乱，我们的感觉是心疼。

季羡林：不要心疼，我现在在北大有两套房子。这套房子在北大还是大的，学校已经对我很照顾了，再想多要那是非分妄想。我也不想。

⑤白岩松：是您养的猫吗？

季羡林：是，我养了三只猫……

(中央电视台 1995 年 1 月 16 日)

上面五个提问中，第①③可以看作开放式问题，第②④⑤是闭合式问题。在这简短的问答中，采访者已经达到了访谈目的，把学术大师的精神风貌全面真实地表现了出来。

总结上面列出的访谈的六条基本规律，艾丰认为这就是记者和采访对象之间取予关系的辩证法。记者"为取而予"，采访对象"为予而取"。正应了一句古语："如若取之，必先予之。""予"的内容，就是记者的要求、见闻，记者的思想、感情，记者的思想工作、组织工作，等等。

(二) 交谈

如果说访谈是一对一、"取"和"予"的关系，那么交谈就是多方交流、共享和分享的关系。话题是大家共享的，感受是分享的。没有共享的话题，就会"话不投机半句多"。感受不能分享，心灵就难以沟通，不能形成交流的氛围。以交谈为主要特征的节目形态就叫谈话节目。国外把这类节目称为"Talk Show"，按字面可以直译为"交谈的展示"。中央电视台《实话实说》原主持人崔永元是我国谈话节目的典型代表，下面就以他及他主持的节目《实话实说》为例进行粗浅的分析。

1. 言遂人意

如何选择大家共同感兴趣的话题，是共享的前提条件。选题有三个基本的要求：重要性、普遍性、相关性。美国电视学者威利斯和艾利恩佐也得出了相似的结论。他们说："一个有意义的话题需具备三个条件：其一，表述的观点应是重要的；其二，应对尽量多的人有意义；其三，应是人们能共同感悟的、生活中永存的健全情感、生命困惑等永恒话题。"在可操作性上，一个好的话题还要同时具有两个特点：一是普通人能以自己的生活经验为基础发表见解，二是足以引起专家学者的兴趣。换句话说，就是浅显性与深刻性、普遍性（广泛性）与典型性、通俗性与专业性的巧妙结合。

选什么样的话题才能引起大家共同的兴趣，使大家有话可说？这是谈话节目首先需要解决的重要问题。《实话实说》节目的总导演时间认为："如果你有关心社会、关心百姓的心，如果你具备尊重每一个人、引人向上的思想，如果你不是仅把兴趣放在取悦观众、揭人隐私上，《实话实说》永远有说不完的话题。因为社会变化给人带来的困惑需要交流，需要与人分享自己的经验；长期的封闭使人少有所思或思有偏颇，需要沟通，需要得到他人的理解；而面对未来，人们似乎永远处于选择之中，渴望答案……其实我们干的事儿很简单，就是告诉你别人想什么和怎么想的。"[①]

以《实话实说》节目为例，"谁来保护消费者""为什么吸烟""喝酒的利与害""子女眼中的父母""不打不成才""父母眼中的孝子""面对孩子的谎言""儿女的婚事""结婚的钱由谁来出""家里的旧东西""人约黄昏后"等话题，都能引发大家的兴趣，让人有话可说。

2. 语随境迁

交谈总是在一定的语境中进行的，如何利用语境来改善、提高交谈的效果，是谈话节目的一个重要问题。

---

① 时间.实话实说[M].北京：华龄出版社，1997：4.

(1) 语境规约

日常生活中,经常会出现这样的情况:语言表达并没有什么不妥,但表达效果就是不好。究其原因,是人们忽视了交往中约定俗成的语境意义。一般来说,语境主要在以下四个方面对语言的使用具有限定作用。

①时间。广电新媒体节目都有严格的时间限制,什么样的话题可以展开,什么样的话题不宜展开,都受到时间的限定。时间仓促紧迫,话语就要简短扼要;时间充裕,言语可以舒缓,话题可以谈得从容些。在谈话节目中,主持人的话语一般都比较简短,点到为止,重在把握话语节奏、把握节目时间,达到传播的目的。

②地点。谈话节目大都安排在演播室内进行,还有一些则安排在特定环境中进行。如《心连心》的谈话就是安排在天津大港的演出现场进行的。但即便是在演播室内,其布景和格局给人的感觉也是不一样的。如《实话实说》的场景类似大客厅,《聊天》类似小客厅,《金星秀》既有客厅效果,也有舞台效果,《对话》则更像一个论坛或会议室……选择什么样的交谈场所,既与节目宗旨有关,也需要与节目风格统一。

广电新媒体节目中采取的"双视窗""网络连通""热线电话"等,都有效地延伸了谈话节目的时间和空间,对交流方式也有不同的要求。

③情境。虽然广电新媒体节目都是面向大众的,但是节目提供的情境有所不同,交流和谈话的方式也有所区别。谈话的内容和形式只有与一定的情境氛围融合,才能实现和谐的交流;否则,难以取得良好的谈话效果。《实话实说》节目需要宽松、民主的畅谈的情境,《聊天》节目需要随意、平等的漫谈的情境,《对话》节目需要探讨、沟通的恳谈的情境……谈话节目语境的特点往往就在于它的公开性和私密性的统一。既是对"小众"敞开心扉,又是对"大众"开诚布公。这种特点在广播"夜话""热线"等谈话节目中表现得更为明显。

从广义来讲,情境还包括社会背景。某种生活场景总是一定社会生活的缩影。在西方一些谈话节目中,主持人往往口出不逊,频频引发司法诉讼。这是在商业利益的驱动下,节目一味猎奇搜异的恶果。中国是社会主义国家,更看重媒体的社会责任,媒体应正确处理好社会效益和经济效益的关系,反对片面追求轰动效应、哗众取宠。

④对象。既然交谈是双向的,那么嘉宾的谈话对节目的成败也有重要的影响。如果嘉宾不善言谈,或者嘉宾心存疑虑,都会影响谈话的正常进行。主持人应该针对不同的嘉宾,采取不同的话语方式,这是保障交谈积极有效的关键条件;要充分考虑嘉宾的文化背景、身份、经历和特点,回避一些敏感话题(如生理缺陷、个人隐私等)。

(2) 贵在适切

我们仍以经典谈话节目《实话实说》为例,主持人崔永元在《睁大你的眼睛》一期节目中说了以下几段话:

①明确与模糊

明确：这是个假的，这依然是个骗术。

模糊：如果我要告诉现场的观众，司马南还会用耳朵"听"字，你们信吗？信吗？半信半疑，是吧？！我们试一试好不好？现在我身上带着纸，我把这张纸发给大家。多少人都行，是吗？

②直言与委婉

直言：现在我告诉大家这个是怎么骗人的。第一张我是找了一个"托儿"，我说，看出来一个什么字。问是谁写的啊？他说，是我写的。因为我已经说出结果了，现场的观众就不再怀疑我了，这张纸条已经没有必要再怀疑它了，于是我打开就看了一眼。

委婉：司马，我觉得这个目的达到了。就是说如果以后，我们这个现场的观众再见到有特异功能的人，就这样去怀疑他，可能他就没有活路了。

③正言与反语

正言：这是个假的，这依然是个骗术。

反语：现在我就有一个想法，我想把这个话筒给司马，我到江湖上去骗钱。

④质朴与文雅

质朴：今天大家借这个机会，懂得了一点儿心理学的知识。其实我们做节目没有更高的要求，就希望大家每次看完这个节目，能得到一点儿知识，或者一点儿有价值的信息，就足够了。

文雅：我觉得今天这个《实话实说》像一堂心理教学课，只不过在学校里面心理教学课没有这么多人上。

⑤简约与繁复

简约：每个人都不是大师，每个人也不会什么都懂。

繁复：今天大家不能白来，结束的时候，司马再表演一个绝技，好不好？

⑥庄重与幽默

庄重：孙先生您给大家提提建议，我们怎么防微杜渐，以后不被这样的人欺骗？他掌握一点儿这方面的知识很容易就把我们控制，把我们掌握了。

幽默：没想到做节目这几年，引起了这么多观众的不满。更多的不满是对你，你说手里有一千万，下了战书，江湖上就全动起来了，有一百多个高手准备和你挑战,挑战书我们都送到你手里了……最厉害的是我们在办公室接待了一位,也是来挑战的。他说,听说能挑战,我特别高兴,我从精神病院直接跑出来找你们。

(3)利用语境

《实话实说》的演播现场组织了一个小型乐队,他们不断根据节目的需要,调节现场气氛。现场还经常运用背景音乐、屏幕演示、实物展示等来补充节目内容。从《睁大你的眼睛》中,可以看到语境有以下几个方面的作用:

第一,利用语境,可以把话说得十分精练。

第二,利用语境中的人、物作证,可以把话说得真实可信,富有说服力。

第三,利用语境中的景、物作喻,可以把话说得浅显明白、形象生动,把复杂抽象的情感表达得更加具体。

第四,借助语境中的景、物或情境气氛,形成委婉曲折的表达方式,既使言语含蓄婉转,也实现了交际的目的。

第五,利用语境中的景、物,可以变被动为主动。

第六,利用特定语境,借题发挥,可以收到理想的谈话效果。

3. 心相照,言相通

节目中要形成充分交流和亲切恳谈的氛围,有四个必不可少的重要因素:真诚相待、充满关爱、善解人意、轻松愉快。这种氛围主要是靠主持人来营造的,但是也要选择好嘉宾和观众。

(1)真诚相待

"倾听"是一种真诚的表现,只有真诚的态度才能把谈话变为"谈心"。1998年"六一"节《实话实说》播出了节目《童言无忌》。孩子们很活泼,但是注意力不够集中。崔永元与小嘉宾们交流时十分细心地观察他们的表现,又非常耐心地倾听他们的意见。当听到一个小女孩说"真没劲"时,他立刻坐到小女孩旁边,让她说出了心里话。由此可以看出,"倾听"并不是不要说话,而是要根据对方的谈话,有针对性、有目的地说。在谈话节目中,最忌讳的是主持人自说自话、喋喋不休,这种谈吐方式不给别人说话的机会,显然是不尊重对方的表现。善于倾听的人,才会说话。

真诚也意味着真正的理解。董卿主持的《朗读者·长大回家》一期节目邀请了白岩松,两人的对话就非常真诚感人。

董　卿:接下来我要为大家请出的这位嘉宾,在观众的眼里,他严肃、犀利、充满思想的力量,但是在谈起故乡的时候,他会瞬间变得柔软,甚至不防备眼泪。他来自世界四大草原之一——呼伦贝尔大草原。就像诗中所写的:"那草原的清香,让他到天涯海角都不能相忘。"接下来,就让我们请出朗读者、著名主持人白岩松。

岩松,欢迎来到我们节目当中,应该说你也是回家啊!《朗读者》在2016年还在酝酿的时候,岩松就是我们的策划人。

白岩松:所以我说别人是来朗读,我的第一任务是,我得来给董卿加油啊!

董　卿:今天聊的主题是故乡。前几天你给我看了一张照片。我们和观众一起来分享一下。

图4-2　《朗读者》节目现场

白岩松(画外音):背后的这片废墟,就是我从出生一直到17岁的家。现在它已经是一片平地了。但是就在背后的这个家,我爷爷在这儿去世,我父亲在这儿去世,我姥姥在这儿去世,当然我姑姑在这儿出嫁,然后我和我哥哥在这儿考上大学,17岁之前的整个世界,我是从这儿开始陆续看到和了解到的。

董　卿:1985年17岁那年,你离开了这个老房子,也就是离开了故乡,来到北京求学。

白岩松:走的时候是欢蹦乱跳的。因为你的眼睛当中只有前方。或者说你对未来充满着好奇,恨不得拜拜都懒得说。后来我岁数大了一点儿,突然有一句话从我脑海中跳了出来:故乡是什么呀?就是你年少的时候,天天想离开,但是岁数大了天天想回去的地方,就是故乡。

董　卿:你那个时候到了北京,觉得它和故乡最大的反差在什么地方呢?

白岩松:进了大学之后,我的一个同学问我,你是哪儿的?我说我是内蒙古的。她下意识的反应就是,那你怎么来的?然后,我觉得我幽默一下吧,说我骑马来的。然后那个女同学特认真地扑闪着大眼睛说,那得骑了几天呐?那一瞬间我意识到,我的家乡对于别人来说,是特别遥远的地方。

董　卿:当你后来大学毕业要留在北京工作了,那可能是真正的要和故乡做一个告别。

白岩松:我印象特别深,那是在1993年。正好我现在50岁的话,生命的一半25岁,回老家补办一个简单的婚礼,办完坐火车要回北京。等火车即将要开的时候,我妈赶到了。我看着她急匆匆地过来,突然第一次明白,这一次我是真的要离开家了。因为你回到北京,就会有自己的一个小家,那一瞬间感觉是原来风筝一直有根线在母亲的摇把这儿,那一天剪断了。然后火车刚一开动,我就开始号啕痛哭。我估计,我夫人都蒙了。

董　卿:跟故乡的告别里边会有一部分记忆是你跟母亲的告别。

白岩松：当然，我妈一个人把我们哥儿俩带大，那天中午，我路过厨房的时候看了一眼，我发现其实我妈在做菜的时候，自己在那儿掉眼泪，但是她一见我也假装没事儿人一样，我也假装没看见。很多年后我读到了一句话，它说，每一次离别都是一次小型的死亡，我觉得写得太好了……

原本以为，离别之后，自己与故乡的关系就像风筝断了线一样，只能是越来越远。回头的地方越清晰，向前走得恐怕就越坚定，这可能就是故乡的意义。

最后，白岩松说了一段发自肺腑的感言：

长大回家，又有几天可以不用说普通话，老友相聚，合影像一张泛黄的油画。我们认真地排着谁小谁大，如果童年游戏再玩一下，还是想和你对家，谁都不怕。女生们很快就叽叽喳喳，孩子老公，还有全世界的八卦。其实长大后我们都离开家乡四散天涯，你我的生活一言难尽，先不提也罢，还是小时候的那些悄悄话让美女们忘了平日的挣扎而笑脸如花。你还记得不？那谁谁谁还爱上过他。

长大回家，不用早起上班去刷考勤卡，草原像妈，看着我们把头发变花。老师出过的题目已没谁能答，生活的考场上摸爬滚打，都有各自的办法，满分才傻。男人们啤酒白酒一口一下，郎平姚明还有足球马拉多纳，曾经拿着理想和世界平等对话，结果是一团乱麻，问谁都嘻嘻哈哈。而对回忆，成功又算个啥，听帅哥多说了几句，也是指鹿为马，看我这伤疤，可不仅是因为打过的架。

长大回家，让我们唱往日时光吧，歌声中我回到桌边把剩酒喝下，突然眼中全是泪花，别怕，这正是最好的年华。

长大回家，往日时光的我们，就在最好的年华。

(2) 充满关爱

孔子说："仁者，爱人也。"平等相处，相互关心，就是爱的开始。所谓关心，就是推己及人，将心比心。《实话实说·学会关心》中崔永元的几段话，也许能说明这个问题：

我们做了一个小小的测试，让一个班上的50位同学用"关心"造句。这个测试结果大家恐怕都想不到：在50位学生当中，有30位写的是爸爸、妈妈或者是老师非常关心我们。有关心身体的，有关心学业的。只有一个孩子写着："我非常关心我亲爱的妈妈。"剩下的学生写的是"我要"关心谁谁谁。也就是说，他们已经有这种意识了，应该关心别人。但付诸实践的只有一位孩子。闵先生，我们的调查，是不是为您的研究提供了一点依据？

……

胡教授深入浅出地谈了自私的危害,而且谈了孩子要学会关心,要由小处做起。好像闵先生也是这个观点,但是这么小的孩子要怎么样从小处做起呢?

教孩子从小处做起,从关心自己最亲近的人开始,学会关心。

要想让孩子关心自己,自己就得关心自己的上一代。有没有简便易行的方式,让孩子很快就学会关心?

如果我们的孩子不会关心,没有同情心,也没有爱心,我想那个世界简直难以想象。我们在这个问题上统一认识后,我想,在孩子学会关心、表现爱心方面,学校、社会、家长都应该尽一份努力。

崔永元的这些话虽然是劝导别人培养爱心的,但是言语中也充满了关爱之情。

(3) 善解人意

在《实话实说·共同面对艾滋病》中,面对两位感染艾滋病的青年,崔永元充满了同情与理解。

崔永元:各位好。三年前我们在这个现场谈过艾滋病,现在三年已经过去了,大家对艾滋病有什么更深的了解?这就是我们今天《实话实说》要谈的话题。……我要特别介绍我们请到的两位客人,小李和小张,因为他们是感染了艾滋病的朋友。今天他们鼓足勇气到现场和大家一起交流,我们鼓励他们一下。谢谢小李和小张。小李你是什么时候知道自己感染了艾滋病病毒的?

小 李:在上高中的时候,因为意外在医院接受输血治疗,然后在大学义务献血检查的时候查到了。

崔永元:你当时是什么心情呢?

小 李:当时的心情一句话概括就是,无缘无故就给判了一个死刑。

崔永元:那到现在有多长时间了呢?

小 李:六七年了吧。

崔永元:这六七年你是怎么生活的?

小 李:刚上大学的时候,当时知道了(自己患病)就有一种自己对自己的期望值的破灭。因为这种破灭感到很绝望,所以大学就没有念,来到北京。治疗一段时间之后有了改善。当时认识了 UNAIDS(联合国艾滋病规划署)的孙刚,还有其他人,包括协会的一些人,然后我在医生、护士的鼓励下开始学习这方面的防治知识,后来我就开始做一些"防艾"的宣传工作。

崔永元:周围的朋友知道这件事情吗?

小 李:在北京有几个人知道。

崔永元：那些朋友知道了以后他们是什么反应呢？

小　李：他们知道之后没有任何反应，大概有两个月吧，他们还和我一起合住。然后他们说了一句话让我非常感动，他们说如果我们对你有看法的话，我们就不会两个月之后再告诉你，之所以这个时候告诉你，就是想用行动告诉你，我们没有歧视你。

崔永元：小李，我冒昧地问一个问题，你今年多大了？

小　李：我今年25。

崔永元：你有没有想过女朋友，谈女朋友的事。

小　李：不管人在什么样的状态下都会对感情上的生活有渴望的，也会有自己喜欢的人，可是当你知道得这个病，你不可能对她负起一辈子的责任的时候，你就不可能去接近她。换句话说，你每次看见她的时候，或者说每次想接近她的时候，心里总有一种矛盾的力量把你拉开，那种折磨很痛苦。

崔永元：小张，你是不是觉得压力更大一些呢？

小　张：是。社会上的压力、家庭的压力。（我是因为）1995年生孩子输血得的，后来才知道医院刚开始工作做得很不负责任。他们首先通知我单位领导，后来他们医院里的人为了逃避责任到处乱说，说我不知道是怎么得的，后来一传十、十传百地传开了。

崔永元：我听我的朋友说，好像你在生活中有时候能够感到被歧视，是吗？

小　张：是。刚开始爱人还挺理解我的，对我还不错，后来因为其他方面的原因对我就不好了，非要和我分开。

(4) 轻松愉快

主持人的插科打诨往往能增加谈话的乐趣、活跃气氛，使大家感到自然、亲切、轻松。崔永元就很有幽默感，他的诙谐幽默常常会引起大家的共鸣。在《实话实说·这就是米卢》中，他与米卢有如下对话：

崔永元：米卢先生下过中国象棋吗？

米　卢：还没有机会下过，我想学学应该是很有趣的。但由于我总想赢，所以只下国际象棋。

崔永元：不会下就好办了。现在我给你讲讲中国象棋的乐趣。中国象棋有两大乐趣：第一个乐趣是两个人下的时候，可以有很多人在旁边支着；第二个乐趣，您看好，这是一个马，在国际象棋里它可以出去，但是在中国象棋里它现在出不去了，因为它被别住了腿。

米　卢：什么意思呢？

崔永元：就是说，你是一匹马，但是你不一定能走得很远，因为有人在别你的腿。

米　卢：是这样。事实上没有人能绊我的腿，大家都应该清楚，足球是一种很简单的运动。

崔永元：咱们国家队有没有姓马的队员？哦，马明宇。他们说他回来以后踢得不太好，就是因为在意大利的时候，有人别了他的腿。但是您觉得没有，一直在用他。

米　卢：说起马明宇，他有勇气去意大利踢球，因为很多球员不敢去别的国家踢球。

崔永元：米卢先生，我说的意思是因为中国的球迷都喜欢下中国象棋，所以他们有支着的乐趣。我希望您不必太当真，因为我经常在报纸上看到，因为他们支着您不高兴。

米　卢：非常感谢你的建议。一般我在读报纸的时候，我自己也做分析。如果有我能采纳的建议，我会采纳的；如果没有的话，我就不会改变我的思维方式，因为我应该按我想的去做。

(三) 侃谈

这是一种指向明确的谈话方式，有时还具有讨论性质。广电新媒体节目中经常会出现这种情况：持有不同观点的两方或三方，在节目中就某一事件或话题各抒己见，从容不迫地侃侃而谈，展开谈话式讨论。这类节目不求认同，只是为了启人心智、开阔思路，可以就大家共同关心的社会问题提出不同的观点，也可以就一些抽象的话题谈出不同的认识。这种节目形式类似于辩论，分为正方和反方，但是谈话的方式要温和得多。凤凰卫视的《时事辩论会》《一虎一席谈》、中央电视台的《十二演播室》等，都尝试过这种节目形式。谈话节目在德国电视节目中占有重要地位。资料显示，德国的谈话节目所占的收视份额仅次于新闻类、体育类和娱乐类节目。德国人擅长思辨，展示不同观点的节目受到欢迎是理所当然的。SABINE CHRESTLANSEN 是德国一档以主持人名字命名的谈话节目，在德国家喻户晓。该节目紧紧抓住政治经济中的热点问题，邀请德国乃至欧洲的权威人士和专家学者作为嘉宾。整个节目紧张激烈，主持人调度自如。节目中，嘉宾的各种观点激烈交锋，以至于在节目结束的时候，观众仍有意犹未尽的感觉。[1]

侃谈节目具有以下特点：

1. 揭示真理

这类节目是一种对真理的探讨活动。它以特定的方式从多角度来揭示真理的内

---

[1] 汪文斌,胡正荣.世界电视前沿 2[M].北京:华艺出版社,2001:196.

涵,帮助人们对现实问题进行多方位的理性思考,以提高人们的理论修养。特别是话题中涉及的时代热点、社会热点、学术热点乃至人生热点,通过论辩谈话,促使人们对这些问题进行更加成熟的思考。在中央电视台《十二演播室》讨论"公务员热"的一期节目中,一位学者阐述的观点就颇有见地:

> 最近,有些个别的省市,提出当县委书记要有博士学位,这个我感觉是违背行政管理规律的。有博士学位并不意味着能当县委书记,博士只是意味着有学问,当县委书记还需要有具体的行政管理能力、沟通能力、领导能力以及其他一些方面的能力。所以我想,学历高可以当公务员,但是并不意味着当公务员必须是学历最高的。

论辩双方各持己见,使节目不断闪现着真理的火花。

2. 开启心智

不同见解的讨论,往往能启发人们的思路。可以说,一档好的谈话节目能给人们带来智慧的激荡、思想的冲击、情感的体验、价值的重构。

凤凰卫视的《时事辩论会》广邀各界有识之士,鼓励他们在辩论中提出切中时弊的观点,其宗旨是通过正反双方的观点和论据,摆事实、讲道理、集思广益、广开言路,从而在观点的交锋中展开辩论。《时事辩论会》不求终极真理和权威结论,但求畅所欲言和脑力激荡的风格,引发了广泛的反响。它以辩论的形式评论时事,创新之处在于主持人和嘉宾的"火花四溅"的讨论。节目每次设定一个时事热点话题,并特意邀请"名嘴"参与,由多位背景各异的"名嘴"进行辩论,形成了热烈的争辩气氛。

3. 拓宽思路

讨论谈话的内容一般是两难的选题。这就对破题立论、研究分析、归纳总结、阐发新意等提出了较高的立论要求。参与者不仅要缜密地分析对方的论题,还要组织好自己的论点、收集必要的论据等。逻辑的思辨和科学的分析都要建立在理性概括的基础上。只有具备深厚的自然科学和人文科学知识,才能够思路开阔,从而迅速揭示事物的本质,抓住问题的要害。"这里不是一言堂,所有的意见都备受尊重"是凤凰卫视《一虎一席谈》的宣传语,它颠覆了以往电视节目"传—受"的传播模式,不仅让当事人有话说,让多元思想的代表现场针锋相对,更赋予现场观众随时插话、发表个人意见的权利,真正构建了媒体的公共话语空间。而作为一档大型抗辩式思想性谈话节目,《一虎一席谈》始终以关系国计民生的大话题开启广阔的言论空间,以内外兼修、上下观照的选题设计,形成包罗万象的话语结构。胡一虎认为这样的节目贯穿了五个方面的要求:"第一个是要'说',我们要让每个人说出他心中的真话;第二个是要'听',在你讲真话的同时听听跟你不同意见的人,他在说什么;第三个是要'想',我们不仅要说、要听,更重要的是要'想',我们要想彼此之间的分歧在哪里,是定义没弄清楚还是太意气用事,这个部分要靠你的脑筋想;第四个是要'换',只有在转换的过程当中,我们才能学会站在彼此的角度去思考问题;不仅要说、不仅要听、不仅要想、不仅要换,第五个也是最重要的是,我们要'做',在中国的转型社会冒出多元化价值的同时,我们怎样用包容的心情看待彼此的对立,我们怎样用宽容的心情允许对方意见的存在,这点不仅仅是要说,而是要做出来的。"

4. 倡导民主

尽管节目中存在不同的观点,但谈话是民主的,大家的地位是平等的。任何强加于人的做法都是不允许的。这类节目的宗旨并不是为了取得一致的意见,而是引而不发,推动大家展开积极的思考。在独立思考中匡正谬误、明辨是非,同时也倡导大家学会尊重他人的意见,培养民主意识,开展积极、健康的思想交流。中华民族是一个追求真理、从谏如流的民族。春秋战国就是一个思想多元、观念冲突的时代,也是一个论争发达的时代。庄子与惠施于濠上优雅的辩论、孟子以一介书生面对王侯正气凛然的雄辩,其风渺矣,不可追寻。现代社会更加需要培养人们一种见贤思齐的健康心态和广谋从众的民主意识。如同主持人在《十二演播室·质疑招聘会》中所说的:"我觉得今天这个讨论其实很有意思,确实没有必要再做最后的表态了。因为二位没有根本上的矛盾,只不过汤先生是操作者,提了很多很好的建议……招聘会不仅是给学生和用人单位牵线搭桥的这么一个平台,它可能需要更科学的态度、更谨慎的工作方法。如果这次的讨论能给任先生一些启示,能够让他在今后的工作当中,有更多创造性的做法,对我们大学生是受益的,那么节目的目的就达到了。"也正如一位业内资深人士评价《一虎一席谈》的创作特点时所说的:"《一虎一席谈》提供的话语空间是我们现代社会的普罗大众和媒体话语空间的高度拓宽,这种形式的突破是一个时代开放、开明的重要标志。"

下编

主持中的传播艺术

第五章 传播学原理与主持人节目

传播学是 20 世纪中叶出现的一门新兴学科,它与新闻学、社会学、心理学、文化人类学、信息论、系统论、控制论等许多学科都有着千丝万缕的联系,彼此渗透、相互影响。它研究人类社会的一切传播现象,特别是现代电子媒介——广播电视新媒体更是它重点研究的对象。主持人节目的形成与发展受到传播学的深刻影响。目前人们对主持人及节目的认识,大多还是从传统学科——语言学或应用语言学的角度出发的。诚然,主持人的主持行为也是一种传播行为,但是仅仅研究传播者的语言,而忽视传受双方的互动交流,会使这种研究受到很大的局限。例如,电视主持人不仅通过语言传播信息,还通过非语言行为传播信息,并追求"传通""共享"的目的;不仅传播信息,还要接受反馈,建立双向交流关系;不仅善于言说,还要用心倾听,调控节目流程、"设置议程"等,这些都和传播学规律密切相关。

第一节 传播学意义上的媒介人物——Anchorman

英文中"Anchorman"的原意为"接力赛中的最后一棒",如今已经成为"新闻节目主持人"的同义语。被公认为世界上第一位电视新闻节目主持人的美国哥伦比亚广播公司(CBS)的沃尔特·克朗凯特在回忆最早使用这个词语的情况时说:"我选择的这项事业是从 1952 年召开政党集会时开始对我产生影响的——一直到最后两个重大会议结束的那天晚上,才算全面彻底地影响了我。那是在黎明前的几个小时,湖面上清凉的微风还没有飘送到密歇根大道上,芝加哥 7 月的闷热就开始了。西格·麦克尔森和我走在空荡荡的大街上。西格是哥伦比亚广播公司电视新闻的第一任总裁,这一媒介的发展和今天我们所看到的电视新闻都是他一手栽培的结果。实际上,他还可能是第一个使用'新闻节目主持人'(Anchorman)这个词的人。不是他,就是我们的会议节目制作人保罗·列维坦。两人各有一群支持者。我记得第一次听保罗解释这个词时,他说这是指在接力赛中跑关键的最后一棒的那个人,后来西格说这是指泊船时固定位置用的稳定的锚。不管怎么讲,这个词的意思从此改变了,而我是它的第一个载体。瑞典在采纳这个词时动作慢了一点。那儿的新闻节目主持人许多年来一直叫'克朗凯特斯'(Cronkiters)。"[1]从使用这个词语的最初动机上分析,在当时美国三大广播公司激烈的新闻竞争中,CBS 急需一位"在复杂的新闻节目中处于中心位置的权威人物"。或者用当时制片人的话说,就是:"要想更有力地报道这次大会(美国 34 届总统大选),应该让最有力的记者在最后把所有的报道串联在一起,高度概括起来。"[2]从这样的意义上来理解,这位媒介人物的作用恰似"接力赛跑"中的"第四棒选手"。

大家知道,接力赛跑是田径运动的集体项目,它的战术主要体现在四位选手的位置分配上,以取得竞赛的最佳配合和最好成绩。一般说来,速度快、意志顽强、冲刺好的队员跑最后一棒。最后一棒可以说是最关键的一棒。在这里,"第四棒"体现了一个竞赛群体的战术配合。在竞争激烈的西方新闻界,把记者抢发新闻的报道方式比喻成一场比赛是十分贴切的,而把节目主持人的作用看作"接力赛中的最后一棒"则是意味深长的。这种说法生动地描述了信息传播的"接力性质"和信息传播在"最后一棒"的决定性效果,符合美国传播学家保罗·拉扎斯菲尔德在这个时期提出的"两级传播理论"的基本观点。

在此基础上,后来的学者又发现信息的传播不一定是"两级"的,而是"N 级"的,即"多级"的。信息的传播要经过几个层次,才能到达那个受影响的人。也正是在这个时期,传播学者证实,在大众传播的发达时代,人际传播仍起着重要作用。在现实社会生活中,在每一个领域、每一个社会群体内都会有一些被人信赖、受人尊崇的"表率人物"。传播学中把这些人称为"意见领袖"(Opinion Leader)。大到政治、经济、新闻、法律、军事,小到购物、时尚、娱乐、烹调、家政、美容,每个领域都有"意见领袖"。他们与大众传播媒介的联系比较密切,从中获得的信息最多、最全面。经过他们的分析、梳理和筛选,这些信息成为一种谈话资料。而人们对这种从人际交流渠道得来的信息一般都十分重视,较为信服。传播学者认为,如果把这种人际传播与大众传播相结合,可以极大地提高传播效果,因此提出了"多级传播"的学说。也就是说,在大家接触大众传播信息的同时,"意见领袖"也在诠释这些信息,诠释的方式是"一对一、面对面"的人际交流方式。

当然,在现实社会生活中,个人传播过程更加复杂,包含着更多的阶段。传播学者认为,要提高传播效果,必须遵循一个重要的传播学原则,那就是要充分发挥大众传播与人际传播的各自优势,利用大众传播达到普遍渗透、广泛知晓的目的,利用人际传播实现循循善诱、深入人心的效果。不难看出,但凡成功的广播电视新媒体主持人所表现出的种种特征都符合传播学的这项基本原则。

---

[1] 克朗凯特.记者生涯——目击世界 60 年[M].胡凝,刘昕,译.南京:江苏人民出版社,1999:198.
[2] 赵淑萍.新闻权威与个人魅力——美国电视新闻节目主持人成功之路[M].北京:华文出版社,1999:182.

通过分析主持人节目的传播过程,我们可以看到,节目主持人发挥的作用就是现代传播者。他不仅需要搜集大量的相关信息来维持自己的"领袖形象",而且需要创造人际交流的情境,以取得深入人心的效果。他需要从更加广阔的视角来搜集多方面的信息,以便随时补充、说明大众传播的信息,并成为某一领域中的"权威人士"。克朗凯特说:"我被授予了执行编辑的头衔,这在全国的新闻办公室引起反响……我们接受的基本概念就是我可以全权选择我在镜头前讲的话,执行制片和我共同选择应该播哪些新闻,以及它们各自在节目中的地位。"①

CBS 原总裁西格·麦克尔森说:"克朗凯特几乎可以在任何情况下工作。因为他对工作有着极大的热情。他热情、认真地准备工作,好像学生认真做作业那样。当他报道一件事时,没有任何人可以与他相比。他就变成了这方面的行家。"克朗凯特报道了美国历次宇航事件的新闻,没有人否认他是报道这方面新闻的权威。

克朗凯特能够发挥"意见领袖"作用的另一个原因是,他具有令人敬佩的个人魅力。人们评价说:"这位满头白发、下颌丰满,说话略带密苏里州乡音的克朗凯特,给电视观众留下了和蔼可亲、稳重可靠的'沃尔特大叔'的形象。他那平凡朴实的言谈举止自有一番风度,无数观众倾倒在他的魅力之下。"②大家知道,人际交流实际上是一种"双向传播"模式,"这种交流是一种关系,在这种关系中,符号是共享的,尽管对于任何两位参加者来说,这些符号不可能刚好意味着同一件事情。但这种关系的结果是,随着交流的进行,理解很可能变得越来越近"③。由于电子媒介的局限,人们只能尽力模拟人际传播的情境,事实上的"双向交流"并没有产生。也就是说,直接促进传播的反馈条件并没有形成,人们只能借助那些间接的、迟到的反馈(留言、电话等)去维系传受双方的关系。因此,节目主持人必须设法促使受者作出更多的反馈,并关注这些反馈的信息。只有这样,才能使这种模拟的传播情境更加接近真实,并处于积极的状态。而促使受者作出反馈的一个重要因素,是增加节目主持人的个人色彩。传播学认为:缺乏个人色彩不利于反馈,因而节目主持人的个性魅力是获取大量反馈的必要条件。反馈的信息越多,传播效果就越好。"当传播者正确解释反馈示意并调整信息内容,使阻抗尽可能减少时,他就发挥了作用。发挥作用就是传播者运用反馈来判断哪些符号最能在受者身上引发预期的含义。"④根据上面的分析,我们可以认为,"Anchorman"就是现代传播所需要的媒介人物。他不仅要擅长语言艺术,还应该熟谙传播艺术,在人际交流过程中发挥"意见领袖"的亲和力与影响力。传播学认为,"活跃在人际传播网络中,经常为他人提供信息、观点或建议并对他人施加个人影响的人物,称为'意见领袖'。意见领袖作为媒介信息和影响的中继和过滤环节,对大众传播

---

① 克朗凯特.记者生涯——目击世界 60 年[M].胡凝,刘昕,译.南京:江苏人民出版社,1999:403.
② 王银桩,赵淑萍.美国广播电视简史[M].北京:北京广播学院出版社,1985:160.
③ 施拉姆,波特.传播学概论[M].陈亮,周立方,李启,译.北京:新华出版社,1984:223.
④ 德弗勒,丹尼斯.大众传播通论[M].颜建军,王怡红,张跃宏,等译.北京:华夏出版社,1989:7.

效果产生重要的影响"①。

根据卡兹、拉扎斯菲尔德在《个人影响》和罗杰斯在《创新与普及》中的概括,意见领袖具有以下几个方面的基本特征。

一、与受众建立相互信任、平等交流的关系

意见领袖与受者是一种平等的关系,或者说,意见领袖并非一定是地位显赫的大人物,而更多的是与我们共同生活的、受大家信赖和推崇的"自己人"。

主持人节目往往要求主持人和嘉宾、受众建立一种相互信任、平等交流的关系,这是增加节目吸引力的一个重要因素。美国耶鲁大学的学者卡尔·霍夫兰在回答谁能成为最好的传播者这个问题时,认为"最可能改变传播效果的方法之一,是改变传播对象对传播者的印象。传播者有威望吗?可爱吗?是同我一样的人吗?"②在英文中对主持人的另一种称谓就是"Host",它与"主人"同义,要求主持人像家里的主人一样,给人宾至如归的感觉。主持人要与嘉宾、受众建立平等的关系,就要具有真实的个性特色和高尚的人格魅力。人们对美国著名的新闻节目主持人丹·拉瑟评价颇高,这是因为拉瑟十分注意自己的屏幕形象。有评论员认为他的形象是一个潇洒的城市公子与乡村淳朴孩子的奇妙结合体。"他十分懂得应处处使观众在心理上产生'自家人'的效应。他懂得受者感到传者同他们之间的共同点越多,便越有助于提升传播效果。CBS的同行常常惊奇地发现拉瑟不想摆脱他的得克萨斯的低微出身。他常常提醒观众,他出身贫苦,并且时时流露出对自己家庭背景和所受教育的某种不安。"③

人与人的个性各不相同,个性反映差异,存在差异才是客观的、真实的。所以,个性化是建立相互信任的基础。《日本广播电视手册》认为:广播节目个性的好坏取决于个性化主持人、信息、音乐这三方面因素。书中用"Personality"(英文原意为"个性""人格")来标示广播节目主持人,"这是因为其作用不单纯是进行节目的播出,正确地传达信息,而且还要以自身的人格和个性与听众进行面对面的交流"④。当然,追求个性化,也可能会产生另一种结果。《论语·阳货》中说"性相近,习相远",即性情相同,而习惯(主要是指价值观、志趣等)不同。人们之间存在这种情况,就会导致"话不投机"的尴尬局面,自然也就无法建立交流关系。所以意见领袖和他所处的群体,还要有比较相似的价值观,才能产生频繁的意见交流,并在交流中得到对方的赞许和认同。

作为一个节目主持人,他的平等意识和真诚态度,往往是他取得成功不可忽视的因素。一个总是把自己凌驾于他人之上,以名人自诩、好为人师的人,是不可能给人以信赖感和亲近感的。

---

① 郭庆光.传播学教程[M].北京:中国人民大学出版社,1999:209.
② 施拉姆,波特.传播学概论[M].陈亮,周立方,李启,译.北京:新华出版社,1984:225.
③ 任远."舆论领袖"丹·拉瑟[M]//任远.名主持人成功之路.北京:中国广播电视出版社,1999:65.
④ 日本民间放送联盟.日本广播电视手册[M].秦建,李俊,译.北京:中国广播电视出版社,2002:485.

二、具有一定的社会威望

意见领袖是人们心目中公认的、富有社会经验的、可以提供有价值意见的人物。由于生活阅历、社交范围和社会地位的差异，一些人在某些社会阶层和领域中可以发挥意见领袖的作用，而在另一些领域，他们可能会失去这种作用，处在非领袖地位。拉扎斯菲尔德所做的一项调查表明："生活阅历、社交经验和社会地位，与意见领袖之间存在着有意义的相关性。"

表 5-1 生活阅历、社会地位和社交经验对各领域中的意见领袖的重要性指数[①]

意见领域 相关因素	购物意见领袖	时尚意见领袖	公共事务意见领袖	电影观赏意见领袖
生活阅历	·203	·267	·089	·326
社交经验	·176	·126	·184	·080
社会地位	·055	·113	·161	·040

从表 5-1 可以看出：对四个领域中的三个领域而言，生活阅历都是成为意见领袖的关键因素，只有在公共事务领域，生活阅历的重要性最低，但也并非没有相关性。而社交经验是公共事务领域中成为意见领袖最重要的因素。

生活阅历主要是指一个人的亲身经历，与年龄不是同位概念，所以生活阅历并不取决于年龄的大小。譬如时尚领域意见领袖与生活阅历的相关度很高，但主要分布在35 岁以下的未婚女性中。公共事务领域意见领袖与生活阅历相关度较低，因为该领域需要做宏观分析和理性思考，而不可能事事亲历。反之，电影观赏领域意见领袖与生活阅历相关度最高，因为没有看过大量的电影，就无法发表自己的意见。

社交经验是指意见领袖与社会各阶层、各团体、各领域联系的频密度和广泛度，或者说从社会汲取相关信息的来源多少。其中，电影观赏领域意见领袖与社交经验的相关度最低，因为他只需要就事论事，较少涉及其他方面。公共事务领域意见领袖与社交经验的相关度较高，因为没有一定的社会交往和深入调查，无法对社会事件作出准确的判断，或者说，没有调查就没有发言权。

不同类型的主持人节目涉及的领域和内容不同，主持人需要具备的社会背景也不完全一样。生活阅历、社交经验、社会地位对他们施加的影响会有所不同。但是，受众需要主持人在所涉及的领域具有一定的社会威望，这些威望都是以各自的经验、知识的积累、人格魅力为基础的。

---

① 拉扎斯菲尔德. 人际影响[M]//张国良. 20 世纪传播学经典文本. 上海：复旦大学出版社，2003：225.

三、具有一定的专业知识

根据意见领袖的影响力,可以分为单领域和多领域两类。在高文化群体中,一般出现的是单领域的意见领袖,他是某一个领域的专家或权威人士,在该领域拥有广博的知识和深刻的见解。在低文化群体中,一般出现的是多领域的意见领袖,他可以全面满足人们在现实生活中对多个领域的信息的需求。

主持人节目的对象性很强,面对不同的受众群体和专业领域,节目对主持人知识结构的要求也不一样。譬如,新闻节目主持人一般是多领域意见领袖,除了具备一定的新闻素质之外,必须涉猎多方面的知识,为最广泛的社会群体服务;专题节目主持人则大多只涉及某一个领域,最好是这方面的专家。事实上,主持人在英文中有多种称呼,其含义也说明他们在某一领域中的专长。例如,"Commentator"一般是指主持重大现场报道并进行评论的主持人,"Talk-master"是指谈话节目主持人,"Sportscaster"是体育节目主持人,"Disc jokey"是指流行音乐主持人,"Weather girl"或"Weather man"则是指气象节目主持人等。他们涉及的领域不同,应具备相关领域的知识。在西方广播电视界,知名度较高、较有成就的节目主持人,首推新闻节目主持人。其中一个很重要的原因,就是大众媒介传播以新闻为主,使得主持人在这方面有较大的选择余地。CBS 资深新闻人比尔·伦纳德列举了物色新闻节目主持人的三个条件。他说:"第一个条件是你必须能在电视上交流,你必须能广播,能撰稿,并且,看上去顺眼。第二个条件是你在屏幕后面作为新闻记者的能力。你对新闻的判断力如何?你是一位好到什么程度的记者?假若交给你一个工作班子,你'玩儿得转'吗?你对新闻敏感吗?你能嗅出即将成为新闻的东西吗?第三个条件是涉及危急时刻的,比如,当你正在现场广播时,当你面临真刀真枪——比如选举、年会、太空发射以及像总统遇刺之类不知从什么地方冒出来的情况,你根本无从准备时,你能机智地即兴解说得头头是道吗?"[①]这些媒体中的新闻节目主持人大都出身于知名记者,有着丰富的新闻工作经验和强烈的新闻敏感,在突发重大事件面前,能够迅速地选择角度、准确地把握分寸、从容地侃侃而谈。冯·卡尔登邦有着敏锐的洞察力,他的分析和报道大部分都是无讲稿的。爱德华·默罗被美国新闻史学家称为"20 世纪 40 年代解释性广播的最优秀的代表"。而丹·拉瑟在新闻报道方面的出众之处是现场报道、即兴发挥。不论新闻事件多么复杂,他都能抓起话筒做现场报道。他回忆"里根遇刺"的报道时说:"我走进大楼几秒钟后,就直接口播了这条新闻,当时根本就没有时间写文字稿。"可见,这些著名的新闻节目主持人都是具有较高专业素质的新闻工作者。法国有一个电视专题节目叫《书林漫步》,有着很高的收视率,这与主持人贝尔纳学识渊博、才思敏捷、谈吐幽默有很大关系。在某些知识领域,有时很难从职业传播者中找到合适的人选,节目便

---

① 马图索.美国电视明星[M].杨照明,叶莲,倪垚,译.北京:中国广播电视出版社,1987:220.

会邀请专家学者以体现信息来源的权威性。由此可见,作为意见领袖的节目主持人,他的专业知识是至关重要的。那种"南郭先生"式的主持人,不但会削弱传播效果,也会直接损害媒体的长远利益。

四、拥有较多的信息来源

意见领袖具有较为广泛的社会关系,他们对大众媒介的接触率要比一般人高,拥有充足的信息来源。作为意见领袖的主持人只有比一般人拥有更多的信息来源,才能为受众提供新鲜、实用的各类信息。拉扎斯菲尔德的一项调查显示:"任何领域的意见领袖都比非意见领袖倾向于更多地接触大众媒介。但是,在不同的行为领域和不同的媒介类型中,各种意见领袖的媒介接触习惯是有差异的。"

表5-2 意见领袖比非意见领袖阅读更多的杂志

	每月杂志阅读数	购物意见领袖	时尚意见领袖	公共事务意见领袖	电影意见领袖	非意见领袖
低学历层	5种以上	41%	58%	60%	58%	30%
	少于5种	59%	42%	40%	42%	70%
	100% =(人数)	(91)	(79)	(30)	(64)	(270)
高学历层	5种以上	65%	69%	63%	71%	53%
	少于5种	35%	31%	37%	29%	47%
	100% =(人数)	(75)	(80)	(50)	(58)	(146)

表5-3 意见领袖比非意见领袖阅读更多的图书

	每月图书阅读数	购物意见领袖	时尚意见领袖	公共事务意见领袖	电影意见领袖	非意见领袖
低学历层	1本以上	25%	47%	38%	38%	20%
	少于1本	75%	53%	62%	62%	80%
	100% =(人数)	(81)	(76)	(29)	(61)	(270)
高学历层	1本以上	39%	42%	57%	51%	34%
	少于1本	61%	58%	43%	49%	66%
	100% =(人数)	(74)	(79)	(49)	(56)	(146)

这项调查表明:"意见领袖不仅在总体上倾向于更多地接触大众媒介,在具体内容上也倾向于更多地接触那些与他们的领袖素质密切相关的媒介内容。无论有意无意,这种较大的媒介接触量,很可能是形成他们的影响力的因素之一。"[①]

广播电视主持人应该在充分了解各类信息的基础上,形成自己独特的视角和见解。迈克·华莱士是CBS名牌节目《60分钟》的创始人和主持人。自1968年出任

---

① 马图索.美国电视明星[M].杨照明,叶莲,倪垚,译.北京:中国广播电视出版社,1987:219.

《60分钟》主持人以来,他成功地采访了数届美国总统和众多外国首脑。1986年9月,他在北京中南海独家采访了邓小平,成为第一个采访邓小平的西方电视记者。据说在这项采访之前,他"带着一口袋问题出发",那是采访取得成功的可靠保障。"华莱士在电视采访上究竟下了多大功夫,很少有人知道。他的人物采访看重深度,注重采访前的调查研究。采访重要人士,他事先准备100个问题,再从中反复筛选,确定20—30个问题。但在正式采访开始后,他又不被事先准备好的问题所限制,有时进一步浓缩问题或展开问题——完全视现场情况而定。"①

由此可见,主持人取得意见领袖地位,需要付出艰苦努力。综上所述,要求广播电视主持人做"意见领袖",符合现代传播学的理念,在实践中也受到群众的广泛欢迎。

第二节 传播学意义上的节目形态——双向交流

"传播"的本义来源于英文"Communication",作为传播学意义上的"Communication",应该译作"交流"。因为"交流"是对传播学的研究对象——各种各样的人类交流现象——最本质的概括。主持人节目追求的就是双向交流的传播效果,这是它与传统节目"单向广播"模式的本质区别。传播学的一个重要原则就是:"信息是共享的。"有效的传播是一个双向的过程,只有不断地修正"传"与"受"之间的关系,才有可能达到共享的目的。如何在大众传播的过程中创造"交流情境",几乎是所有主持人节目的努力方向。从这样的认识角度出发,我们就得到了许多合理的解释。主持人的个性化是交流的需要,因为人格就是魅力,个性意味着真实;交流是双向的,交流是在平等的"主客关系"中进行的。

从传播学的角度来看,人处在传播网络中,既是受者,又是传者。传播学把社会传播活动分成三种基本类型,即大众传播、群体传播(团体传播或组织传播)和人际传播。广播电视作为大众传播媒介,能发挥广布天下的社会功能,属于大众传播。现代广播电视发展的实践表明,它在传播的过程中已经融入了多种传播形态。

一、大众传播与人际交流相融合的节目形态

人际传播是个人之间的交流活动,它是社会生活中最直观、最常见、最丰富的传播现象。彼此交谈、书信往来、电话联系、电子邮件往来等,都属于人际传播的范畴。人际传播大致可以分为两种,一种是借助物质媒介(如信件、电话等)的传播,另一种是面对面的传播。可以说,这两种形式在广播电视主持人节目中都得到了广泛的运用。如20世纪80年代出现较多的信箱节目、热线电话节目等,下面着重介绍90年代开始

---

① 赵淑萍.硬性采访专家:华莱士[M]//任远.名主持人成功之路.北京:中国广播电视出版社,1999:74.

出现的多视窗连线节目。

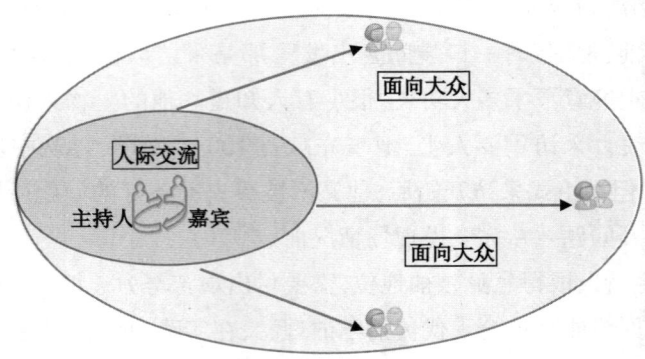

图 5-1　面向大众的人际传播交流

(一) 借助物质媒介的人际交流

中央电视台《东方时空》开设的《时空连线》节目采用网络、卫星互联的方式，使得谈话能够跨越时间和空间，实现远地人物之间的交流。这样，节目在保证时效性的同时，也具备了"面对面"谈话的特点。比如，以人际传播的方式相互交流、传播信息；利用网络连线、卫星传输，建立多视窗，形成面对面的效果；采用准直播的方式，尽量减少事后编辑的干预，较大程度地保持了谈话的自然状态等。

《时空连线》借鉴了美国名牌节目《夜线》的创作形式。这种节目形式以演播室主持人的调度为轴心，多种节目要素灵活组合，主持人对事件当事人进行访谈，采访对象在同一时间、不同地点，就同一话题进行半透明式的交流与沟通。被访者虽然不在同一城市甚至不在同一国家，但通过这种节目形式，他们互闻其声又见其面，可以直接发表各自不同的观点。从形式上说，这种节目需要高投入，利用网络技术，通过前方记者的采访和拍摄与演播室进行对话，这也是电视的魅力所在。

美国电视谈话节目《拉里·金直播》就频繁使用"双视窗"，不断向观众展示正在对话的双方，从而丰富了画面的信息量。有时，拉里·金那种疑惑不解的神情也在双视窗中清晰地表现出来。从主演播室到双视窗再到嘉宾所在的直播室，又回到主演播室，谈话的空间从洛杉矶拓展到美国的东南西北，节目具有很强的空间感。

这种"主演播室 + 双视窗 + 各地直播室"的表现形式，已经成为《拉里·金直播》的风格。节目中，既有庞大的嘉宾阵营，又有大幅的空间跨度，而且每个采访段落的嘉宾一般都在两个以上，嘉宾之间通过各人所在直播室内的电视屏幕相互对话，突破了空间的局限，并保证了时间的同一性。这种异地分设、多点对答的直播方式，令无数受众为之着迷。不仅是热点话题吸引人、庞大的嘉宾阵营吸引人，也不仅是代表不同阶层利益、持不同观点和立场的嘉宾谈话的内容吸引人，这种对话方式本身就极大地吸引着受众，使受众边收看节目边思考。

(二)面对面的人际传播

1. 嘉宾主持

把知名人士、专家学者请进直播室,主持人与其开诚相见、恳切交谈,从而使节目更具权威性和可听(可视)性。譬如,在中央电视台经常出现的嘉宾主持人有军事专家张召忠、足球专家张路、文化名人余秋雨、篮球评论员徐济成等。在掌握节目进程方面,主持人是主要人物;在实现节目意图方面,主持人需要为嘉宾提供服务,因而又是次要人物。

2. 人物访谈

通过人物访谈,可以反映出被采访对象的思想修养、人格魅力、生活经验等。由于访谈节目是由主持人与访谈对象共同完成的,所以访谈对象的表现十分重要。但是因为在节目中,访谈对象是客体,是被动者,其表现水平在很大程度上取决于主持人,所以从某种意义上说,在访谈节目中,没有不好的嘉宾,只有不好的主持人。

《杨澜访谈录》是阳光卫视的名牌访谈节目。节目主持人杨澜就政治、经济、社会、文化等方面的话题,与世界各地的知名人士进行广泛探讨。节目以人的经历、感受为中心,剥丝抽茧地讲述人的故事,以成败得失、人生百味体现人的智慧和感情,让观众通过节目去感受人物,拉近距离,彼此沟通。

广播电视借助人际传播形式,增加了贴近性和可听(可视)性。特别是对话节目,直接涉及社会公众关心的热点、难点和疑点,对加强舆论监督起到了促进作用。拉扎斯菲尔德指出:"当大众传播媒介实际上获得对听众、观众和读者'心理上的垄断'时,当大众传播媒介的目标是引导而不是修正人们的基本态度时,当大众传播媒介与面对面接触共同起作用时,就获得了最佳效果。"[①]因此,大众传播媒介应合理地运用人际交流形式,为传播的目的服务。

二、大众传播与群体互动相融合的节目形态

日本社会学家岩原勉认为,所谓群体,指的是"具有特定的共同目标和共同归属感、存在着互动关系的复数个人的集合体"。在这个定义中,"群体"不仅包括家庭、朋友、街坊邻居、娱乐伙伴等初级群体,也涵盖了具有共同属性的间接社会集合体,如性别、年龄、阶层、界别等。所以群体有两个本质特征:一是目标取向有共同性;二是具有以"我们"意识为代表的主题共同性。这两个特征意味着任何一个群体都具有互动机制和使共同性得到保障的机制。群体与成员、成员与成员间的传播互动机制就叫作

---

① 拉扎斯菲尔德.大众传播的社会作用[M]//中国社会科学院新闻研究所,世界新闻研究室.传播学(简介).北京:人民日报出版社,1983:182.

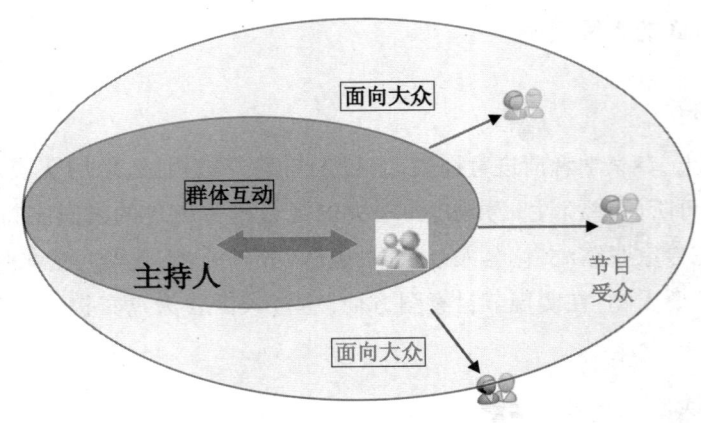

图 5-2　面向大众的群体互动交流

"群体传播"。岩原勉认为："群体传播就是将共同目标和协作意愿加以连接和实现的过程。"群体传播形成群体意识，这种意识一旦形成，会对群体传播产生重要的影响。群体意识的影响主要体现在对成员个人的态度和行为的制约上。任何一个群体都具有自己的传播结构，这个结构主要是由信息的流量与流向两个方面来决定的。信息的流量主要是指共同兴趣的面有多宽。一般来说，信息的流量越大，群体成员间互动和交流频度就越高，群体内易达成共识。另外，信息的流向是单向的还是双向的，传播者是特定的少数人还是一般成员等，对群体意识的形成也是至关重要的。双向性强意味着群体传播中民主讨论成分多、信息共享程度高，在这个基础上更容易形成群体的凝聚力。需要说明的是，这里所说的群体传播不同于组织传播，主要是指非组织性的群体传播活动。

主持人节目中除了有"一对一"的交流情景以外，也有许多"一对群""群对众"的互动场面，例如电视谈话节目、综艺类节目、智力竞赛、专题晚会等。按照群体互动方式的不同，这类传播活动可以分为三类：第一类是话题性群体互动，第二类是专题性群体互动，第三类是娱乐、竞技活动群体互动。

（一）话题性群体互动

话题性群体互动是大家聚在一起，就某个共同感兴趣的话题，进行交谈讨论的节目形式。它一般安排在演播室内进行，除了主持人以外，还有嘉宾，人数为几人或十几人。比较典型的有中央电视台的《实话实说》《对话》《夕阳红》、凤凰卫视的《锵锵三人行》、上海电视台的《有话大家说》等。这些谈话节目的话题一般都是按照节目宗旨，选择大家普遍关心或感兴趣的问题。譬如，《实话实说》讨论社会问题较多，《对话》主要谈经济问题，《夕阳红》多为针对老年人的话题……每一类话题对相关的群体都有吸引力，从而使受众有着较高的参与热情。这种群体互动、平等交流，使参与者得到思想上的启迪、情感上的升华。

(二) 专题性群体互动

专题性群体互动节目除了话语互动以外,增加了许多节目要素,如各类文艺演出、专访、分会场实况等。这类活动既可以在室内的大型演播厅、会场进行,也可以在有特殊意义的纪念地、外景地举办。由于场面一般都比较大,来宾比较多,主持人对节目的时间、空间要素的调控能力要比较强。中央电视台春节联欢晚会成功地创造了多地共传(北京与其他城市)的节目形式。这类传播活动一般是根据特定的主题组织的纪念性、庆典式、节庆式的活动,例如中央台的春节联欢晚会、中秋节晚会等。

(三) 娱乐、竞技活动群体互动

这类节目的互动内容多,具有趣味性、智力性、竞技性等特点。这种群体活动可以不拘场所、不拘形式,以愉悦身心为宗旨。上海电视台著名节目主持人叶惠贤曾成功地主持过各类文艺晚会和竞技类节目。即使是一场紧张、激烈的大奖赛,也由于他的即兴发挥、自然串联和妙语连珠而变得情趣盎然。他认为:"一个称职的娱乐类节目主持人在晚会(节目)中,应该是一个能渲染主题、调节气氛、掌握节奏、代表观众愿望的人,因而应该认真地了解节目的主题、内容、参加演出的人员情况,从而根据不同的对象,运用不同的方式和语言,这样才能使自己的主持形式活泼、语言得体、风趣生动,给人们增添愉悦感。"

主持人应按照节目宗旨,组织协调群体关系,融洽场内气氛,调动场外受众参与。在融洽的氛围中,人们易于获得认同感,形成凝聚力,进而凝聚成一股社会舆论力量。从根本上说,这种群体传播的目标必须与大众传播的目标一致。群体互动得越积极、主动,它所产生的影响力也就越强大、越广泛。

大众传播与群体传播的有效结合,可以起到相兼互补的作用,其效果和影响都明显优于单一的传播形式。但是也要注意克服这两种倾向:一是偏重于大众传播,而忽略了群体传播。只考虑面向大众,却疏远了群体成员,很难形成真正的影响力。二是偏重于群体传播,却忽略了大众传播。例如,有的主持人为了活跃气氛,一味地插科打诨、哗众取宠。这样可能只博得场内观众的一时热闹,却冷落了荧屏前的观众。

三、大众传播、群体互动与人际交流相融合的节目形态

1993年,江苏电台在演播厅举办了两场别开生面的直播晚会《旅美华人、歌唱家祝爱兰"故乡情"音乐联谊会》和《"民族之声"——中国民族声乐艺术家广播联谊会》,获得了极大的成功。广播现场直播是一种面向社会的大众传播;演播厅内的联谊会是经过策划设计的群体传播;把热线电话接进会场,听众可以和主持人、演员直接进行交流,这又是典型的人际传播。如今,在一些电视文艺晚会中,常常会插进一些分

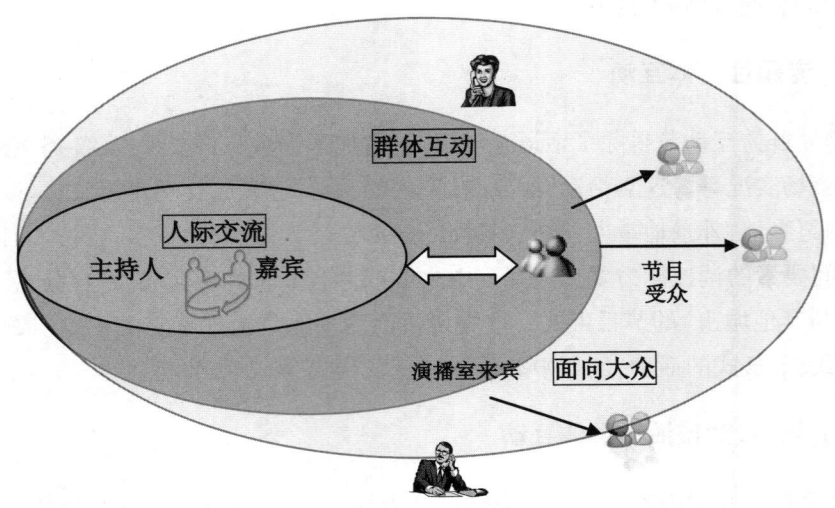

图 5-3 面向大众的复合多向交流

会场景。随着现代传播技术的不断进步,传播形式越来越多样化,特别是网络传播与广播电视相结合而出现的多种节目形态,值得我们进一步研究和运用。2003 年元旦,中央电视台国际网络在转播新年音乐会的演播现场时,首次设置网络互动区,特别邀请中央电视台制片人及主持人王雪纯、国家一级指挥卞祖善、北京音乐台策划人刘晓康、中国交响乐团常任指挥及中央芭蕾舞团管弦乐团首席指挥李心草四位嘉宾共同在线主持维也纳新年音乐会。一万多名网友在收看(收听)音乐会的同时,就他们关心的"指挥大师的魅力""音乐会曲目的选取"等问题与四位嘉宾进行了交流,同时也表达了他们对维也纳新年音乐会的感受与评价。

获得全国第五届"金话筒"奖的广东人民广播电台主持人节目《评说"神舟"首航成功》,运用网络、电话等手段把分散在各地的嘉宾、听众、网友联系起来,传播形式丰富多样,显示了主持人较强的控制能力与协调能力。

第六章　主持是传必求通的艺术

主持人是广电新媒体节目中传播活动的组织协调者。主持人要与受众积极交流感受、互相沟通思想、充分共享信息，就需要讲求传播艺术。

第一节　主持人传播的目的、方法与手段

如前所述，广电新媒体节目主要是一种大众传播。主持人节目不同于以往的广播电视节目，就在于它在大众传播的过程中加入了人际交流和互动的因素，从而创造了一种复合的传播形态。这种传播形态需要主持人具有较强的调控能力，以保证传播的效果。主持人的调控能力主要表现为把握传播的进程、实现传播的目的。

一、共享是目的

主持人的调控目标主要有以下三个方面。

（一）遵循广播电视新媒体的规律

主持人节目是大众传媒的一种节目形式，所以它必须遵循自身的客观规律。广播电视线性传播的特点，使它具有时效快捷的优势，但同时，也存在转瞬即逝的弱点。不过，随着新媒体的广泛使用，主持人节目日益突破时间和空间的限制，有了更大的创作空间。

广电新媒体的另一个特点是信息形象生动，直接作用于人的视听感官。这些形象化的信息不同于抽象的符号（如文字等），它能够诉诸情感，产生感心动耳、赏心悦目的传播效果。但同时，也存在表浅浮泛、难以深入的弱点。

（二）创造信息共享的空间

主持人节目需要营造一种平等的话语环境。只有在这样的环境中，主持人才能春

风化雨，受众才能感到宾至如归。主持人必须处在与他人平等的位置上，双方才能真正建立起互信、互谅和互敬的关系，从而取得理想的传播效果，实现思想的充分交流和信息的充分共享。

(三) 发挥舆论引导的作用

主持人节目的突出特点是传受双方存在一种交流关系，主持人、嘉宾、受众可以针对谈论的话题提出许多不同的看法。事实上，这种节目创造的话语环境就是一种"舆论场"。清华大学刘建明教授首先提出了"舆论场"的概念，他认为："'场'不仅是舆论形成的条件、空间，而且是推动舆论发展的契机，甚至制约着它的正负方向。'场'成为意见产生的共振圈。"①北京师范大学喻国明教授则对"舆论场"做了进一步的解释："它包括若干相互刺激的因素，从而能使许多人形成共同意见的时空环境。"②按照舆论学的原理，能够控制舆论场并决定舆论导向的就是"舆论领袖"（也称"意见领袖"）。从这个意义来说，主持人就是这样的"舆论领袖"。要取得"舆论领袖"的地位，主持人需要具有较高的素质，在传播实践中形成自己的亲和力与影响力。

二、交流是方法

传统的广播电视节目缺乏交流的手段，只能模拟交流的情境。由于没有直接反馈的渠道，其本质上缺乏直接交流。在广电新媒体主持人节目中，首先要建立起这种交流关系。

(一) 建立良好关系

1. 彼此信任

相互信任是建立良好关系的前提，而信任的基础就是要讲真话。主持人在组织节目传播的过程中，首先需要建立多向互动的人际关系。在主持人与受众之间建立相互信任、彼此理解的关系，有助于形成良好的传播环境，开展积极的思想交流。

2. 坦诚相见

传受双方要真诚坦率，以朋友之情相待；要互相理解和尊重，平等探讨问题、发表意见，产生一种"自己人"效应。

3. 沟通感情

感情的作用是相互的，只有理解对方、帮助对方的时候，才能得到相应的回报。所

---

① 刘建明. 舆论传播[M]. 北京：清华大学出版社，2001：64.
② 喻国明，刘夏阳. 中国民意研究[M]. 北京：中国人民大学出版社，1983：280.

以,主持人要与受众进行情感沟通。因为受者对传者的态度直接影响着传播效果。研究表明:如果受者对传者持肯定态度,就会持与传者相同的观点;而受者对传者持否定态度,就会持与传者相反的观点。

(二)树立自身形象

1. 真实感

个性化是产生真实感的基础。主持人需要给受众展现一个真实的"人",只有把真实的思想、真实的行为、真实的言语袒露给受众,才能显现出鲜明的个性。这里所说的个性,是一种公众人物的个性,是为公众所认可并接受的个性。

2. 权威感

传播实践证明,信息传播者越有权威性,传播效果就越好。人们看重权威的意见,因为人们往往认为他们的信息来源更为可靠。这种权威性首先取决于传播者的信誉度,即诚实、公正、无私等人格魅力;其次是他的专业知识和专业能力。

3. 亲切感

传播学研究认为:传播者的相似性与传播效果之间的联系以人际吸引——喜爱为中介。就是说大家感到主持人与自己相似,就会喜欢他。或者说,大家都倾向于喜欢那些和自己相似的人。而喜欢主持人,就倾向于接受他的观点。所以亲切感首先来源于真诚、平等、尊重的态度;其次,相似性也绝不意味着一味迎合,而是追求一种"心相照,言相通"的效果。

(三)讲求引导艺术

1. 诉诸情感还是诉诸理智

许多心理实验表明:诉诸情感的方法,受众反映强烈,近期的传播效果明显;诉诸理智的方法,受众近期的反映不强烈,但它的影响是潜移默化的,作用是长期而持久的。所以,当需要鼓动人心、激发热情时,应该更多地使用诉诸情感的方式;而要给人以稳定持久的影响,以达到深入人心的效果,应该侧重于采取诉诸理智的方式。

在节目中,更多的是二者兼而有之,主持人常常是"动之以情,晓之以理",既调动大家的参与热情和交流欲望,又引导大家积极思考、深入理解。主持人要根据传播目的和受众的具体情况,灵活采用两种传播方式。一般来说,节目开始时会诉诸情感,引发大家的热情,激发大家的兴趣;接下来则逐步深入,更多采用诉诸理智的办法,以达到使人心悦诚服的效果。

2. 营造情境

主持人节目的成功与否往往与节目情境有关。广播史中人们津津乐道的"围炉恳谈"就是一个典型的事例。美国总统富兰克林·罗斯福曾在广播中成功地营造了一种亲如家人、炉边闲话的生动情境,取得了意想不到的效果。这个事例的启示是:要取得良好的节目效果,不能忽视环境因素,不能不考虑情境的营造。

三、传通是手段

(一) 语言传播

主持人传播信息的主要手段就是使用有声语言,所以主持人要讲求语言艺术。主持人经常需要播读稿件,当年《空中之友》节目的主持人徐曼就是用谈话的语调,将稿件内容播读出来的。随着广电新媒体节目的日益丰富,出现了多种广电新媒体语境;实行直播以后,出现了越来越多直接交流的语境。主持人使用的语体必须适应这种语境的变化,掌握更多的口语语体传播形式。例如,"说"的形式中就包含谈话语体、阐说语体(演讲语体)等,其实质是随感而发、脱离稿件。广电新媒体的口语语体是一个重要的研究领域,也是其摆脱"办报模式"的重要途径。

(二) 非语言传播

非语言传播是传播学的一个概念,它是指除语言以外的一切有意义的传播手段。非语言传播大体上可以分为以下几类。

1. 副语言

它是语言符号的伴生物,也被称作"有声的类语言",如哭声、笑声、叹息声等。副语言不仅对语言起着辅助表达的作用,它们本身也具有特殊的意义,常常能够表达一种"弦外之音,言外之意"。体态语言是副语言的一种重要类型,它是指身姿、手势、表情等传情达意的方式。有专家认为,仅仅是脸部表情就可以传递55%的信息。"眉目传情"是体态语言的另一种表达方式。主持人沈力认为,主持人"一是靠语言,二是靠眼神。如果仅仅是背稿,眼神必然是呆滞的"。

2. 服饰语言

在古代,服饰是判断一个人社会地位、职业、身份的标志。服饰是主持人形象极为重要的组成部分,发挥着塑造风格、展现特色的作用。首先,不同类型的节目对主持人的服饰有一定的要求,如新闻类节目要求主持人服饰大方精致;综艺类节目要求主持人服饰活泼自然等。其次,服饰在展现主持人个性、提高主持人辨识度方面也具有一定作用。

第二节 主持人"传通"的途径

一、社会角色意识转换与形成

(一) 社会角色与舞台角色是现实与虚拟的关系

社会角色是人类现实生活中履行不同社会责任和权利的公民,舞台角色则是演员在虚拟的艺术场景中塑造出的艺术典型形象。在主持节目的过程中,主持人也可以借鉴一些表演的手段,但这些手段都必须是为了更好地传达现实生活中真实的信息,否则就不可能有真正的思想交流。

(二) 两种角色承担的责任不同

社会角色应基于人们生产和生活的需要,为满足物质或精神的具体目标而承担一定的责任;舞台角色则是在完成剧情或导演所规定的角色责任,以追求艺术创作的角色形象。一位著名的电影表演艺术家曾主持中央电视台的《世界电影之林》节目,结果大家认为她的主持是不成功的。《大众电影》杂志载文说,她"十分错误地接受了《世界电影之林》这本应由电影史学家、学者承担的讲解人角色"。出于职业习惯,她把主持人当成一种艺术角色来表演,"……一切都不是自我修养的真实而自然的流露。处心积虑地端庄华贵富丽或者洒脱飘逸散淡,刻意求工地把那姿势装出来摆出来做出来……"结果事与愿违,她把自己完全当成了一个艺术角色。

(三) 两种角色的行为规范不同

作为一个社会角色,主持人的行为规范是根据他的社会责任和义务所确定的,当然这种责任和义务又受到国情、社情、民情以及文化传统等条件的制约。舞台角色的行为规范,则是由剧本的内容和导演的要求以及演出的具体条件所决定的。"演员之于剧本里的角色,是对剧作家的创造成果的再创作。这种再创作的可能性,一方面是由反映对象的丰富性所提供的,一方面是以演员对角色的创造性的认识为条件的。"[①]

二、主持人、嘉宾、受众形成互动关系

(一) 交流关系的形成和特点

主持人节目的主要特点是交流性,没有直接的交流活动显然就不需要主持人去主

---

① 金山.一个角色的创造[M].北京:中国戏剧出版社,1957:4.

持。交流需要有交流对象,并形成节目所需要的互动关系。主持人节目的交流对象就是嘉宾和受众。

主持人节目的交流关系具有以下几个特点:

1. 相互性

它以传受双方的民主意识和平等地位为基础。大家处在一种平等的交流关系中,没有尊卑高下之分。只有这样,才能建立起彼此沟通的交流关系,也才会有"实话实说"的话语环境。

2. 现实性

它一方面是指节目中交流的内容是具有现实意义的,不应该是无意义的闲聊。另一方面,交流是在现实的情境中进行的,现实的情境不仅具有"此时""此地"的环境特点,而且还具有"此情""此景"的情感特点。

3. 合作性

交流不仅有不同观点的碰撞,也需要寻求各种思想的认同。没有矛盾冲突,就不会有节目的特色;而只有冲突,不求认同,就会令人无所适从,节目就不够完整。主持人的重要作用,就在于能够从差异的相互碰撞中找到认同的可能性。合作性并不要求人们对事物的看法完全一致,而是求大同、存小异,从而有效地形成一种"场效应",形成正确的舆论引导。

(二) 节目"场效应"的形成与意见领袖作用的发挥

如前所述,主持人节目中的话语环境可以看作一个"意见场"。"场效应"的产生,就是因为有相互吸引的不同意见存在。面对不同的意见,主持人应该怎样做?按照传播学原理,"场效应"的形成主要是依靠"舆论领袖"来发挥调控作用。主持人需要考虑的是怎样在节目里调节传受关系,既要允许不同意见的存在,又要努力从分歧中寻求共同点。"求同"与"存异"贯穿于交流和传播过程的始终。没有差异的存在,就不会有节目中相互吸引的"场效应";但如果只有差异,而没有认同,节目就会失去传播价值。主持人的调控能力主要表现为在众说纷纭的交流过程中,帮助受众承认差异和寻求共识。

(三) 巧于应对

主持人的应变能力主要表现在调节气氛、处理失误、化解难题等几个关键环节上。

1. 巧发奇中,妙语连珠

谈话是一种面对面的交流活动,不仅能闻其言还能观其形,这样就为主持人把控现场提供了更多的信息。主持人应据此采取相应的措施,调节现场的气氛。当对方兴致正高时,可着意渲染;厌烦时,则注意回避;疑惑时,多做说明;已懂时,点到为是;有成见时,耐心解释;满意时,见好就收……1996年5月,中央电视台组织"心连心"艺术团下乡到江西革命老区遂川县进行首场慰问演出,当时的场面十分热烈。可是,节目演出中天空突然淅淅沥沥下起了小雨。当关牧村演唱的《多情的土地》歌声一停,主持人赵忠祥快步走到台前,对乡亲们说:"关牧村的动情歌声,把她自己的眼睛唱湿润了,也把老区人民的眼睛唱湿润了,连老天爷的眼睛也给唱湿润了!老乡们!我们演员都商量好了,如果雨下大了,只要大家不走,我们演员就绝不会走!"这段幽默风趣、感人肺腑的话,激起了长时间的掌声,因突然下雨而稍有波动的人群,被吸引住继续观看这精彩的演出。①

2. 巧释逆挽,随机应变

节目中难免会出现一些意外情况,这就需要主持人根据变化的情况迅速作出反应:一要机敏,二要得体。杨澜在主持一次大型文艺晚会时,不小心一脚踏空,她却不慌不忙地爬起来打趣说:"中国有个民间舞蹈叫'滚绣球',为了感谢大家的到来,我刚才给大家表演了一个动作,不过表演得很不成功,请大家原谅!"这段话引起了大家会意的笑声和掌声。

3. 巧妙迂回,避实就虚

交流中如果遇到难题,一时无法从正面回答,主持人就需要采取迂回的办法化解这个难题。一位导游在山东蓬莱为日本友人讲述"八仙过海"的故事时,一位日本朋友认真地问道:"八仙过海飘到哪儿去了?"这本是一段传说中的神话故事,不可能有明确的结局。导游急中生智,谐趣地说:"我想,为增加中日两国人民的交往,八仙东渡到邻邦日本去了吧!"

(四) 善于倾听

主持人的谈话是一种人际交流,没有"听"的对象,就不会有"说"的兴致;反之,"说"也需要"听"的支持。谈话节目主持人是在时说时听的状态中主持节目的。正如美国著名谈话节目主持人拉里·金所说:"要善于访谈,首先要善于聆听。……谈话的目的就是要同别人沟通,你只要表现出真诚、热情,并且愿意聆听,就能成为交谈大师。"②荀子也主张"以学心听,以公心辨",即在言语交流中要注意以谦虚、宽厚、平和的心态去听取对方的意见,同时能够用和善、公正、求实的态度去说服对方。

听、说、读、写是人类最基本的传播方式。"听见"与"倾听"是不同的。"听见"是用耳朵去听,"倾听"则是用心智去听。怎样才能达到预想的倾听效果呢?目前,研究者们提出了四种训练方法,即积极地听、开放地听、移情地听和感受地听。

---

① 吴郁.当代广播电视播音主持[M].上海:复旦大学出版社,2012:139.
② 金.访谈节目主持人开出的健谈处方[M]//白谦诚.主持人·第8辑.北京:中国广播电视出版社,1998:329.

三、主持人在不同节目中的角色定位

(一) 新闻节目主持人

这类节目要求主持人具有较高的新闻素养、较强的新闻敏感,能够准确地把握新闻价值,迅速形成报道角度。由于责任重大,他们主要由资深记者、新闻评论员来承担。沃尔特·克朗凯特在《记者生涯》中回忆说:"我在担任 CBS 电视节目主持人的绝大部分时间里,每天还做五分钟的评论。……弗兰德利当上公司新闻主席后,建议我在每晚的晚间新闻节目结尾时也做个相似的评论。"[①] "新闻节目主持人"(Anchorman)这个概念就说明,主持人是一个能够在新闻报道的"接力赛"中,发挥冲刺作用的新闻传播者。

(二) 综艺节目主持人

综艺节目主要是以文艺内容为主的节目形式,需要主持人具有深厚的文艺素养。综艺节目主持人包括智力竞赛节目主持人和流行音乐节目主持人等。

(三) 谈话节目主持人

根据美国学者格拉汉姆·斯克特的分析:"在既包括信息性节目又包括表演性节目的众多谈话节目中,可以归纳出四大类型:新闻信息节目,杂耍喜剧访谈节目,人际关系、心理和日常生活节目以及为特殊观众服务的特别谈话节目。"[②] 如中央电视台新闻类的《实话实说》、经济类的《对话》、生活类的《聊天》等。这类主持人具有的共同特点是:通才练识、善解人意、妙语连珠。

(四) 专题节目主持人

这类节目根据特定的宗旨来设置相应的主持人。如体育节目主持人(Sportscaster)、气象节目主持人(Weather Girl, Weather Man)、读书节目主持人、金融节目主持人、法律节目主持人,等等。在英语中,这类主持人常用"Host"来表述。他们通常对节目涉及的学科领域十分熟稔,对节目内容阐述透彻、分析精辟、观点权威,深受大家的欢迎。

(五) 对象性节目主持人

这类节目有明确的服务对象,指向非常明确。例如,鞠萍姐姐、董浩叔叔、月亮姐

---

① 克朗凯特.记者生涯[M].胡凝,刘昕,译.南京:江苏人民出版社,1998:392.
② 克朗凯特.记者生涯[M].胡凝,刘昕,译.南京:江苏人民出版社,1998:392.

姐已经深入少年儿童的内心,央视《夕阳红》主持人张悦、黄薇是老年人的贴心人,张越在《半边天》中也已成为女性的代言人……作为对象性节目主持人,只有了解自己的服务对象,才能更好地服务于对象。

综上所述,在不同的节目中,主持人的角色意识也是不尽相同的,主持人必须进行自我调适,才能符合与受众交流的需要。

第七章　主持是整合节目的艺术

如前所述，主持人节目是多种传播形态并存的节目样式，而这些形态又都必须体现在大众传播的过程中。所以，整合就是把随机的、孤立的、分散的各类传播现象整合到大众传播过程中，从而形成完整的节目形态。

第一节　整合节目的传播学原理

1959年，J. W. 赖斯和M. W. 赖利在《大众传播与社会系统》一文中，提出了一个系统模式。这个模式说明任何一种传播过程都表现为一定的系统活动，而多重结构是社会传播系统的本质特点：(1)传播活动的一方，就是传者或者受者自身也是一个传播系统，称为自体传播；(2)传播活动的双方，就是传者和受者个体之间的联系和交流，形成人际传播；(3)个体与个体的聚合形成群体，群体之间的联系就形成群体传播；(4)群体系统的运行又是在更大的社会结构和总体社会系统中进行的，与社会的政治、经济、文化、意识形态的大环境保持着相互作用的关系。他们认为，以报刊、广播、电视为代表的大众传播，也是现代社会各种传播系统中的一种。

如果把主持人节目看作一个传播系统，这个传播系统具有三个显著的特征：动态性、程序性和结构性。

一、主持人节目具有动态性

主持人节目的动态性主要表现在交流性和互动性特点上，其实质是主持人与受众之间思维和情感的双向互动。即使有些传播行为面对的是无法及时反馈和交流的受众，这类传播也必然是一种期待性的模式。可以说，主持人节目的固定性特点，也是一种期待性的表现。因为它为受众的及时反馈创造了条件，同时也为主持人与受众建立经常性的联系提供了方便。

二、主持人节目具有程序性

主持人节目的程序性表现为传播过程中，空间、时间和信息相互作用的方式，一环接一环的链式联结是传播过程有序性的体现。这种程序的形成是由传受双方信息共享的程度来决定的。例如，若主持人提供的信息不清楚、脱离受众的感受能力和理解水平等，就可能存在程序不合理的问题，需要作出适当的调整。针对不同的受众，主持人是首先诉诸情感，还是诉诸理性，不仅仅是选择一种传播手段，还应该作出程序性安排。

三、主持人节目具有结构性

主持人节目的结构就是各个环节、各种要素之间相互关系的总和。形态上的链式联结、流程上的先后次序、要素的合理配置组成了节目的结构特点。除了节目的总体结构以外，传播过程中的各个环节或信息要素本身，都有各自的深层结构。1963年德国学者马莱兹克在《大众传播心理学》中提出的系统模式，就把大众传播看作包括社会心理因素在内的各种社会影响力交互作用的"场"，在这个系统中的每个环节都受到这些因素的制约和影响。

马莱兹克提出的关于大众传播过程的系统模式，说明了三个方面的问题：（1）影响和制约传者的因素有，传者的自我印象，传者的人格结构，传者的同僚群体，传者的社会环境，传者所处的组织、媒介内容的公共性所产生的约束力，受众的自发反馈所产生的约束力，来自信息本身以及媒介的压力或约束力等。（2）影响和制约受者的因素有，受者的自我印象、受者的人格结构、受众群体对个人的影响、受者所处的社会环境、信息内容的效果或影响、来自媒介的约束力等。（3）影响和制约媒介与信息的因素主要来自两个方面：一方面是传者对信息内容的选择和加工，这种选择和加工也可以说是传者背后的许多因素起作用的结果；另一方面是受者对媒介内容的接触选择，这种选择当然也是基于受者本身的社会背景和社会需求作出的。此外，制约媒介的一个重要因素是受者对媒介的印象。这种印象是基于平时的媒体接触经验形成的。

马莱兹克的系统模式说明，社会传播是一个极其复杂的过程，评价任何一种传播活动，解释任何一个传播过程时，即便是单一过程的结果，都不能简单地下结论，而必须对涉及该活动或过程的各种因素或影响力进行全面、系统的分析。

主持人节目存在多种传播形式，无论何种传播形式都不能不考虑心理因素对主持人与受众的影响，这可以归结为三个方面：（1）主持人必须不断完善自我，才能取得较好的传播效果；（2）主持人必须充分把握受众的心理特点，才能达到沟通的目的；（3）主持人需要加工整合信息，改善媒体形象，增加对受众的吸引力和影响力。

主持人是广播电视节目的主持者，他在节目中发挥的整合作用就是对传播关系的调节和传播过程的控制。主持人节目把多种传播形式加以利用，优势互补，形成了一种特殊的传播现象。换句话说，主持人对节目的整合实际上是对多种传播形式的调控。从操作层面上看，就是对节目形态的整合、节目流程的整合以及节目信息要素的整合。

第二节　节目形态的整合

广播电视新媒体的深化改革，使节目内容不断丰富，节目形态日趋多样化。特别是主持人节目融汇了多种传播形式，极大地拓展了主持人与受众交流互动的空间，并固定为节目的基本形态。

一、播音间主持

在大多数情况下，广电新媒体的主持人节目都是在播音间里进行的，由于场地的限制，嘉宾人数不多。即使没有现场交流对象，主持人也会通过热线电话、听众信箱、人物访谈等形式与外界建立一种"一对一"的人际交流关系，这是一种典型的大众传播和人际传播相结合的节目形态。前些年出现的《时空连线》节目通过互联网把嘉宾请进直播间，或者两地主持人远程互传等，是这类节目形态的延伸和发展。但是，无论使用何种方式，都要符合广播电视新媒体的传播规律。

1998年6月25日—7月3日，美国总统克林顿对我国进行正式友好访问。6月30日中午，克林顿在上海人民广播电台的《市民与社会》热线直播节目中担任嘉宾，在左安龙的主持下，与上海市民进行交流，成为与中国市民通过热线对话的第一位美国最高领导人。在电台直播间，克林顿回答了上海市民关于贸易、教育、环保、交通、图书馆等方面的问题。在长达50分钟的节目里，克林顿共回答了8个听众提出的问题。克林顿说，这是他第一次在美国本土之外通过电台与当地人民直接交流。

【范例】

市民与社会——千里马与伯乐

嘉　宾：今天来电台参加讨论，感到很有意思。最近重提这个话题是因为抓斗大王包起帆的成功。刚才提到是先有千里马，还是先有伯乐，我觉得不仅仅是今天才有这话题，好像流传已有二三千年的历史了。它本身是一个成语，从起源来说，是在春秋战国时。伯乐是秦穆公的一个臣子，他推荐一个叫九方皋的人来辅助皇帝。九方皋与他讲了一句话："得其精而忘其粗，在其内而忘其外。"什么意思呢？就是你要相千里马，你就要看它的精髓而忘掉它一些粗糙的东西，发现它内在的、本质的东西，外在的表面现象要把它去掉。但归根到底,你这匹马必须是一匹千里马。

  主持人:就是必须先具备千里马的条件,然后必须有人来识别他,这是一个辩证的关系。我们来看现实生活中是怎样的,让我们接听几个听众的电话。

  听众1:伯乐与千里马的关系是相对而言的。上级对下级是伯乐与千里马的关系,下级对再下一级也是伯乐对千里马的关系。伯乐是外因,千里马是内因。在目前条件下,是外因起关键作用,有了伯乐才能有千里马,才能培养出人才。

  听众2:我是卢湾区某大学的教师,是搞成人教育的。伯乐与千里马的关系,刚才那位先生已经谈了,在过去的条件下,好像是伯乐起作用。但在现在这样的改革开放的新形势下,随着人才机制的转换,个人的才华变成关键的了。机遇对每个人来说是平等的,只要你有这方面的才能,就不怕不能脱颖而出。从现在的成人教育情况来看,我班上的几位学生,过去没有机会发挥本身的才学。现在,在提倡公平竞争的情况下,他们有机会去报考三资企业等一些用人单位,一下子被录用了。所以,在现在的情况下,个人的才能是主要的。

  主持人:对照一下刚才两位听众的话,在计划经济的条件下,伯乐的提拔显得很关键;在市场经济的条件下,则强调选择的多元化。在今天,我们国家为个人的脱颖而出已经创造了一个比较好的环境,千里马本身的才华显得更为重要。

二、演播厅主持

  演播厅是一个比较宽敞的演播环境,在这样的环境里被邀请的嘉宾、现场观众实际上是被组织起来的一个团体,这个团体中的成员是一种横向传播的关系(也称水平传播)。由于参加者在权利、地位等方面大致平等,彼此没有思想负担和精神压力,一般来说都可以畅所欲言。在这样的传播环境中,主持人既要和嘉宾进行"一对一"的交流,也要和现场观众、社会大众展开"一对众"的对话,还有网络参与等。所有这些交流都是面向社会大众的,所以它是大众传播、群体传播、人际传播相结合的传播形式,忽略任何一类对象,都是节目的一种缺憾。中央电视台的《实话实说》《对话》等都具有这样的传播特点。主持人只有掌握好这三类传播的规律和特点,才能进行有效的调控。

【范例】

听广播

  主持人:……先来让大家认识一下我们请到的几位客人,一位是浙江人民广播电台的副台长巫金龙先生,欢迎您;北京人民广播电台的主持人苏京平先生,欢迎您;清华大学国际传播研究中心的研究员董关鹏先生,欢迎您。坐在我身边的两位客人也曾经是广播人,一位是王齐先生,欢迎王齐;一位是段静岩女士,欢迎您。

……

主持人:现在我们就开始听听观众的想法,大家可以献计献策。

观众1:崔先生您好。广播,是听众非常需要的,是电视代替不了的。从我们家来说,我们老大从小学四年级就开始听,现在40多岁了,他工作非常紧张,没有时间坐下来看电视,收音机不知道坏了多少个,一直听。他跟手机一样老那么带着。我们老头睡觉都听,为什么呢?他听着听着睡着了,还没关呢,还听呢。我也听。我什么时间听呢?大块的洗衣服的时间、整理内务的时间、洗漱的时间、上洗手间的时间,我全听。

主持人:好,谢谢您。

观众2:崔老师您好,刚才您问了一个问题,就是怎么能够做到电视节目和广播节目优势互补的问题。我这么想,广播节目和电视节目在时间上,都有"黄金时间"。这个黄金时间实际上是电视的黄金时间,却不是广播的黄金时间。广播的黄金时间,刚才这位专家说了一下,是早上9点左右,因为很多人9点钟开汽车要开40分钟,这样听广播。我以前也是差不多9点多钟的时候听广播,现在我退休了,在家里做家务的时候听广播。我老听的是治疗仪和灵芝茶,107.3兆赫。我为什么搁在107.3呢?我很喜欢听四点钟黄永宏的《股市大家谈》这个节目,他主持得很好,与大家很亲近……

主持人:您好像话里有话,意思是说广播的广告太多,是吧?

观众2:对了,在这黄金时间不能够老谈治糖尿病、高血压。我们不是老治病,我们应该积极地生活,应该把自己这个人怎么安排生活多说说。我们也关心国家大事。

主持人:一个是广告多,一个是导向有问题。

观众2:对,黄金时间不能够做这个,做得太多,这是广播的黄金时间。

主持人:您希望在这个时间听到什么?

观众2:希望听到一些关于国家大事、经济的报道,还希望有帮助我们提高生活质量的内容。老年人不是都是治病的,应是怎么积极地向上,就说人永远是向上的。

主持人:苏先生,这应该是广播人研究的问题,要知道什么时候听众需要什么。

苏京平:受众的心态。

主持人:对,谢谢。

观众3：您好。我是一个司机，所以开车时我喜欢听收音机。收音机打开以后，尤其是北京交通台有个路况信息，就是广告多一点，我感到特烦。再一个，重复的内容特多。我感觉收音机还得改革一下，因为人们都生活在这种钢筋水泥构件里面，收听效果不好。咱们在家里的话，有机会看电视就看电视去了，没机会看电视，我们就一直听广播。

主持人：您现在觉得收听效果不好。

观众3：收听效果不好，所以收音机要改革，收音机本身要改一下，再一个信息不好，信息不灵。

主持人：收音机可能是要改革。刚才那位朋友也说了，听坏了好多，哪那么容易坏呢？谢谢您，还有哪一位？

观众4：你好，我比较喜欢听广播。我从小学六年级开始就听国际电台的《欢乐调频》，原来是为了学英语，是被动的，现在慢慢变成主动，觉得广播中有真正吸引我的地方，值得我去学习。

主持人：它吸引你的地方是什么呢，学英语？

观众4：对，便捷，还有能给我第一手的新鲜资讯。

主持人：你现在在上学吗？

观众4：对，高一。

主持人：高中的同学听广播的多吗？

观众4：不太多，所以很难找到有共同语言的。

主持人：你们班听广播的人很少，是吗？

观众4：很少，极少数。

主持人：你跟他们探讨过这个问题吗？就是他们为什么不听？

观众4：觉得没有意思，没有电视那么吸引他们吧！

主持人：这是一种说法，谢谢你。

……

观众6：你好，我平常不太爱听广播。因为我感觉看电视一般是图文并茂的，新闻什么的全都了解了。听广播给人感觉一方面是广告插得太多，另一方面就是干巴巴的，不如看电视那么随意。

主持人：好，这也是实话实说。

观众7：你好，刚才苏先生谈了一个问题，我比较感兴趣，就是广播、电视和网络之间的媒体合作。那么我想问一下现在这个合作进行到什么阶段了？是指节目与节目之间的合作、台与台之间的合作，还是行业之间的合作？

主持人：还是几个朋友之间的合作？

观众7：对。合作以后的前景会怎么样？中国会不会出现一个像美国时代华纳那样的媒体巨无霸？

苏京平：现在是多种形式都有。比如我们北京广播电台现在几乎所有的节目都和千龙新闻网有一个直接的合作，在网上都可以查询和看到。北京广播电台很多主持人或者编辑记者现在都解放思想，能够大胆地走到镜头面前，包括电视台的很多节目的配音，大家都知道也是由电台人去做的，应该说这种互动的关系会越来越多。

董关鹏：我觉得这里面还有一个包装和受众的分层问题。比如老年观众喜欢听评书，喜欢听戏，我们可以在茶馆里边经常给他们搞一些活动，然后由擅长主持这个节目的主持人走到老年人中间。中年人可能关心如何发财、如何成功。我们可以走到大公司里面去挖掘一些东西……广播有一个劣势，可以通过网络来改变，就是广播节目往往是播完之后大家就再也听不到了。但在网上，你任何时候点击它，都可以听得到，就变成和报纸一样具有相同的功能，可以保存了。

……

主持人：我们不希望大家误解我们这个节目，以为我们做这样一个节目就是说电视比广播好，而是不同的媒介有不同的问题。广播可能在它的发展过程中遇到了一些问题，但是有这么多人支持，有这么多人在动脑筋，有这么多人在坚持，我想它的明天一定是美好的。

三、现场主持

现场主持是指把传播活动放在一个典型的现场环境中开展的主持活动。现场是有组织的，并受到一定的限制。譬如中央电视台的"心连心"、中央人民广播电台的"手拉手"等广场演出活动。虽然这些活动具有一般演出活动（典型的团体传播）的特征，但是进行现场转播的目的，主要是为电视机、收音机前的受众服务的。这种主持活动不只是为现场的演出服务，还需要考虑媒体前的受众，不能忽视他们的存在。因此主持人需要同时面对两类对象——现场观众和媒介受众。只有满足这两类对象的需要，才算得上是成功的主持。这就是说，主持人应该研究怎样把群体传播和大众传播的规律更好地协调起来。

【范例】

群英会——"东方明珠·五一"千名劳模大聚会

主持人1：各位观众、各位领导、各位来宾、各位劳模，晚上好！在这工人阶级自己的节日——五一国际劳动节到来之际，千名劳动模范聚集在东方明珠广播电视塔下，盛况空前、群星闪耀、热烈纷呈、意义非凡。

主持人2：刚才，从历史云烟中走来的古代英雄们引吭高歌，盛赞"东方明珠·五一"千名劳模大聚会。看到今天那么多的英雄模范济济一堂,古代的英雄们也羡慕不已。

主持人3:明珠塔下群英会,光华灼灼映春晖。让我们来问问几位大名鼎鼎的古代英雄,此时有何感想。先问老黄忠,感受如何?

黄忠扮演者:老将出马,一个顶俩。咱们老将战功赫赫,今日依然壮志不减,雄心不退。

主持人3:好!有请曾经作出过杰出贡献,而今依然英姿焕发的老劳模们登台与大家见面。

主持人4:那我们问问年少气盛的周瑜,你此时有什么感想?

周瑜扮演者:少帅上阵,威震苍穹。咱们少帅如日中天,豪情正浓。

主持人4:好!有请新一代的青年劳模们上台亮相,展现风采。

……

主持人1:请问名声显赫的穆桂英,你要对大伙儿说些什么?

穆桂英扮演者:巾帼不让须眉,女杰自有神威。咱们女将上阵英姿飒爽,无限荣光。

主持人1:好!请出托起半边天、建功作奉献的女劳模们登场。

主持人2:我们还要问问足智多谋的诸葛亮先生,您有何高见?

诸葛亮扮演者:说来惭愧,惭愧。如今科教兴国,英雄辈出,我那点计谋又何足挂齿。英才登台来,赶紧我退位。

主持人2:不必,不必。好!有请奋斗在科技、教育战线的英雄模范出场。

……

主持人3:在这节日之夜,我们向参加晚会的千名劳模,向神州大地上所有的劳动模范,向各条战线上的工人、农民、知识分子和各族劳动群众,致以崇高的敬意和节日的问候。

主持人4:各位来宾、各位观众,在这改革开放的新时代,在这第二次创业的伟大年代,我们耳边又响起激越的歌声,劳模们胸前的奖状与红花交相辉映,让我们共同唱出熟悉的旋律《戴花要戴大红花》。

第三节 节目流程的整合

从根本上说,广电新媒体一些节目的传播仍是线性传播。也就是说,它们受到严格的时间限制。如何在限定的时间段内保证节目完整有效,是主持人重点调控的工作内容。与传统节目不同,主持人节目的流程大多是在随机状态下展开的,有许多不确定的因素会影响预先安排的节目计划。为了满足直播的时间要求,减少录播的后期制作负担,主持人必须调控好节目时间。如果说节目形态的调控是"空间调控",那么节目流程的调控就是"时间调控"。

一、节目的开头

中央电视台的节目《挑战主持人》有一个非常好的创意:首先要求选手做60秒、120秒的自我陈述、内容展示等,再展开主持。节目认为如果在这短短的时间里不能抓住受众,那么主持就基本失败了。开好头的办法有很多,一般常用的有以下几种:

(一) 开门见山

开门见山一般是指在简单的问候和开场白后,直接进入主题。这样的开头比较简练、清晰。

【范例】

广告知多少

各位朋友,大家好!欢迎大家收看我们的《实话实说》节目!电视广告在中国只有十几年的历史,但是现在大家已经对它品头论足。广告是多了还是少了?是刚刚起步还是已经泛滥了?我们今天要谈的就是这个话题。

(二) 借题发挥

借题发挥是故设玄机、由彼及此的开头方法,常常能一下子抓住受众的注意力,迂回进入主题。

【范例】

激情创新

欢迎大家来到《对话》现场。有一个非常年轻、时尚的人,他说今天这个时代给他的感受是这样的:今天这个时代的创新就像一条疯狗,追得他整天惶惶不可终日。说这话的是一个20多岁的小伙子。同样是说创新,有一位60多岁的人她这样说:我们拒绝平庸,宁做旷野里呼啸的狼,也不做马戏团里的老虎,没有创意,就去死吧!说这话的就是我们今天邀请到的嘉宾——科技部前部长朱丽兰女士。

(三) 因景抒情

主持人在现场直播中常常采用因景抒情的开头方式:借助此情此景抒发一番感

慨,取得认同,引发感情共鸣,让大家带着特殊的情感进入主题。

【范例】

庆祝上海解放47周年暨纪念陈毅诞辰95周年文艺晚会

今天,5月27日,是英雄的城市——上海解放47周年的喜庆日子。此刻,灯火璀璨的夜上海沉浸在节日的欢乐中。面对陈毅同志的塑像,倾听黄浦江悠远的涛声,此情此景,我们更加缅怀新中国诞生后的第一任上海市市长,伟大的革命家、政治家、元帅、诗人陈毅同志。

(四) 叙事说理

叙事说理是就一件具体的事物阐发其中的道理,就事论事地引发大家的思考,按照事物发展的逻辑导入节目的主题。这是一种首先诉诸理性的开头方式,常用于谈话类节目。

【范例】

子女眼中的父母

观众朋友你们好,欢迎收看《实话实说》节目!有这样一种说法,一个人来到这个世界上,万物都是可以选择的,要还是不要,调换还是改变。但是,只有一种是永远无法选择、永远不可能变更的,那就是我们自己的亲生父母。也许是命里注定,我们一来到这个世界上,首先面对的人与人的关系就是与父母的关系。而且,与父母之间的恩恩怨怨将会伴随我们的一生。好,在今天的话题讨论之前,让我们先看一段录像。

(五) 自嘲谐趣

诙谐幽默的自嘲会给人一种真诚、谦逊的印象,产生"自己人"效应,容易取得大家的好感。诙谐幽默又能使大家在轻松愉快的氛围中,对主题产生浓厚的兴趣,从而把大家迅速带入热烈、活泼的话语环境之中。

【范例】

1990年中央电视台春节晚会

台湾著名主持人凌峰的开场白

大家好,在下凌峰,我和文章(台湾影星)不一样,虽然我们都得过"金钟奖·最佳男歌星",但我是以长得难看而出名的(掌声)。两年多来,我们大江南北走了一趟——拍摄《八千里路云和月》。所到之处呢,观众给予我们很多支持,尤其男观众对我的印象特别好,因为他们认为本人的长相"很中国"(笑声、掌声)。中国五千年的沧桑和苦难都写在我的脸上(笑声、掌声)。一般说来,女观众对我的印象不太好:有的女观众对我的长相已经达到了忍无可忍的地步(笑声、掌声),她们认为我是"人比黄花瘦,脸比煤球黑"(笑声)。但是我要特别声明,这不是本人的过错,实在是家父母的错误。当初并没有经过我的同意就把我生成这个样子(笑声、掌声)。但是时代在变、潮流在变、审美的观念也在变。如果你仔细地归纳一下,你就会发现,现在的男人基本上分为三种:第一种——你看上去很漂亮,可看久了也就那么一回事儿,这种就像我的好朋友刘文正;第二种——你看上去很难看,看久了以后是越看越难看,这种就像我的好朋友陈佩斯;第三种——你看上去很难看,可看久了以后你会发现,他另有一种男人的味道,这种就是在下我(笑声、掌声)。鼓掌的都表示同意了,鼓掌的都是一些长得和我差不多的(笑),真是物以类聚啊!接下来按规矩迎接挑战,我带来了一首歌曲,叫作《小丑》。在我的人生观看来,我认为每个人都扮演了许多次的小丑:有的时候是在孩子面前,有的时候是在父母面前,有的时候是在爱人面前,有的时候是在领导面前。我呢,是在观众面前,给大家带来一首《小丑》——掌声有没有就无所谓啦!(笑声、掌声)

二、节目的衔接

节目的衔接本是在节目策划时应该解决的问题,但因为主持人节目流程的随机性,难免会出现一些意外情况影响预定的时间安排。这就需要主持人临时进行恰当的调控来保证节目的完整性。它是主持人根据节目的意外情况而加以灵活调整,用以充实或深化节目主题的一种调控手法。

(一)承上启下

承上启下是指节目各单元之间的衔接、过渡,目的是使节目的内部联系更加紧密,结构更加完整,形成浑然一体的效果。

【范例】

生活24小时

刚才我们谈的是安全问题。安全既包括环境安全,也有身体安全。身体的安全,就是我们要说的健康问题。下面介绍一种自我保健的方法,对观众的身体健康是有益处的,您不妨试试看。

(二) 纠偏补正

如果节目中嘉宾或观(听)众的观点、认识或措辞等出现明显的偏差或错误,主持人可以巧妙地加以纠正,以保障节目的正常进行或舆论的导向正确。

【范例】

千里马与伯乐

听　众：我觉得现在是千里马不少,但就是缺乏伯乐。因为竞争激烈,提拔你就可能影响他的地位、利益。

主持人：在今天的社会条件下,能不能把我们的视野拓宽一些,看问题的立场更新一下。目前我们正处于一个良好的社会环境之中,不一定要把眼睛盯住你的领导,自身的才华才是主要因素。

(三) 因势利导

节目中如果出现有利于深化主题的话语或现象,主持人应抓住不放,加以挖掘、拓展,把节目推向高潮。

【范例】

父母眼中的孝子

嘉　宾：我觉得不要要求80岁的人还要如何如何了吧。80多岁了,她的脑细胞有许多都老化了,活了一辈子,沧桑与坎坷都过来了,现在做儿女的要不理解这一点,你还能把她训练成什么样,啊?(笑声、掌声)

主持人：有一个老人问题专家就子女对老人的问题总结了八个字,即尊重、礼让、扶助、忍让。他认为其中的忍让就是要忍耐老人的絮絮叨叨,说话啰唆,如果你能忍耐,老人就有兴趣和你说话,你就保持了他说话的能力,同时也保持了他思考的能力。(掌声)说了从子女的角度来讲,应该怎样去做,你认为做父母的是不是也应该掌握和子女沟通的技巧?

(四) 顺水推舟

当大家意趣相投、看法一致时,主持人应该顺应情势,推波助澜。

【范例】

把福州路建成具有"海派特色"的文化街

听　众：现在很多文化人创办公司企业,我有一个建议,是否可以利用文化人的名望,让文化人在福州路上搞经营、开馆子、办剧场,这些商品的名字可以打他们的旗号,以他们的名字命名,如××山庄、××书屋等,这样可以提高福州路文化街的水准,既出经济效益,又出社会效益。

　　主持人:这是一个好主意,如果逢博酒家开到福州路上就好了,这样福州路文化街的威望可以提高,成为文化人的乐园。

(五)言归正传

当话题出现偏离主题的倾向时,主持人应及时抓住话头,扭转方向。

【范例】

对话2001年度经济人物:马蔚华

　　主持人:刚才大家问了这么多问题,我其实还有一个问题,就是您谈了这么多服务,其实服务意识是一个市场意识。我注意到您的简历,有两次恰恰就是在计划部门工作,一次是在辽宁省计委当副处长,还有一次是到中国人民银行的资金计划司当副司长。您这个观念是不是有很大的转变,才到今天这个样子?

　　……

　　主持人:说了千头万绪,我还是想回到刚才我们打的这个比喻。五年的时间,因为中国加入WTO五年之后,您指导外资进入中国的角逐程度应该是不一样的。那么如果是一个计算器的话,这个计算器能变成计算机吗?

三、节目的结尾

节目的成败与否,结尾非常重要。结尾处理不好往往会功败垂成,所以主持人对结尾的处理应该格外用心。一般有以下四种处理方式:

(一)首尾呼应,圆满结语

这样的结尾往往是在时间比较紧的情况下作出的处理,显得简洁利落、妥帖适当。

【范例】

广告知多少

　　电视广告在我国不过十几年的历史,现在已经发展到可以令我们评头品足了,今天我们听到了各种各样的观点。当然,我们今天并不是为了说服大家,只是想让大家听到更多的声音、更多的感受。以后还欢迎大家收看我们

的《实话实说》节目。下面呢,就请大家接收我们的广告。(掌声,大屏幕上出现广告)

(二)归纳总结,画龙点睛

谈话节目往往会采用这种方法,因为言来语去的交谈,很可能会出现语焉不详、话题分散的情况。结束时就需要主持人作出适当的点评,加以集中说明。

【范例】

父母眼中的孝子

孙编辑的论题是要孝敬老人,将来自己也要做合格的老人。其实呢,孝敬老人是一个永恒的话题。我们通过今天的谈话至少可以得出一个结论:两代人之间只有多加深相互了解、相互沟通,才能相处得更加融洽。孝敬老人是我们中华民族的传统美德,也是每一个子女应尽的义务。我们每个人都会老,从这个意义上讲,孝敬老人就等于孝敬我们自己。我们希望每一个家庭都能和和美美,尽享天伦之乐。谢谢大家!

(三)情随事迁,留下深情

综艺节目或其他大型活动往往以诉诸情感为主,结尾的处理也应调动大家的感情,掀起情绪的高潮,留下深情厚谊。

【范例】

共享好时光

主持人1:这一期的《共享好时光》节目已近尾声,在和观众朋友们说再见的时候,我们也将与2021年说一声再见了!

主持人2:流光飞转,时间带领我们不断向前!回顾往日,我们也有那么多怀念,因为记忆里,有那么多真挚的笑脸!

主持人1:时光荏苒,欢乐伴随着我们走向新的一年。我们《共享好时光》节目在2021年和观众朋友们相见相识,同乐同欢!就让这一年中我们共同拥有的美好时光,留在我们生命的记忆里,一起走向2022年,明天会更灿烂!

主持人2:一年又一年,让真情和欢乐伴随我们一路同行,直到永远!

合:2021年——再见!

(四)深化主题,引发思考

新闻访谈类节目常采用这种结尾方式。这样的结尾往往能给人留下一些值得深入思考的问题,引导人们对事物作出全面、正确的判断。

【范例】

新闻出版广播影视业改革

确实,在今天的《对话》时间当中,我们为新闻出版和广播影视业改革所取得的巨大成就而感到振奋,同时,也为未来的美好明天而感到欢欣鼓舞。节目一开始的时候,三位嘉宾就把我们的工作比喻成了登山,我想对于攀登者而言,无限风光在险峰。当你超越了极限,当你越过了障碍,路会更宽,天会更蓝,风景会更美。那么,在节目的最后,我们也要为登山的倡导者、推进者,还有所有的实践者致以我们的敬意,谢谢他们。同时,我们也特别感谢三位嘉宾做客我们的《对话》。谢谢观众朋友的观看,下周再见!

第四节 节目信息要素的整合

广电新媒体的节目信息要素主要是指节目中出现的音乐、音响、语言、画面等。无论节目空间如何调度,节目时间如何安排,都是对这些要素在空间和时间上的排列和组合。

一、音频节目要素调控

音频节目主持人对节目要素的调控,主要是指在直播过程中通过话筒、调音台、数字音频工作站等直播设备对"三要素"(音乐、音响、语言)进行的调控。

(一)音乐

"音乐是诉诸听觉的时间性的艺术,是以在一定时间内有组织的乐音运动来反映现实生活的。"①音乐有自己特殊的表意系统,它按照一定的规律进行排列、组合和运动,并通过旋律、节奏、和声、复调、音色、力度、密度等要素构成特殊的音乐语言。音乐除了表意功能以外,更重要的是表情功能,表现无形的、丰富的内在情感。在节目中正确地运用音乐资料、播放歌曲是形成节目整体效果的重要环节,它常常起到烘托、渲染节目气氛的重要作用,给人以情绪的感染。反之,如果音乐与节目宗旨完全背离,就会

---

① 张凤铸.音响美学[M].北京:中国广播电视出版社,1997:128.

破坏节目的统一风格,甚至产生消极的负面作用。如在一个弘扬社会主旋律的题材中,引入一段宣泄情绪的摇滚音乐,就会让人感到很别扭,显得与主题格格不入。

(二)音响

如果说音乐是调动情感的,那么音响则主要是诉诸理性,给人以实感的。这种实际感受的音响,不仅仅是"闻其声如见其人"的现实音响,也有可以造成联想效果的自然音响。譬如:蝉鸣象征烦躁;喜鹊鸣叫象征吉祥;乌鸦聒噪预示凶兆;布谷鸟带来春天的信息;金钟长鸣、玉磬轻敲使人感到国泰民安;琴瑟和鸣寓意情投意合、心心相印,等等。正因为音频能够激发人们的想象力,所以媒体更应该充分运用这些手段来发挥它的优势,营造一种充满联想与想象的音响世界。

(三)语言

这里所说的语言不只是一种表意系统,而且是一个塑造自身形象的声音手段。广播主持人与电视主持人不同,不能直面受众,只能由人们闻声赋形。电视讲求视觉形象,广播讲求听觉形象。不同的声音形象给人们的感受是大不相同的。人们往往会通过广播主持人的声音揣测他的音容笑貌、体态特征、风度魅力等。语音是充满个性的,但又是最容易形成先入为主印象的因素,所以主持人应该重视声音的锤炼和形象的塑造。个性化并不等于自然化,任何一种声音个性都应该有美学意识的追求,不讲求美学修养,就难以形成语言的个性魅力。塑造好的声音形象除了需要平时做好基本功训练以外,还要调整好话筒前的声音状态。

【范例】

听!浦东每一种声音都让自己离世界更近[①]

30年波澜壮阔,30年不负韶华,从烂泥渡路到国际金融城,从阡陌农田到张江科学城,从芦苇荡边到"离世界最近的地方",一项项跨世纪的国家战略,在这里一步步化为现实。30年间,我们用声音记录过许许多多"浦东首创""中国第一",一个又一个敢闯敢试、先行先试的改革故事在电波中被娓娓道来,再度回听,浦东每一种声音都让自己离世界更近。请听记者发来的报道:

【商场背景声:"欢迎光临"】

每到饭点,是盒马鲜生金桥店最忙碌的时候。

【商场背景声:结账声等】

---

① 何周导、胡旻珏、赵宏辉创作的广播新闻专题,获第三十一届中国新闻奖二等奖。

和其他超市不同,顾客在这里挑选食材后,可以交给一旁烹饪区的厨师,现场加工,现做现吃。

【厨师:请问您这个梭子蟹怎么做?】【商场背景声:炒菜声等】

顾客看不到的门店后仓,同样是一派忙碌。

【商场背景声:传送带声等】

一袋袋新鲜的食材和商品,在这里分拣、打包,送到千家万户,如今早已遍布全国的"盒马模式",就诞生在这里。五年前,面对这种融合了超市、外卖、物流、餐饮等多种业态的"新物种",浦东不纠结于"能不能做",只考虑"怎么去做"。金桥店店长王龙池回忆说:

【"相当于把零售跟餐饮的两个证照合二为一。顾客现场点鲜活的商品,可以在线下做堂吃,后来我们有了其他的很多门店。"】

"一次突破催生一种业态。"如今,盒马鲜生已在全国开了270多家门店,盒马全球总部落户浦东。在浦东市场监管局注册许可分局科长吴明的耳朵里,"只说Yes不说No"是浦东最动人的承诺。

【"我们审批部门要做的就是企业的难点、痛点或者是它的创新点,与我们的许可条件找到一个恰当的平衡点。'不设路障设路标'就是一个为企业服务的这样一个方向或者是一个理念。"】

【实验室背景声:试剂瓶声等】

这里是位于张江的一间药物实验室,不同规格的试剂瓶里,各种药物分子进行着化学反应。

研发,是生物医药企业最核心的竞争力,谁的研发速度快、新药上市就领先,谁就能在"大浪淘沙"般的竞争中站到最后。在活力四射的上海张江,围绕"一粒药"的改革,生生不息。

【"我们采用了一个现在大家都知道的叫'VIC Model',C 就是 CRO——外包服务公司。"】

扎根张江的华领医药,上个月拿到了其自主研发的全球首创糖尿病新药——多扎格列艾汀的"药品生产许可证"。创始人陈力每每谈及它的出生史,总说自己是第一个吃螃蟹的人,得益于张江强大的药物研发生态系统,没有实验室、没有生产线的华领,依托一项项改革突破一个个领域。

【"你看我们上面一张图,它有几种不同的颜色。有些是在临床上进行的,有些是在动物上进行的,有些是生产的工艺开发,到最后是让你形成了一个'药'。"】

前端,搭建研发公共实验室平台,为初创企业降低研发成本;中游,试点"特殊物品联合监管",让新药研发急需的微生物、细胞等特殊物品快速入境;到了产业化的末端,浦东率先试点"药品上市许可持有人"制度,解除药品生产和上市捆绑,让企业轻松上阵。

在上海自贸区张江管理局副局长吴俊听来,这是浦东追赶全球的脚步声。

【"高端的生物医药研究机构,一直是跟全球最高水平在不断追赶或者是并跑当中。只有帮助企业不断地提升它的研发效率,它后期的产业化这块才能进一步加快。张江科学城一直致力于成为全国最好的研发高地。"】

【背景声:报告,今天连续交易正常开盘……】

上海期货交易所的夜盘值班室,每天晚上9点到第二天凌晨2点半,值班人员都会在这里监控着全球期货市场的波动。交易大厅里,不断跃动的数字,彰显着这个市场的活力。

【3、2、1!(敲锣声)】

2018年3月26日9点,漫长的17年潜心磨剑,中国原油期货挂牌交易,这是我国第一个对外开放的期货品种。国际平台、竞价交易、保税交割、人民币计价,在浦东敲出的这一锣声,是我国金融业对外开放的又一里程碑,尤其是今年以来,面对疫情挑战,上海商品期货市场运行相对稳健。上海国际能源交易中心新闻发言人李赟说,截至9月,境外参与客户比例同比增加80%。

【"中国的疫情控制得要比全球其他地区更好,相对来说,我们这块的供需下降的矛盾就比国外市场稍微缓和一点。在这种情况之下,上海的市场已经成为全球投资者或者是客户的一个风险的避风港。"】

目前,浦东已经集聚了股票、债券、期货、保险、信托、外汇等13家金融要素市场和金融基础设施,是全球金融要素市场最完备、交易最活跃的地区之一。浦东新区金融工作局局长张红说,开放,是浦东与生俱来的鲜明印记。

【"今年国家取消了银行、证券、保险、基金的外资的持股比例限制,实际上它们已经可以从外资控股变成独资。对照国家战略,这几条线的企业项目我们都有储备。"】

音板:

"广播原声:中共中央、国务院正式宣布,开发开放上海浦东。"

"记者播报:刚刚开港的洋山深水港区,已经迎来了第一艘大型集装箱船舶。"

"记者播报:C919大型客机,正在从浦东机场起飞。"

"记者播报:上海自贸区临港新片区挂牌。"

30年来,我们记录过浦东大地上各种各样的声音——

"记者播报:632米的上海中心完成结构封顶,成为国内第一高楼。"

"记者播报:GV971在张江科学城诞生,这是17年来全球首款治疗阿尔茨海默症的新药。"

每一项改革、每一个创新、每一次突破,从这里走向全国——

"记者播报:特斯拉上海超级工厂开工建设,将生产Model3等车型。"

"记者播报:第十届英雄联盟全球总决赛在浦东足球场打响,这是疫情后首个国际大型体育比赛。"

30年,开拓的路已在身后,眼前仍是大海星辰。

30年,浦东迈过千山万水,未来仍需跋山涉水。

30年,这片生动的土地,浦东的每一种声音都让自己离世界更近,无数的希望和梦想,还在继续出发!

二、视频节目要素调控

视频节目中的要素除了音乐、音响、语言以外,还有画面。电视画面的组成因素是多方面的,如镜头运用、灯光布景、电视化妆等。在大多数情况下,这些节目要素的调控都是主持人与合作对象共同完成的。

(一)主持人与编导

主持人与编导是最紧密的合作者,他们在十分默契的情况下共同完成节目的编制与播出。编导会经常提示主持人实现节目创作的意图;主持人在节目创作的过程中,也需要主动配合编导不断协调、沟通各个制播环节。甚至在许多节目中,编导与主持人是一体化的。在这种情况下,主持人应该对节目全权负责。

(二)主持人与摄像

主持人应该与摄像师充分交换意见,根据自己的形象特点提出合理化的建议。演播中,导演对现场的调度完全落实为对摄像机的调度,所以主持人要随时注意面对正在工作的摄像机,与机位的远近高低相配合,把摄像机镜头当成电视机前的观众,时时关照,一旦疏离了镜头,就会失去与观众之间的交流感。

(三)主持人与话筒

主持人的声音是经过调制的,音质、音量都会有不同程度的变化。怎样使用话筒、使用什么样的话筒都大有讲究。话筒的性能各不相同,在不同的场合,面对不同的对象有可能产生不同的效果。由于主持人总是要手持话筒(微型话筒除外),一方面要注意手持话筒的姿势,要显得大方得体、自然优雅;另一方面也不能只把它当成一种摆设,因为它毕竟是主持人重要的传播工具,所以主持人需要形成"手持话筒"的良好职业习惯。

(四) 主持人与灯光

主持人形象的展现离不开灯光的照明调度。灯光师的合理布光会使主持人在荧屏上"增光添彩"。当然除了在固定的演播室内,需要灯光师合理布光以外,在活动场合,特别是在自然环境中,主持人也需要配合灯光师在照明度较好、顺光的位置上面对镜头拍摄,尽量避开不利于表现自己的光线、色彩区域(如顶光、逆光等)。

(五) 主持人与演员

新闻节目主持人常常是节目各个环节的主导者,有比较大的自由度。但是在综艺节目或大型文艺演出活动中,主持人需要承担类似司仪的责任,起到串联节目的作用。因此需要处理好自己与演员的关系,突出演员的形象,甘当"绿叶",突出"红花",切不可"反客为主"。不过,与一般舞台司仪所不同的是,这种节目主持人不仅要对现场观众负责,还要关照荧屏前的广大观众。

三、多媒体融合传播

以数字化、网络化为基础的新媒体技术的发展,使信息传播方式发生了巨大的变化,信息资源利用效率和传播效率都大大提高,增强了新闻的时效性和信息量。传统的广播电视新闻现场直播主要是实况转播,基本模式是主持人在演播室伴随实况转播,与嘉宾互动点评、组织串联,适当引入记者现场连线进行报道,同时不断插播新闻背景介绍以及相关信息、受众反馈等。这就需要主持人实刻把控节目进程,把握各方话语分寸,具备即时编排的能力。随着电视直播的发展,实时评论的速度、深度和力度成为一个电视新闻媒体树立公信力、扩大影响力的重要手段。尤其在重大新闻事件的现场报道中,直播连线从单一报道向多方联动报道发展,有效提高了新闻报道的动态感、现场感、新鲜性和即时性。2013 年 2 月 9 日中央电视台《新闻联播》首次引入 10 路直播信号,全方位地展现了祖国各地喜迎新春的场面,打造了多点直播的场景。主持人、受众和现场连线中的人物采访,同时在一个信息场域中呈现,极大地缩短了传播者与受众的心理距离,增强了传播效果。

在新媒体技术的作用下,新闻演播室由单纯的信息发布中心变成网络枢纽和平台,一种新兴的新闻生产加工方式逐渐替代了传统的新闻采编模式,传统媒体通过这种媒介融合的方式,实现了自身的转型与发展,这就是所谓的"中央厨房"——融媒体中心。媒体有效地将多类信息在"信息厨房"进行加工,形象地展示着"新闻厨房"的作用,发挥着主持人的"厨艺"水平。这里要有一个全媒体内容管理系统,以便加强选题库、资料库建设,汇集各种稿件、节目素材、新闻背景资料等,集成各种编辑软件工具,为主持人、编辑获取新闻线索、查阅背景资料、创作多媒体稿件提供支撑;还要有一个传播效果监测反馈系统,以便及时对本媒体稿件、节目传播力影响力作出评估,及时发现舆情热点和参考选题,从而有针对性地调整传播内容和传播策略。

主持人可以利用全媒体演播厅的大屏画面,通过解读上面的画面、文字、数据,对新闻进行深度加工,与大屏之间形成双向互动;通过演播室网络和多个外来信号的接入,展示不同类型的背景信息和互动信息(图7-1)。这种传统媒体与新媒体的融合和交互,创造了受众的参与条件,实现了节目的交互性。这里不仅要求主持人具有对新技术应用的把握能力,更重要的是要求主持人转变传播观念和思维方式。从"点对面"的传统播送方式到运用移动服务器进行个性化、碎片化的多渠道网络分发,融媒体已经从最初的网站传播和新闻节目重播,转变为观念更新和思维拓展。

图7-1　主持人在全媒体演播厅进行展示

融合传播是信息时代的必然要求,如今,以报刊、广播电视等为代表的传统媒体,以门户网站、博客、微博、微信等为代表的互联网媒体,以及以移动互联网和大数据为代表的新媒体的相互融合,使媒体从业者必须重新认真思考媒体与受众的关系。为此,媒体既要拼时效、拼信息量,还要以深度和思想性取胜,这就要求媒体改变过去传统的传播方式,进行全媒体传播。通过打造形态多样、手段先进、具有较强竞争力的新型主流媒体,推动传统媒体和新媒体在内容、渠道、技术、经营、管理等方面的深度融合。

从组建中央厨房到打造网上通讯社,从建立融媒体编辑部到成立融媒体新闻指挥中心……近年来,中央媒体主动作为、矢志创新,以实绩挺立于媒体融合的时代潮头,气象为之一新。人们发现,原来印象中颇为严肃的主流媒体,也能玩转无人机、云直播、VR/AR(虚拟现实/增强现实)和微信"小程序"。而依托新技术开发的一些融新闻产品,甚至成为"现象级"的社会热点。综观近些年,主流媒体传播阵地大大拓展,融合新闻生产能力明显提高,融合传播技术得到广泛应用,融合发展正成为引领新闻传播创新的强劲引擎。

第八章 主持是引导舆论的艺术

对主持人节目传播效果的评价,不仅取决于节目的形式,更主要是节目内容对社会产生的影响。它主要有三项评价标准:政策分寸、文化品位和法制观念。这三个方面的内容对社会舆论会产生直接的影响。可以说,舆论导向最终决定传播效果。所以主持人对节目的调控,实际上也是对社会舆论的引导。

第一节 社会舆论场与主持人节目

本书在第七章的"场域理论"中谈到,主持人节目是一个"意见场",主持人应成为这个场域中的"意见领袖"。但是,从另一个角度看,主持人节目又是面向社会大众的,对社会舆论的形成和走向发挥着不容忽视的影响。因此,主持人节目既是"意见场",也是"舆论场"。节目中呈现的是人际交流的"意见场",但它对社会所施加的广泛影响,很可能酝酿成社会"舆论场"。在当前的社会舆论结构中,事实上存在着两个"场域"——主流媒体舆论场和民间意见交流场(主要是指网络舆论)。如何打通这两个舆论场,是主持人发挥引导舆论作用的新思路。2011年7月人民网舆情监测室推出了系列评论,其中《打通"两个舆论场"》曾对此做过精辟的分析,这对如何正确引导舆论、把握舆论导向很有借鉴作用。

打通两个舆论场,需要主持人坚持党性原则,按照党中央"三贴近"(贴近实际、贴近生活、贴近群众)的要求,从基本事实的认定到价值判断,乃至话语方式,与群众坦诚交流,形成交集。比如,突发事件的信息透明,没有真相就没有谅解;触摸民意脉搏,从群众利益角度,体会解决现实矛盾的切肤之痛,增强紧迫感,不要与主流民意对抗;不要违背经验常识,不要低估群众的智慧。

打通两个舆论场,呼唤民意的理性表达,就需要真正落实和保障人民群众的"四项权利"(知情权、参与权、表达权和监督权)。主持人能否认真反映和倾听民意,化解民怨,让社会紧绷的神经放松下来,是减少社会矛盾、创造和谐社会的关键。民心可敬、民意可畏、民气可用。主持人对社情民意,需要更敏感,更体贴,更有人情味,遇事也要更有担当。

在现代社会中,正确反映民意的舆论才能够成为主流舆论。而主流舆论并不取决于媒体的规模,而取决于是否顺民心、合民意。在全球化的传播格局中,已经清楚地呈现出"你中有我,我中有你"的世界性、公共性的特点。要有所为,就必须顺势而为;要有所立,就必须立在其中。资深记者、新华社原总编辑南振中先生把"舆论引导"概括为六句话、四项原则,即"公布事实即引导;辨明是非即引导;指出利害即引导;讲清大局即引导;揭示趋势即引导;及时沟通即引导"和遵循舆论引导的"可信性原则、权威性原则、接近性原则、渐进性原则"。通过对重点、难点、热点问题的新闻报道,积极引导似是而非、以非为是的议论,用比较全面和切合实际的结论矫正只从个人利益、地方利益、局部利益出发思考问题的偏颇认识。

舆情是在社会舆论场中形成的。舆论场是指在社会交往中,形成公众意见的一种场合。按照舆论传播学的原理,舆论领袖是能够对社会舆论场直接施加影响的重要因素。因为广播电视是大众传播媒介,节目是面向社会大众的,必然会引发社会舆论的某种"共振现象"。譬如,一位农民在写给中央电视台的信中,用朴实的语言比喻《焦点访谈》是"帮哑巴说话,扶盲人过河",《焦点访谈》主持人一直把它作为节目追求的目标之一。"每天1000多件的观众来信、来电、来访和电子邮件,尤其是有些观众的来信是以大包裹的形式出现的,如果一天不拆看,第二天就会堆成小山,这些东西为《焦点访谈》提供了稳定的信息来源,也为《焦点访谈》分析民情、捕捉热点提供了可靠的资源。"①特别是谈话类节目中激烈的观点碰撞,会促成社会舆论环境的形成。在众意交错的情况下,主持人不仅是节目交流场域中的"Host"(主人),而且当他的影响进入更加广泛的社会场域中时,就会形成社会舆论场。在这个场域中,主持人可以发挥"舆论领袖"的角色功能。因此我们还需要从社会舆论场的角度,进一步探讨主持人节目和节目主持人所发挥的作用。

一、主持人节目是引发社会共振的舆论场

美国心理学家勒温是社会场论的创始人,考夫卡进一步发展了他的心理场理论,提出了"环境场""行为场"的概念。用"场"的范式研究社会舆论,能认识意见产生的环境机制。"场"不仅是意见形成的条件、空间,而且是推动意见发展的契机,甚至制约着它的方向。"场"成为意见产生的共振圈(也有人称为"论宇",事实上,"宇"指的是"空间","宙"则是指"时间")。意见场与本书前面讲到的舆论场是同一概念,但是意见场往往范围比较小,意见也比较集中、具体。舆论场则是议论范围更加广泛的概念,它主要由三个要素构成——同一空间的人群密度与交往频率、舆论场的开放度和

---

① 梁建增.《焦点访谈》红皮书[M].北京:文化艺术出版社,2002:83.

舆论场的渲染物或渲染气氛。专家指出,同一空间里,人们的相邻密度与交往频率较高、空间的开放度较大、空间的感染力和诱惑程度较强,便可能在这一空间形成舆论场。无数个人的意见在"场"的作用下,经过多方面的交流、协调、组合、扬弃,会以比一般环境下快得多的速度形成舆论,并有加速蔓延的趋势。① 这对主持人节目如何引导社会舆论场的形成具有启发意义。

下面就从这三个要素入手来进行一些简要的分析。

(一) 同一空间的人群密度与交往频率

广电新媒体中"一对一"的人际交流方式,似乎不存在"人群密度"的问题,但是这种"一对一"的方式和生活中的人际交流有所不同,它同时面向大众,也就是说有成千上万的人在倾听、关注,甚至参与这种交流活动。尽管他们并没有同处一室,但是他们依赖媒介的延伸作用,处于同一社会空间。因此可以说,广电新媒体的人际交流方式是一个空间分散、众意汇聚的"社会舆论场"。这个舆论场既是虚拟的,也是现实的。因为受众只从感觉上接受这种传受关系,没有直接交流的固定场所,所以"场"是虚拟的。但是受众思想上的分歧和认同又是客观存在的,各种意见会以不同的方式反馈到这个交流过程中来,如写信、打电话、网络留言等,所以"舆论"又是现实的。由于现代社会生活中的电子媒介提供了相互交往的便利,使得这种交往频率越来越高。在主持人节目中,"一对群""群对群"的交往方式也屡见不鲜。所以广电新媒体节目已经不仅仅是大众传播的工具,它也融汇了多种交往方式,节目中产生的"场效应"是十分明显的。

(二) 舆论场的开放度

舆论场的开放度实际上是指空间的开放度和信息内容的开放度两个方面。

广电新媒体的空间开放度是毋庸置疑的,它的传播范围无远弗届,特别是借助卫星转播后,完全可以覆盖全球。随着我国民主政治建设的不断健全与发展,人民享有充分的言论自由。特别是改革开放以后,我国的社会政治生活中出现了从未有过的生动活泼的局面。主持人节目几乎涉及所有大家普遍关心的社会问题、生活问题和国际政治问题,成为充分反映民意的一个个实实在在的"公众论坛"。过去那种"舆论一律"的情况,已经大大改变。群众分析问题、明辨是非、独立思考的能力,随着民主参与意识的增强而不断得到提高。主持人节目对推动社会进步所发挥的积极作用是十分明显的。

(三) 舆论场的渲染物或渲染气氛

除语言的交流外,主持人节目也比较注重环境的影响,对演播厅的布置、小乐队的

---

① 刘建明.舆论的量度和舆论的增长[J].民意,1996(6).

配合、纪念物的展示、录像资料的回放,甚至对嘉宾座位的角度、出场的顺序等都要精心安排。因为这些对改善环境气氛、促进情感交流、协调人际关系等,会起到良好的作用。比如中央电视台的节目《艺术人生》中,演播厅的背景画面总是艺术家的大幅生活照或剧照,暗示了嘉宾不平凡的艺术生涯;《实话实说》中的小乐队,常常起到调节气氛的作用;《对话》中展示的资料,常常会给人意外的惊喜等。这些都给观众留下了深刻的印象。

随着生活水平的提高,人们的视听环境有了很大的改善。在这样的环境背景下,广电新媒体节目的感染力也得到了很大增强,从而激发了受众参与的热情和浓厚兴趣。

从以上三个方面可以看出,主持人节目一般都具备促成社会舆论场形成的基本条件。

二、节目主持人要发挥"舆论领袖"的作用

在18世纪的法国,卢梭首次提出了公众意见(Opinion Publique)的概念。1781年,印欧语系中产生了相同的概念 Public Opinion。中文往往把 Public Opinion 译为"舆论"。此外,它还被译为公众意见、公共意见、民众意见、群众意见等。因此,"意见领袖"也被称为舆论领袖,在英文中使用同一个词语"Opinion Leader"来表示。这个概念指的是群体中热衷于传播消息和表达意见的人。他们或是比其他人更多地接触媒介或消息源,或是某一方面的专家。他们的意见往往能够左右周围的人。但是,他们的"领袖"地位是相对而言的。许多人在此时、此种关系中可能成为关于某个议论客体的"舆论领袖",在彼时、另一种关系中,可能并不是"舆论领袖"。正如施拉姆所说,"这类领袖在社会的各个阶层、各种年龄的人当中都有,要看人们期望从他们那里得到什么样的知识"[①]。

舆论领袖对于民意的形成起着至关重要的作用。清初大学者顾炎武一生周游半个中国,研究救国之道,每年约有一半时间在旅店里度过,向人宣讲救国主张。他认为社会风气败坏就会亡天下;为了振兴国家,人人有责任保天下。他提出的名言"天下兴亡,匹夫有责"流传至今,可谓爱国言论的精华。仅凭这句千古不朽的格言,顾氏无疑是一位立言者,是近代中国舆论领袖的杰出代表。

群众议论演化为社会意见依靠舆论领袖的引导。舆论领袖往往会在多种意见争持不下的关键时刻,发表真知灼见,提升意见的科学性和深刻性,迅速把大家的意见聚合为一种共识,鼓动并引导社会公众形成正确认识并解决问题。比如,五四时期第一位指名道姓批评孔子及儒家传统的,既不是鲁迅,也不是陈独秀,而是易白沙(1886—1921)。1916年2月,易白沙在陈独秀主办的《新青年》杂志上发表了《孔子评议》一

---

① 施拉姆,波特.传播学概论[M].陈亮,周立方,李启,译.北京:新华出版社,1984:134.

文,把批判的锋芒直指"大成至圣先师"孔子。易白沙的这些言论使他成为五四时期民智的开启者、舆论界的先导。从这些例子可以看出,舆论领袖是公众的代言人,也是时代的先知先觉者,能够对社会问题较早提出系统的见解。

舆论领袖必须善于表达自己的意见,用自己的判断力、满腔热情说服群众,博得群众的充分信任。舆论领袖具有博大精深的思想、洞察问题的英明睿见,维护公众利益的决心是他们取信于民的特有品质。当他们以宏大的思想、艺术的谈吐出现在群众面前时,其神态和魅力会立即引起公众的注意,并使人们赞不绝口。舆论领袖的高论被公众接受,不在于他们能说会道,话语富于鼓(煽)动性,而在于表达的意见能够全面、深刻地反映公众的要求。他们运用评价性的思维分析各类问题,把群众不同的认识和分散的意见集中起来,唤醒人们的自觉。这种评价指出事物发展的方向,克服可能出现的错误观念。群众在讨论中一旦接触他们的意见,就会被其真诚的信念和浓郁的热情所感染,成为这些意见的追随者。

当然,舆论领袖也不仅仅是社会科学领域的先知先觉者,他们分布在各个领域。大都是政治家、学者、专家、艺术家、劳动模范、战斗英雄、政党领袖、著名新闻记者等,只要是在某一方面经常发表富有影响力的意见的人都具有舆论领袖的素质。平时他也可能是个默默无闻的人,但是在关键的时候,他可以语出惊人,发表振聋发聩的言论,获得公众的响应。舆论领袖是群众意见的代表,充分反映群众的根本利益。他们十分注重深入社会、深入群众、深入生活,了解百姓的喜乐甘苦,熟悉他们的语言,把握他们的思想脉络,这是舆论领袖具有影响力的根本原因。

实际上,许多名人讲不出名言,缺乏革故鼎新的意识,在公共场合或电视上出现的次数越多,就越发引起人们的反感。一旦脱离群众,不认真观察人民的生活,体验公众的疾苦,就无法真正表达公众的情感和呼唤。在推进社会民主政治建设的过程中,广播电视要发挥"舆论监督"的作用,关键在于培养更多能够了解民生、表达民意,忠实履行"三贴近"原则的主持人。因为"舆论监督"不等于"媒介监督",舆论是民意,只有代表了民意,主持人才能够真正履行"舆论监督"的使命。

三、引领公众意见导向既定的社会目标

如果说主持人节目是个舆论场,那么主持人就应该思考如何营造这个"舆论场",并努力掌握正确引导公众意见的各种方法。

任何节目都有自己的宗旨,总会有一种价值取向、一种精神追求。作为公众人物的主持人,首先必须自觉维护党和国家的利益以及群众的利益,按照节目宗旨来实现某些社会目标。如果主持人只是为了追求商业价值或者个人名利,而不顾后果地热衷于所谓的"炒作"或"轰动效应"。那么,无论哪种社会制度、媒体,都不会姑息、容忍这些行为。因为这不仅危及国家利益,不利于社会稳定,实际上也在贬损媒体自身的价值,轻则导致媒体的公信力下降,重则使媒体受到处罚,甚至关门整顿。

一般来说，主持人节目特别是谈话类主持人节目，嘉宾、受众中总会存在一些不同的观点和认识，从而形成矛盾冲突。而展开矛盾并疏导众意，最后形成意向性结论，似乎是这类节目的突出特点和一般性程序。但是，展开哪一类矛盾？怎样展开？展开后如何解决？则是节目事前必须策划的重要内容。尽管不要求所有的主持人节目都形成明确的结论，但是起码应该有启发性的建议，做到引而不发。如果主持人不能够发挥"引领意见"的"领袖"作用，就无法形成正确的舆论导向。那种任由别人反客为主、无所作为的主持人，是不称职的主持人。

强调正确的舆论导向，这在国际上已经是惯例。考察美国的情况可以看到："谈话节目主持人是节目的灵魂和核心，起着控制整个节目节奏的作用。在谈话节目传播群体中，主持人是唯一固定的，而不像嘉宾和现场观众是流动的。虽然会有很多人参与节目的前期策划或后期编辑制作，但谈话节目的即兴谈话方式使主持人对节目的进程、节奏、内容、格调甚至节目的整体质量起着至关重要的作用。主持人是节目开始的引言人、中间的串联人、结尾的总结人、全程节奏的控制人。"[①]

北京电视台播出的《国际双行线》节目，曾引发过一场激烈的争论。原因是节目邀请的嘉宾之一谭盾中途退场，导致节目中断。因为这个节目邀请的多位嘉宾代表了两种截然不同的音乐艺术观点。两种观点的冲突，形成了强烈的"场效应"，这样的情境在国内谈话节目中的确不多见。嘉宾退场的原因可能就出在主持人的"场控制"能力不足，或者说思想准备不充分上。因为节目中一方嘉宾无休止地"批判"另一方，如果主持人不加以控制和调节，交流谈话就会演变成"批判会"，另一方拂袖而去就是必然的了。后来，另一位现场嘉宾"救了场"，把这期节目持续了下去。当然，主持人最终还是扭转了现场的尴尬局面。

综上所述，主持人为了取得并保持谈话节目的"场效应"，就必须学会并掌握"场控制"的艺术。"场控制"艺术主要包括以下几个方面：

（一）激发活力，各抒己见

产生"场效应"的前提，是存在若干个相互吸引而又相互作用的"力"。就是说，谈话的各方应该存在不同的见解，聚在一起来寻求共识。如果只有一种观点、一种倾向，便难以激发思想的火花，也不可能引起大家谈话的兴趣，所以主持人必须慎重选择嘉宾，他们是产生"场效应"必不可少的重要因素。各方势力要相当，话题分寸要适度，欠则不当，过犹不及。在舆论场中，应该允许大家畅所欲言，各抒己见。巴赫金喜欢用"差异"这个更贴近对话的词语，来描述他的张力观点。他说，在对话中"差异能造成一种张力"。可以说，这种"对话的张力"既包括最大程度的讨论或者争论，也包括不断发生的冲突和斗争。合理冲撞是"场效应"的必然现象，至于冲撞到什么程度，取决

[①] 汪文斌,胡正荣.世界电视前沿 2[M].北京:华艺出版社,2001:154.

于主持人的控制能力,也取决于话题的重要程度。

(二)协调沟通,寻求共识

当各种意见不一致时,主持人的责任不是扩大分歧,而是寻求共识。古希腊哲人苏格拉底曾被誉为"人类追求真理的化身"。据说他在雅典集市上,经常会把具有不同意见的人集合到一起,让他们自由争论,在激烈的争论中探求真理。为此,他称自己是一个思想的"接生婆"。可见,"求同存异"是谈话节目的重要特征和普遍规律。"求同"的前提是沟通和理解,"求同"不是掩盖差异、回避矛盾,而是承认差异、达成共识。对话并不一定能够消除分歧,但是它为取得共识创造了条件。谈话节目主持人的协调控制作用就是整合众意、促进理解、寻求共识。

(三)把握导向,聚合舆论

"舆论的分散是由于利益分配、地域经济发展、城乡生活环境、信息接受知觉的差异等造成的,因而大众媒介着意展示各方为美好生活而奋斗的真实历程。他们的憧憬与忧虑、他们关于外部世界的舆论的深层结构,可以在很大程度上造成一种相互的理解,使分散的舆论找到更多的共同点。"主持人调控的最终目的是促进大家的相互理解,形成正确的舆论导向。资深节目策划陈接章先生深有体会地说:"许多从各种不同角度出发的片面看法合起来往往能使人们对一个问题的看法更为丰满、全面、深入、透彻。当时,某地青少年选出的心目中的十大偶像中有8名港台歌星,《市民与社会》节目为此开展讨论。有的退休干部听众表示担忧,有的中学生听众则埋怨'社会给我们的就是这些东西'。种种议论结合起来,凸显了这一社会现象产生的原因及社会各方面应该为纠正这一现象做些什么。这场讨论的嘉宾、社会学家邓伟志走出直播室后表示:听众中蕴藏的信息量和智慧是无穷无尽的。"①

第二节 引导舆论的传播学原理

传播学既关注社会舆论是怎样形成的,也关注用什么方法来改变舆论的方向。传播学中关于社会效果的研究,就侧重对这些方面的问题进行探讨。社会效果研究涉及的范围很广,但主要集中在大众传播对受者的影响力方面,即大众传播在改变受者的固有立场、观点上究竟有多大的威力?关于大众传播媒介的"引导"作用,是由美国传播学家拉扎斯菲尔德和默顿首先提出来的。他们认为,只要传者对受者有深刻的了解,对传播内容又做了周密的安排,那么传播媒介就可以逐步引导受者接受一个崭新

---

① 陈文炳,陈接章.民主之声[M].上海:上海人民出版社,1994:16.

的价值观念。传播学者们得出结论:大众传播媒介是一种强有力的工具。在短时期内,它对受者的直接作用是有限的;但从长远来看,它的潜移默化的作用是巨大的。为此,我们应该认真考虑:我们应该怎样、出于何种目的去运用大众传播媒介。①

一、夜话节目与"说服效果"理论

这里所说的"夜话节目",主要是指那些谈心情、谈感受、谈认识的交流性节目,大多属于心理咨询类。这类节目的主要宗旨是心理疏导、情感宣泄、思想沟通等,大多有需要说服的对象。主持人可以借鉴"说服理论"的研究成果,来改进主持方法。

说服理论的主要代表人物是美国耶鲁大学的传播学家卡尔·霍夫兰。他在这方面的研究成果表明,要想使传播取得效果,必须注意以下几个问题:

(一) 信息来源问题

要想使受者改变态度,最有效的方法就是改变他对传者的看法和印象。在某个领域享有盛誉的人对问题的看法更能引起受者态度的改变。如2022年北京冬奥会王濛作为嘉宾解说短道速滑比赛,其强大的专业素养和真实的解说态度,赢得了受众的一片赞誉。但是如果受者发现传者的意见带有个人目的,传播效果就会大打折扣。在其他条件相同的情况下,受者更愿意接受与自己地位相近的人的影响。这被看作传播说服中的"认同策略",就是传者应该努力让受者相信他是"自己人"。

(二) 说服方式问题

传播技巧如果能引起对方的认同,则引发改变的可能性大;如果引起对方的反感或抵触,则引发改变的可能性小。受者对传者的幽默感兴趣,但难以改变他们的态度;重复要点可以增加学习效果,但说服效果不佳;把观点或结论摆在传播内容的开头或结尾,比摆在中间位置效果好;明确说出结论比让受众自己得出结论的效果好。

(三) 环境影响问题

在研究环境对受者的影响方面,主要是关注人际关系对受者的影响。由于每个人的社会、单位、家庭的背景不同,接受媒介影响的程度也不一样。如果能够知道受众的社会关系,了解他所依循的社会规范,就比较容易预测传播会对他产生什么效果。如果受众的价值观念和行为方式发生了改变,他所处的社会关系也会发生变化,他会寻找新的社会关系。这就是所谓的"物以类聚,人以群分"。

二、杂志型节目与"议程设置功能"理论

杂志型节目也被称作"板块节目",它是一种由若干单元构成的具有多种社会功

---

① 施拉姆.谈谈大众传播[J].国际新闻界,1981(3).

能的广播电视节目[①]。据说,这种节目形式是1955年美国NBC创办的。1985年,广东珠江经济台首先引进了这种节目形式。目前,这种节目形式已被普遍采用,例如中央电视台的《东方时空》、海峡之声广播电台的《空中立交桥》等。如何把这些不同内容、不同形式的节目,按照某种规律进行设置,从而产生更大的影响力,是我们需要思考的问题,此处可以借鉴传播学的"议程设置功能"理论。

"议程设置功能"理论由美国传播学家M. E.麦库姆斯和D. L.肖在1972年提出。他们提出了一种假设:大众媒介通过日复一日的新闻选择和发布,影响着公众对什么是当前最重要的问题或事件的感觉;在媒介议程与公众议程之间,存在着一种因果关系。就是说,经过一段时间,媒介的优先议题将成为公众的优先议题。在这里,"议程"(Agenda)指的是媒介报道各类事件的先后顺序或程序。议程设置功能是一种客观现象,而"舆论引导"则带有强烈的主观色彩。只有遵循一定的规律,才能使议程设置对受众的主观议程发生影响。这些规律主要有以下几个方面:

(一)引导舆论要避免"推定效果"

推定效果是指按照自己的主观想象来判断内容的重要程度,并认为只要把"重要内容"安排在显著位置或黄金时间,就会对公众议程产生决定性的影响。这是不可取的。因为公众本身的兴趣、接受水平、接受引导的需求以及人际交流的状况,都会影响议程设置的效果。议程设置功能理论注重将媒介的具体议程与公众议程进行比较,找出其中存在的差异,从而估量议程设置可能产生的效果。如果议程设置与公众关心的程度存在较大的差异,就必须作出适当的调整。

(二)媒介引导的最佳时机

大众媒介对舆论的引导是一项社会性工作,主要是"点"对"面"的传播关系,它的影响难以深入人的信念层次。因此,对于某种舆论倾向,媒介的引导需要各种社会信息的协同作用,并表现为一个持续的过程,不可能一蹴而就。研究表明,公众对媒介影响的近期效果明显。所以,议程设置功能理论对舆论导向研究有两点启示:一是应充分利用媒介对舆论的近期影响力;二是要加强对议程设置最佳效果时间的研究。例如主持人节目如果涉及的是社会事件,就应该注重节目的新闻性和时效性等。

(三)主观的舆论引导和客观的媒介议程设置功能的统一

议程设置功能理论强调媒介议程整体上对公众议程的影响,主要考察一个阶段内媒介议程设置的总体效果,进而研究传播形式和环境这类无形的设置对公众议程潜移默化的影响。这对把握正确的舆论导向提供了一种启示:不能盲目地追求"轰动效应"。那

[①] 赵玉明,王福顺.广播电视辞典[M].北京:北京广播学院出版社,1999:231.

些看起来似乎"正确"的引导,如果放到长期的媒介议程设置中考察,也可能是一种误导。主观的舆论导向往往会受到客观社会效果的惩罚,产生适得其反的效果。

三、谈话类节目与"沉默的螺旋"理论

节目主持人可以借鉴"沉默的螺旋"理论,利用话语环境来肯定正确意见,抑制偏见和谬误。

"沉默的螺旋"理论由德国学者诺埃勒－诺依曼在1974年提出,它是一种考察大众传播与社会舆论关系的理论。这项理论研究认为:当人们感觉到自己的意见属于"多数"或处于"优势"时,便倾向于积极大胆地发表这种意见;当发觉自己的意见属于"少数"或处于"劣势"时,遇到公开发表的机会,可能为防止被孤立而保持"沉默"。意见一方的沉默造成另一方意见的增长,如此循环往复,形成一种一方越来越强大,另一方越来越沉默的螺旋发展过程。我们强调坚持正面报道,实际上就是运用媒介控制舆论的这种社会功能,它能迫使负面舆论保持沉默,从而使正面舆论得以扩散,并达到引导舆论的目的。这个理论的积极意义在于:"它正确地指出了传播媒介通过形成'意见气候'来制约社会心理和影响舆论这一大众传播时代的社会现实。"[1]在谈话类节目中,我们可以从以下三个方面来运用这个理论:

(一)营造互信、平等、和谐的谈话氛围

我国有许多关于谈话的箴言警句,如祸从口出、言多必失,等等。谈话节目要鼓励大家"实话实说",首先必须注意营造互信、平等、和谐的谈话氛围。

(二)意见的表达和"沉默"的扩散是一个螺旋式的社会传播过程

一种观点形成主导性意见,它的影响力就会不断扩散,从而导致另一方意见的沉默。如果"真理在少数人的手里",那么就应该推动这种意见的扩散;反之,如果一种观点存在明显的错误倾向,就应创造条件来扼制它的传播。

(三)大众传播媒介通过营造"意见环境"来影响舆论

一般来说,大众传播媒介主要是通过改变舆论环境来影响或制约错误舆论的传播。譬如,给正确的舆论者以更多的话语权;动员各类媒介协同,形成更大的正向舆论声势;对错误的言论不予置评,故意冷落,等等。

四、娱乐类节目与"培养"理论

从社会效果来分析,娱乐类节目产生的影响主要涉及文化教育领域。在媒介营造

---

[1] 郭庆光.大众传播、信息环境与社会控制——从"沉默的螺旋"假说谈起[J].新闻与传播研究,1995(3).

的文化娱乐氛围中,人们会不知不觉地接受某种新的价值观念,促使他们对社会环境采取积极或是消极的态度。

"培养"理论,也称为培养分析、教化分析、涵化分析。该理论起源于20世纪60年代后期。当时美国社会的暴力和犯罪问题十分严重,美国政府专门成立了一个"暴力起因与防范委员会"来研究这些问题,以期找出解决的办法。传播学家乔治·格伯纳负责主持这项研究。研究发现,电视暴力内容对青少年犯罪具有"诱发效果"。他们同时得出一个结论:电视节目中充斥的暴力内容强化了人们对现实社会环境危险程度的判断,接触越多,不安全感越强。"培养分析"是以一定的社会观和传播观为出发点的,"它的基本观点是:社会要作为一个统一的整体存在和发展下去,就需要社会成员对该社会有一种'共识',也就是对客观存在的事物、重要的事物以及社会的各种事物、各个部分及其相互关系有大体一致或接近的认识。只有在这个基础上,人们的认识、判断和行为才会有共同的基准,社会生活才能实现协调"①。向社会提供"共识"是大众媒介的一项重要任务。格伯纳认为,大众传播不仅是现代社会的"故事讲解员",而且是融合社会各种矛盾冲突的"熔炉",在某种意义上,它还是维护现存制度的"文化武器"(Cultural Arms)。

"培养"理论的主要目的是考察大众传播的特定倾向所造成的社会效果。传播内容具有一定的价值导向和意识形态倾向。这些倾向不是以说教而是以"提供娱乐"的形式传达给受众的,它们对人们世界观、价值观的形成产生了"润物细无声"的影响。

五、对象性节目与"知沟"理论

对象性节目一般是指以具有某些相同特征的受众群体为服务对象的节目。例如,中央电视台的《夕阳红》以老年人为服务对象,《大风车》以少年儿童为服务对象,《军事天地》以军人为服务对象。针对不同的对象,节目的内容、形式等会有所不同,此处可以借鉴美国学者 P. J. 蒂奇诺等人提出的"知沟"(Knowledge Gap)理论进行分析。

按照一般的理解,大众传播媒介可以有效地改善知识传播和教育的条件,为提高全社会文化水平、普及文化知识、缩小社会差距、追求社会公平等发挥巨大的作用。"知沟"理论则认为:"由于社会经济地位高者通常能比社会经济地位低者更快地获得信息,因此,大众媒介传送的信息越多,两者之间的知识鸿沟越有扩大的趋势。"

在媒介技术发展日新月异的今天,缩小社会的"知沟"应从两个方面采取具体措施:

(1)在使用媒介方面,必须对不发达地区或低收入阶层制定特殊的扶持政策。例如,偏远落后地区使用较多的是广播电视媒介,发达地区使用较多的是电脑、手机等。发达地区和欠发达地区接触和使用媒介的情况有很大的不同,所以受众对相同媒介信

---

① 郭庆光.传播学教程[M].北京:中国人民大学出版社,1999:226.

息的需求也会有所差异。

（2）在节目内容和形式上，必须充分考虑不同对象的接受能力和收听/视习惯。频道专业化、节目对象化的发展方向是正确的，但要注意不能助长"功利化""贵族化"之风。

第三节　把握舆论导向

一、贯彻执行党和政府的方针政策

党和政府的方针政策直接关系到群众的生产生活，关系到国家的盛衰荣辱。偏离党和政府的政策，轻则影响一个地方、一个部门的工作方向，重则造成思想上的混乱。因此从事舆论传播工作的主持人要坚持党性原则，恪守新闻纪律，注意宣传口径，以保证舆论引导的正确方向。

某电视台的访谈节目，有一次请三位教授就我国加入WTO的问题谈各自的看法。一位教授说，加入WTO之后，我国应取消"中资""外资"的界限，一切企业都应享受国民待遇，进行公平竞争，撤销"歧视性"法规，不再提资本姓"中"或姓"外"。这种观点就值得商榷。"经济全球化"是一个逐步的过程，不能一蹴而就。如果不顾现实条件，让外资无条件进来同我国企业进行所谓的"平等"竞争，将不利于我国民族企业的发展。

可见，如何对电视节目中的访谈进行把关，是一个值得重视的问题。

二、坚持国家利益高于一切的原则

在建设中国特色社会主义现代化事业的进程中，要重申和强调国家的利益高于一切的原则。在扩大对外开放的条件下如何引导人民正确认识国情，继承和发扬中华民族的优秀传统，树立民族自尊、自信、自强、自立的精神；在和平与发展是当代世界两大主题的大背景下，如何全面、准确地宣传党的独立自主的和平外交政策，引导人民增强国家安全观念；在科学技术迅速发展、社会主义现代化事业突飞猛进的情况下，如何增强人民的国家利益意识和保密观念，这些都需要有正确的舆论引导。

某省级电台经济频道2003年2月25日0点在热线电话节目中接进了一个自称日本留学生的恶意电话，此人在电话中肆无忌惮地谩骂中国人是低劣的民族，把中国人称为"支那人"。主持人怒不可遏，与之对骂三分多钟，既无力遏制对方，也没有挽回负面影响。通话结束后，主持人播放歌曲《大刀向鬼子们的头上砍去》，以发泄怒气。

这位主持人显然是处置失当，以致在长达三分钟的时间里失语、失措。面对这样的险情,主持人需用快语应对的方法,立刻转移话题,或者及时挂断电话,不给对方展开话语的机会。主持人恶语相对,甚至作出极端的反应,非但于事无补,反而授人以柄。

三、维护社会稳定

稳定是一个国家和民族生存发展的基本前提,也是综合国力的显现。

维护社会稳定,关键在于维护人民群众的合法权益。政府要特别关注并处理好改革开放过程中一些基本矛盾的发展变化;要处理好利益关系,鼓励和支持部分地区以及一部分人先富起来,又要避免失衡,特别要警惕和避免两极分化。我国是多民族的社会主义大家庭,不同民族有不同的传统和习俗。媒体要高举爱国主义和社会主义旗帜,宣传好党的民族政策,处理好民族关系,促进民族大团结。任何情况下都不能激化民族矛盾,损害民族利益,伤害民族感情。我国是中国共产党领导下的多党合作的社会主义国家,媒体要宣传党的统一战线政策,广泛反映各民主党派、各人民团体以及各族各界代表人士的意见;宣传无神论,又不能违反宗教政策,伤害宗教感情;要处理好以正面宣传为主和以舆论监督为辅、主旋律与多样化的关系,等等。

1997年6月,北京电视台对滞留北京街头的乞丐进行追踪报道,用事实揭穿了乞丐现象的内幕,对有损城市形象的"乞丐现象"进行了客观公正的报道,对于消除群众心中的疑虑,保持社会稳定,具有积极意义。

四、促进经济发展

市场经济一方面激发了人们勤劳致富的积极性和创造性,另一方面也激发了人们强烈的追求利益的欲望。一部人甚至认为所谓的市场经济,就是无政府、无规则的经济,在一些地方和行业媒体上出现了依靠投机迅速致富的消息。

2001年2月,某电视台播出题为《民企2001——风雨过后见彩虹》的专题节目,报道了一次私营企业研讨会上一些人士的发言。有人说,民营经济就是个企、私企、外资经济,民营经济现在叫重要组成部分,今后逐步转向主体构成是必然趋势。电视台公开播出上述与党和政府方针政策相悖的言论,是严重违纪行为,对发展社会主义市场经济有着消极的影响。

五、加强精神文明建设

社会主义精神文明建设,必须以马克思列宁主义、毛泽东思想、邓小平理论、"三个代表"重要思想、科学发展观、习近平新时代中国特色社会主义思想为指导,坚持党的基本路线和基本方针,加强思想道德建设。在新的历史起点上推进文化强国建设,就是要坚持精神文明和物质文明协调发展、依法治国和以德治国有机结合,加强社会主义精神文明建设,弘扬社会主义核心价值观,繁荣发展文化事业和文化产业,不断丰富人民精神文化生活,促进国民素质和社会文明程度达到新高度,显著增强国家文化软实力,充分发挥文化引领风尚、教育人民、服务社会、推动发展的作用。培育有理想、有道德、有文化、有纪律的社会主义公民,提高全民族的思想道德素质和科学文化素质,团结和动员各族人民把我国建设成为富强、民主、文明、和谐、美丽的社会主义现代化国家。这是精神文明建设的指导思想,也是精神文明建设总的要求。

第四节　坚守文化品位

一、倡导"百花齐放,百家争鸣"

"百花齐放、百家争鸣"是繁荣社会主义文化事业的基本方针。具体地说就是,在文艺创作上,允许不同风格、不同流派、不同题材、不同手法的作品同时存在,自由发展;在学术理论上,提倡不同学派、不同观点互相争鸣,自由讨论。主持人节目应该允许不同的艺术观点、艺术流派等相互碰撞,在讨论中,让大家解放思想、开阔眼界。我们要增强文化自觉、坚定文化自信,以强烈的历史主动精神,积极投身社会主义文化强国建设,坚持为人民服务、为社会主义服务方向,坚持百花齐放、百家争鸣方针,坚持创造性转化、创新性发展,聚焦举旗帜、聚民心、育新人、兴文化、展形象的使命任务,在培根铸魂上展现新担当,在守正创新上实现新作为,在明德修身上焕发新风貌。中央电视台资深节目策划杨东平说:

> 在电视上自然地说话,显然比平时要难得多,无论对嘉宾、观众还是主持人。这不仅涉及话题选择、语言环境、电视技术等诸多因素,更重要的是一种观念和心态的调整。一方面,无论在电视节目还是在现实生活中,说真话都是需要有勇气的;另一方面,在大多数情况下,说自己的心里话反而更加容易,没有障碍。对于我们,这是一个全新的学习过程——这种面对面敞开心扉、即兴的双向交流、参与式的谈话是需要学习的。每一次谈话,都是一次新的挑战。换而言之,当我们都能成熟自信、开放自如地在电视上讨论大家共同关心的问题时,将标志着我们国家和民族的文化素质达到了更高的水平。正是在这个意义上,《实话实说》等谈话类节目的出现、存在和提高,便具有了超越单纯娱乐观赏的意义和价值。①

---

① 时间.实话实说[M].北京:华龄出版社,1997:2.

二、鼓励"古为今用,洋为中用,推陈出新"

"古为今用,洋为中用,推陈出新",是正确认识、利用中国古代和外国文化遗产建设社会主义新文化的方针,也是选材、制作节目的基本原则。博大精深的中华文明是中华民族独特的精神标识,是当代中国文艺的根基,也是文艺创新的宝藏。我们要把艺术创造力和中华文化价值融合起来,把中华美学精神和当代审美追求结合起来,激活中华文化生命力,要从传统文化和外来文化中吸取有益的成分,立足中国、面向世界,更好地促进中华文化和各国文化相互取长补短,实现共同进步。

三、坚持为人民服务,为社会主义服务

源于人民、为了人民、属于人民,是社会主义文艺的根本立场,也是社会主义文艺繁荣发展的动力所在。我们的节目内容和选题要表现人民群众的现实生活,反映人民群众的意愿和要求;在艺术上精益求精,力求把最好的精神食粮奉献给人民。文艺为人民服务包含两重含义:其一,节目中应当反映和表现人民群众的真实生活。只有深入生活、深入群众,从人民群众的生活中汲取艺术养分,和人民群众同呼吸、共命运,才能创造出具有永恒魅力的传世之作。其二,节目形式应当注重民族风格,为人民群众所喜闻乐见,起到教育人民、鼓舞人民、愉悦人民的作用。

为社会主义服务,就是要反映社会主义的本质特征和时代精神,表现社会主义伟大实践中的人物和事件,歌颂真善美、揭露假恶丑,净化人的灵魂、陶冶人的情操,激励人民群众为社会主义现代化建设而努力奋斗。

坚持"二为"方向决定了广播电视事业的发展始终要把社会效益放在首位。提倡什么,反对什么,都必须从人民群众的利益出发,从有利于社会主义事业发展的要求出发。对于那些违背"二为"方向的不健康文化,要坚决反对和抵制;对于宣传封建迷信的、淫秽的文化垃圾,必须予以取缔。要坚持以人民为中心的创作导向,把人民放在心中最高位置,把人民满意不满意作为检验艺术的最高标准,创作更多满足人民文化需求和增强人民精神力量的优秀作品,让文艺的百花园永远为人民绽放。

主持人左安龙说:"我认为节目主持人的话不在多少,尤其是新闻类谈话节目主持人,要和受众在平等的、民主的基础上进行心灵的沟通,感情真挚,语言亲切,如此持之以恒,就能得到社会大众的承认,人们才会把主持人当成他们的朋友。"[①]

四、弘扬主旋律,提倡多样化

弘扬主旋律,就是要在建设社会主义文化强国的目标引领下,大力倡导一切有利

---

① 陈文炳,陈接龙.民主之声[M].上海:上海人民出版社,1994:13,23.

于发扬爱国主义、集体主义、社会主义的思想和精神,大力倡导一切有利于改革开放和现代化建设的思想和精神,大力倡导一切有利于民族团结、社会进步、人民幸福的思想和精神,大力倡导一切用诚实劳动争取美好生活的思想和精神。

党的十八大以来,我国文化建设在正本清源、守正创新中取得历史性成就、发生历史性变革,呈现出文化更加繁荣、蓬勃发展的生动景象。中国历史悠久,地域辽阔,人口众多。不同民族、职业、年龄、经历和受教育程度的人们,有着多样的生活习俗、文化传统和艺术爱好。雄伟和细腻、严肃和诙谐、抒情和哲理,只要能够使人们得到教育和启发、得到娱乐和美的享受,都应当在节目中得到反映。具体说来,提倡多样化包括两方面的要求:一是要努力满足人民群众多方面、多层次的文化需求;二是要求反映主旋律的作品,在题材、形式、风格和表现方法上也要丰富多彩、生动活泼。例如:

> 2015年9月3日晚在人民大会堂举行的《胜利与和平——纪念抗战胜利70周年文艺晚会》,是为纪念中国人民抗日战争暨世界反法西斯战争胜利70周年举办的文艺晚会。晚会历时90分钟,由开场式"胜利"和"浴血中华""正义力量""和平梦想"等篇章构成,通过若干抗战历史重大事件,真实再现了中国抗战波澜壮阔的历史。晚会主题重大、气势恢宏,受到全国以及海内外观众的广泛好评。2020年10月24日晚8点,中央广播电视总台播出《英雄儿女——纪念中国人民志愿军抗美援朝出国作战70周年文艺晚会》。晚会汇集大批优秀文艺工作者,以戏剧方式贯穿,串联交响乐、合唱、戏曲等文艺表现形式,结合文献资料与历史物证,为观众全方位展现了中国人民志愿军浴血奋战的战斗历程、为人类和平谱写的英雄史诗。[①]

> 春节晚会的文化意义,表现在整台晚会的艺术作品所呈现出来的民族价值、生命意义和情感意义。晚会的节目增强了对文化意义的思考,以弘扬民族文化为己任。编导们千方百计开掘出民族传统文化瑰宝的艺术光彩。1991年春节晚会就鲜明地体现出编导的文化意识,把具有不同民族特色的藏族、维吾尔族、佤族、朝鲜族、蒙古族、苗族、彝族、高山族、回族、羌族的歌舞,融会贯通,组成《祝酒请茶大拜年》;又把具有不同地域特色的戏曲:豫剧、黄梅戏、京剧、锡剧、越剧融进《少儿戏曲联唱》之中;将苏州评弹、冬不拉弹唱、小提琴齐奏、马头琴演奏等有浓郁地方色彩的演奏连缀在一起……这些节目异彩纷呈,格调高雅,新鲜活泼,既有民族风格,又有文化意味,受到观众欢迎。[②]

---

① 彭菊华.广播电视写作教程[M].3版.北京:中国传媒大学出版社,2021:75.
② 张凤铸.中国电视文艺学[M].北京:北京广播学院出版社,1999:416.

第五节 完善法制观念

国内外媒体违法、违规的新闻诉讼案件不断增多,说明主持人必须在懂法、守法的范围内,做好自己的本职工作,避免节目中的法律纠纷,以保护自己和他人的正当权益。

一、维权与侵权

新闻侵权是指:"新闻单位或个人利用报纸、刊物、广播电视等新闻传播工具,以故意捏造事实或过失报道的方式向公众传播有损公民、法人及其他社会单位合法权益的不当内容或法律禁止的内容,从而破坏公民或社会组织的真实形象,降低对他们的社会评价,影响公民个人宁静的生活和尊严的违法行为。"[①]新闻侵权行为侵害的主要是公民的人格权,包括名誉权、肖像权、隐私权等。当然,新闻侵权案件中涉及最多的还是著作权。著作权也称版权,是法律赋予文学创作、论文著作、文化艺术作品作者享有的专有权利。我国2020年修正的《著作权法》第五十三条明确规定:"未经著作权人许可,复制、发行、表演、放映、广播、汇编、通过信息网络向公众传播其作品的""未经表演者许可,复制、发行录有其表演的录音录像制品,或者通过信息网络向公众传播其表演的""未经许可,播放、复制或者通过信息网络向公众传播广播、电视的",除本法别有规定的以外,都属于侵权行为。

某市广播电台开办了文艺台,专门广播国内外音乐录音制品,收听率较高,在社会上产生了很大的反响。1992年11月,某国的音乐家著作权协会致函该广播电台,指出:"你台在文艺台中播放的《牛仔巨星》等13首歌曲,系我会成员仍受版权法保护的作品。贵国已于1992年加入了国际著作权条约,并于1992年9月30日起施行。"进而提出:"一、请市广播电台停止侵权行为,并向我会支付报酬2600美元;二、今后凡广播我国的音乐作品,请与我会联系,在取得我会许可后,方可播放,并支付报酬。"该市广播电台接到该国音乐家著作权协会的信函后未予理睬,认为:在中国,录音制品并非作品,只要是非营业性播放已经公开出版发行的录音制品,就可以不经著作权人、表演者、录音制作者许可,不向其支付报酬。因而,该广播电台以播放已经公开出版发行的录音制品不存在侵权问题为由,拒绝了该协会的要求。在这种情况下,该国音乐家著作权协会向我国人民法院提起了民事诉讼。结果,法院判定该广播电台侵犯了著作权人的合法权益,应当承担法律责任。

本案例说明,广播电台、电视台播放录音录像制品,应该取得著作权人或著作权人

---

① 王利明.新闻侵权法律辞典[M].长春:吉林人民出版社,1994:257.

代理机构的许可,并向其支付报酬。

二、名誉权与隐私权

名誉权是指公民或法人对自己在社会生活中获得的名誉享有的不可侵犯的权利。《民法典》第一千零二十四条规定:"民事主体享有名誉权。任何组织或者个人不得以侮辱、诽谤等方式损害他人的名誉权。名誉是对民事主体的品德、声望、才能、信用等的社会评价。"新闻侵害名誉权一般以侮辱或诽谤的形式出现。新闻侵害名誉权由于传播的范围广、速度快,所以对受害人的伤害程度比较深,造成的社会影响比较大。

所谓隐私,是指公民个人生活中不愿意向他人公开或被他人知晓的秘密。隐私的内容包括个人的健康状况、生理缺陷和残疾、婚恋经历、财产状况、私人日记、信函、生活习惯等。《最高人民法院关于审理名誉权案件若干问题的解答》(1993年8月7日)强调:"对未经他人同意,擅自公布他人隐私材料或以书面、口头形式宣扬他人隐私,致他人名誉受到损害的,按照侵害他人名誉权处理。"在新闻报道中,比较容易出现这样的侵权事件。"隐私权的一个显著特点是隐私的主体希望隐私'不为人知',而新闻报道的一个显著特点是让新闻信息'广为人知',这两个显著特点构成了新闻报道要求和隐私权要求的严重冲突。冲突的结果是,如果新闻媒体对事实加以详细报道,必然使公民的隐私权受到严重的侵害。"[1]

某有线电视台的一期节目讲述了一段爱情经历:长沙女青年胡某5年前同男友陈某相恋,两人感情甚笃。后来,陈去杭州求发展,一去音讯难觅,胡在长沙苦苦等待。主持人到杭州追寻陈,并一再要求他一同去长沙见胡的时候,陈表示十分为难,反复说:"我结婚了,我要问问我的妻子……"整个节目都围绕这一话题展开。陈某与胡某只是恋爱关系,从法理上、道德上讲,双方均有重新选择的自由。记者在明知陈某已经结婚的情况下,还一再追问他与胡某的关系,要求他与胡某见面,这是对陈某本人的伤害,对陈的妻子、家庭也将产生不良的影响。这也是侵犯他人隐私权的不当做法。

三、传闻与诽谤

在激烈的市场竞争中,总有一些媒体热衷于传播名人绯闻,甚至制造虚假新闻,以此迎合一小部分人的低级趣味。与此同时,围绕名人传闻的法律纠纷和新闻诉讼也日渐增多。传闻是指没有确切来源的、在公众中流传的消息,包括流言、谣言等。绯闻也属于传闻的一种,但它特指桃色传闻。在节目中,话题常常涉及名人的个人生活。主持人要特别注意把握好尺度。如果节目传播了虚假的信息,就有可能构成诽谤。一旦发生侵权事件,受伤害的不仅仅是当事人,主持人和媒体的权威性和美誉度也会受到

---

[1] 顾理平.新闻侵权与法律责任[M].北京:中国广播电视出版社,2001:235.

严重的损害。

某地发生了一起杀人案,案件了结后,当地电视台不是就案件进行客观报道,而是把重点放在公安机关侦破案件的过程上。主持人绘声绘色的讲述、案件干警"情景交融"的述说,受害者邻居、朋友大胆的"揭秘",把这起案件变成了一个活色生香的艳情故事。连被害人与某个男友吵过几次架,与某个男友同居过几个月,与某个男友拍过几张裸照,甚至同时与几个男友交往,都被描述得一清二楚。[1]

大众媒体发布新闻,一定要客观准确,把握原则,掌握分寸。这个分寸就是播出的内容不能伤害人,不能诽谤人。这条新闻用绯闻来吸引受众,不仅会失去公众的信任,而且是对社会伦理的颠覆,有教唆犯罪的嫌疑。同时,也反映出主持人缺乏新闻素养和职业道德。

四、保密与泄密

新闻报道必须从维护国家安全和国家利益的角度,严格遵守《新闻出版保密规定》。对可能泄露国家秘密、危害国家利益的报道内容,应当经主管部门审定,按照审查程序批准通过后,才能播出。

1981年9月20日,我国首次用一枚火箭发射了三颗人造卫星。北京一家报纸登出了《我国第九颗人造卫星》的报道,并附有三张卫星图样,使我国航天事业蒙受了很大损失。

五、舆论监督

舆论监督一般是指公民通过新闻媒介对国家机关、国家机关工作人员、公众人物、与公共利益有关的事务的批评、建议。目前,舆论监督类节目成为动员社会舆论、发挥民主监督作用的一种节目形式。

中共十九大报告指出:"构建党统一指挥、全面覆盖、权威高效的监督体系,把党内监督同国家机关监督、民主监督、司法监督、群众监督、舆论监督贯通起来,增强监督合力。"关于舆论监督,中共十三大报告从"建立社会协商对话制度"、十四大报告从"社会主义民主和法制建设"、十五大报告从"完善民主监督制度"、十六大报告从"加强对权力的制约和监督"、十七大报告从"完善制约和监督机制"、十八大报告从"建立健全权力运行制约和监督体系"、十九大报告从"健全党和国家监督体系"的角度进行论述,每个报告都强调了舆论监督和制度、机制、体系的关系,都与推进社会主义民主政治建设的总体部署密切相关。

---

[1] 张剑虹.新闻不够绯闻凑?某电视台娱乐化报道杀人案[N].中国新闻出版报,2009-07-22.

第九章　世界各国的传播制度与播音策略

美国伊利诺伊大学教授弗雷德·西伯特、西奥多·彼得森和威尔伯·施拉姆在1956年出版的《报刊的四种理论》(也被译为《传媒的四种理论》)中将传媒同其所属的社会的哲学思潮、政治结构、个人和社会的关系等联系起来,显示了研究传媒的一种宽广的综合视角。作为新闻理论研究史上经典的文献之一,《报刊的四种理论》为研究和了解在不同的历史、社会背景下兴起的几种不同的传媒理论及传媒制度,提供了一种分析框架。他们认为,世界各国的新闻传播制度与其社会政治制度是一脉相承的,基本上可以分为四种:威权主义理论、自由主义理论、社会责任理论、苏联共产主义理论以及在这些理论影响下的传媒制度。

表9-1　大众传媒的四种基本理论

	威权主义理论	自由主义理论	社会责任理论	苏联共产主义理论
首要目标	支持和推进当权政府的政策,为国家服务	告知、娱乐、售卖,但主要是帮助发现真理和监督政府	告知、娱乐、售卖,但主要是将冲突提升到讨论层面	为苏联社会主义制度,特别是党的专政的成功和延续做贡献
谁有权使用传媒	获得皇家专利权或类似许可证的人	有从事这种活动所需经济手段的任何人	有话要说的任何人	忠诚和正统的党员
传媒怎样受控制	政府专利、行会、许可证发放,有时是新闻审查制	在"观点的自由市场"上借助"真理的自我修正过程",并借助法庭	社区意见、消费者行动、职业伦理	政府的监视和经济控制,或政治行动
哪些行为被禁止	批评政治机器和当权官员	侵害名誉、淫秽、下流、战时煽动	严重侵犯公认的私人权利和关键的社会利益	批评政府
所有制	私有或国有	主要是私有	私有,除非政府为确保公共服务而不得不接管	国有
彼此的基本差异	影响政府政策的工具,尽管不一定为政府所有	监督政府的工具	传媒须承担社会责任,若非如此,某些人必须了解传媒在做什么	国有的和严密控制的传媒仅仅为国家权力而存在

《传媒的四种理论》①作为新闻理论研究的经典文献,直接影响并指导了新闻学的研究方向。四种理论成为研究世界各国政府和媒介关系的基本理论,并成为各国制定传媒政策的重要依据。不同时期、不同国家的新闻传播工作者,都在不同传媒制度的影响下,从事着自己的传播实践活动。播音主持作为新闻传播的手段,理所当然地会受到这些不同传媒制度的影响和制约。

尽管这项理论还很不完善,充满着资产阶级新闻观的偏见,并受到美苏之间冷战思维的影响,但仍被新闻学术界奉为研究世界各国政府和新闻媒介关系的重要理论依据。同时,也为我们研究各国不同的播音策略、主持方法,以及各个国家和不同时期的播音主持方式寻找到相对客观的历史依据。

第一节 威权主义传播制度与播音策略

在有关传媒与社会关系或政府关系的四种理论中,威权主义理论的历史最久远,传播的地域也最宽广。"它为现代社会的许多媒介制度奠定了基础,即使某些国家已经放弃了威权主义理论,但是在理论上奉行自由至上主义原则的政府,在实践上仍然会受到威权主义的影响。"②

一、威权主义传播制度

威权主义理论是人类传播史上第一种也是最古老的一种传播制度理论。这一理论认为,媒体必须对当权者负责,大众媒介只有统一步调,国家才能顺利地为公众的利益服务。在某些情况下,威权原则甚至体现人民的意志。所以,国家对媒体应该严加控制和审查,对违反有关规则的应加重处罚。比如给予那些经过选择的驯顺的人以经营权,实行颁发出版许可证制度,法院对违法者提起公诉等。

威权主义理论是维护专制统治的理论,威权主义的媒介规范理论,同样体现了威权主义政治制度理论的观点。它最大的特点,是主张媒介必须以权力的意志为转移,一切为统治者服务。这一理论是在15世纪中叶近代印刷术发明后不久,欧洲封建专制主义的气候下产生的。它的主要内容包括:(1)报刊必须对当权者负责,维护国王和专制国家的利益;(2)报刊必须绝对服从于权力或威权,不得批判占统治地位的道德和政治价值;(3)政府有权对出版物进行事先检查,这种检查是合法的;(4)对当权者或当局制度的批判属于犯罪行为,将受到严厉的法律制裁。

"大多数威权主义国家都对广播电视实行了完全的国家垄断。广播电视的运营

---

① 西柏特,彼得森,施拉姆.传媒的四种理论[M].戴鑫,译.北京:中国人民大学出版社,2008:6.
② 西柏特,彼得森,施拉姆.传媒的四种理论[M].戴鑫,译.北京:中国人民大学出版社,2008:1.

和节目制作都由一个负责完成政府目标的官方机构来决定。"①特别是在战争时期,广播电视的管制和垄断达到了极致。

第二次世界大战中,德意日法西斯的传播体制就是一种典型的威权主义控制模式,它的特点是不满足于对传播媒介的消极控制,而是通过积极的强制改造使之成为国家宣传机器和战争宣传机器。法西斯主义威权制度虽然被世界人民的正义战争送入了坟墓,但仍存在着以改头换面的形式重新复活的条件,这是我们不能不警惕的。

二、威权主义传播制度下的法西斯播音策略

在第二次世界大战中,广播被各参战国广泛应用于心理战,各国纷纷成为开办"三色广播"——"黑色广播、白色广播、灰色广播"的高手。1933年,希特勒的纳粹党上台执政,广播事业完全为纳粹党及其宣传部所控制,主要用于法西斯主义宣传。法西斯战争狂人、纳粹德国宣传部部长戈培尔将55%的收听费用于纳粹党的宣传活动。他叫嚣:"真正的广播是真实的宣传。宣传意味着在精神、繁殖、生长、破坏、灭绝、建设和毁灭等战场上的战斗,我们的宣传是由我们称为德国民族、德国的血脉和国家的东西来决定的。"②广播电台成为法西斯主义宣传机器。每个电台都配备了一名忠于纳粹党并且"血统纯正"的经理。法西斯在柏林设立了十几个大功率的广播电台,每天24小时分别从柏林向全世界广播。戈培尔根据各国的不同特点,把世界分为六个广播区,进行有针对性的广播。毫无疑问,戈培尔把宣传看成一种艺术,把自己看成一个能够操纵整个民族感情的"伟大艺术家"。他事先就仔细安排好宣传的高潮。比如,巴尔干战役还未开始,他便命令道:"这次战役中必须有两次由鼓声和颂歌伴随的捷报广播,以便这种宣传的效果不至于逐渐减弱。"并且他对报道和现实之间的差距是很清楚的,戈培尔曾对他的宣传班子说,即将进行的对伦敦的毁灭将是人类历史上的最大灾难,即便如此,也要设法使世人认为他们是出于正义发动的战争。可以说,戈培尔充分利用广播新闻播音的方法试图对世界进行全方位思想控制。

当时,戈培尔广泛发动宣传心理战,培养了一批"人才",其中,"哈哈爵士"堪称法西斯阵营中从事"黑色广播"的著名人物。"哈哈爵士"的真名叫威廉·乔伊斯(1906—1946),是一位为德国纳粹服务的英籍播音员,他也是威权主义新闻观影响下"压服式"播音风格的代表人物。"哈哈爵士"的广播颇具吸引力,他以纯正的英国乡音和幽默辛辣的语言,通过感情的煽动、理智的倾诉、精神的诱惑,使英国士兵逐渐产生了恐惧、痛苦、不安和混乱的心理。据瑞贝卡·威斯特回忆说,当时只要一转到德国的对英广播,人们就难以抗拒威廉·乔伊斯所在的波段,"他的声音有一种魔力,使你

---

① 西柏特,彼得森,施拉姆.传媒的四种理论[M].戴鑫,译.北京:中国人民大学出版社,2008:27.
② 福特纳.国际传播:全球都市的历史、冲突及控制[M].刘利群,译.北京:华夏出版社,2000:127.

无法自拔"①。"哈哈爵士"的舆论宣传采用的正是"煽动浸润法":以日复一日、和风细雨式的煽动、渗透,通过情感的认同拉近彼此之间的距离,增强传播效果,在无形中控制听众的思想、打击对方的士气。例如有一次,播音员在描述完英格兰的明媚风光和淳朴民情后,突然感叹道:"可惜的是,这里的男人们都去欧洲大陆打仗了,只留下女人和孩子在家里艰难度日。"②为了激发英国人对政府的不满情绪,播音员用各种方式不断攻击粮食价格上涨,军需人员从中谋取暴利等各种问题。许多英国民众因此对政府不满,英国政府大为苦恼。

当时一些专家认为乔伊斯主持的节目具有这样一些特点:"(1)他有适宜做播音员的天生的好嗓子;(2)他的英语说得很漂亮,不比 BBC 的主持人逊色;(3)他说话像英国人一样,用语简练、迅速,英国人在祈祷时常用"By Love!"他也经常使用这个短语;(4)他的问题提得高明,听来有趣味;(5)他能熟练运用英国式的幽默与别人争辩,喜欢对 BBC 广播反唇相讥。"直到战后,人们才查明,这位"哈哈爵士"是英国人的败类,是具有美英双重国籍的英格兰人,大战开始后就投靠德国法西斯,为其效命。战争结束后,人们痛恨他助纣为虐的行径,1946 年 1 月 3 日,罪孽深重的他被处以绞刑。

第二节 自由主义传播制度与播音策略

以西方资产阶级启蒙思想家的自由主义思想为源头的西方自由主义传播理论,对人类理性的力量深信不疑,坚持个人的重要性,主张包括言论和出版自由在内的天赋人权的思想。

一、自由主义传播制度

18 世纪,传播理论完成了从威权主义向自由主义的转变。到 18 世纪末,西方各国基本法都将自由主义理论奉为圭臬,并以宪法条文的形式保护言论和出版自由。其核心反映了资产阶级自由主义的观点,即认为媒介应该是"观点的自由市场",是实行自律的自由企业。自由主义新闻理论的主要原则包括:(1)任何人都拥有出版自由而不必经过政府当局的特别许可;(2)除人身攻击外,报刊有权批评政府和官员,这种批评是正当合法的;(3)新闻出版不应该接受第三方的事先检查,出版内容不能受到任何强制;(4)在涉及观点、意见和信念的问题上,真理和"谬误"的传播必须同样得到保证。

自由主义新闻观认为,传媒的主要功能是帮助人们了解真相,监督政府,同时具有告知、娱乐、售卖之功能。传媒主要为私有,依靠"观点的自由市场"进行"自我修正",

---

①② 卡瑞,辛顿.英国新闻史[M].栾轶玫,译.6 版.北京:清华大学出版社,2005:110-117.

依靠法庭来实行媒介控制,是监督政府和满足其他需要的工具。

"自由主义理论允许政府在'公共利益'的前提下管制或管理这些传输工具。当点对点的广播产生时,它自动具有了公共传输工具的性质,因此也要受到相同的管制。"①但因为理论上存在的这些矛盾无法真正解决现实中的问题,所以事实上传媒的自由主义理论是十分玄虚而空泛的,在现实中难以实现。"尽管民主原则传遍了全世界,但在一些国家,虽然正式采用自由至上主义原则保护传媒免受政府控制,但当国内出现政治危机时,它们仍然会采取威权主义的做法。"②

二、自由主义传播制度下商营媒体的播音策略

自由主义传播制度使媒体获得了更多的自由与民主,但也导致许多媒体行为出现失序、失范,混淆了公众视听,亵渎了社会良知,败坏了民风良俗。

"早期传播研究得以进行的转折点之一,在于一个播音事件,播音员在播讲戏剧内容,而人们信以为真了,于是产生了灾难性后果。"③美国《纽约时报》对这一灾难性后果当即进行了报道。"昨晚8:15至9:30之间,当电台播出根据H.G.威尔斯的科幻作品《世界大战》改编的广播剧时,一场群体性的歇斯底里的风潮席卷了我国各地数千万广播听众,他们相信入侵的火星人给新泽西州和纽约造成了毁灭性打击,行星间的冲突已经发生,使家庭陷于混乱、宗教仪式中断、交通瘫痪、通信系统堵塞。广播由奥森·威尔斯播出,他的节目带有强烈的个性特征——阴森,常常令无数儿童听众'毛骨悚然'。这次,至少有一部分成年人需要为惊厥和歇斯底里进行治疗了。"④

苏联解体后,俄罗斯联邦颁布的《大众传播媒体法》的第一条就是大众传播自由,它规定:"在俄罗斯联邦境内搜索、获得、制造、传播信息以及筹设大众传播媒体不应受到限制,除非其他关于传播的相关联邦法律规定不得违反之。此外,第二条也明确规定禁止新闻检查制度。"⑤正是在这种传媒制度的放纵下,俄罗斯出现了耸人听闻的"裸体女主播"现象。这类节目最早是由俄罗斯一家不知名的小电视台M1电视台搞起来的,取名为《赤裸的真相》。这档新闻节目的第一位女播音员是来自乌克兰的女演员。她边报新闻边脱衣服,十分钟的新闻播完已经是一丝不挂了。据说在短短两年时间里,这家电视台的收视率跃居全俄罗斯第六,成为全世界"知名"的电视台。《赤裸的真相》的创始人莫斯科维奇在接受记者采访时说出了他们的秘密。他说,M1电视台以前靠一些搞笑打诨节目为生,但就在投入的资金要血本无归时,一个偶然的机会让他突发奇想,要做一个真正"赤裸裸"的新闻节目,以帮助他们摆脱困境。无独有

---

① 西柏特,彼得森,施拉姆.传媒的四种理论[M].戴鑫,译.北京:中国人民大学出版社,2008:55.
② 西柏特,彼得森,施拉姆.传媒的四种理论[M].戴鑫,译.北京:中国人民大学出版社,2008:58.
③ 豪斯曼,本诺特,唐纳,等.美国播音技艺教程[M].王毅敏,刘日宇,译.上海:复旦大学出版社,2007:17.
④ 1938年10月31日《纽约时报》.
⑤ 吴非,胡逢瑛.转型中的俄罗斯传媒[M].广州:南方日报出版社,2005:18.

偶,就在《赤裸的真相》播出后不久,保加利亚也紧随其后,推出了《裸露的真相》。这是保加利亚一家私人电视台 M-SAT 在 2001 年 12 月 10 日推出的一档新闻节目,于每个工作日的 23 点播出,每期节目约 15 分钟。节目的播音员为 18 至 23 岁的年轻女性,她们在播报新闻的同时,从外到里逐一脱去衣服,直至一丝不挂。节目播出后,在保加利亚引起极大反响。观众批评该台"刻意效仿西方"。由于该节目播出后引起了全国高达 75% 的观众的抗议,保加利亚根据国家电子媒体委员会的要求停播了这个节目。

在加拿大,男士也加入了"新闻裸播"的行列。节目的编创者提出:"我们的新闻'无所隐瞒',节目中有了男性之后,'裸体新闻'将真正成为无所隐瞒的新闻节目。""裸体新闻呈现给您未经审查的、毫无偏见的内容。"难道脱光了衣服就会使新闻变得更真实吗?稍有常识的人都知道,在这种情况下,人们是在关心新闻吗?也许这就是片面强调"眼球经济"带来的恶果。这种做法是"新闻的堕落""媒介的海洛因",已经遭到文明社会的普遍谴责。

毋庸讳言,由于较少受到政府的管制与干扰,自由主义传播制度下的媒介也发挥了一定的新闻监督作用,但也存在不少问题。

第三节　社会责任传播制度与播音策略

作为 20 世纪西方传媒新理论,社会责任理论并未否认自由主义理论的原则精神,而是用一系列新的观点,对新闻自由、传媒与政府、公众的关系等西方新闻学中的基本问题重新进行了阐述,融入传媒的社会责任、道德义务等概念,并予以强调。

一、社会责任传播制度

社会责任理论是继自由主义理论之后出现的又一媒介规范理论。它由美国"新闻自由委员会"在 20 世纪 40 年代提出,代表性著作是 1947 年出版的《一个自由而负责任的新闻界》。社会责任理论是强调大众传播媒介对社会和公众应该承担一定的责任和义务的理论,它是对自由主义理论的一种修正和改良。该理论的核心观点是:媒介的自由不是绝对的,"自由伴随着一定的义务,享受着政府赋予的特权地位的报刊,有义务对社会承担一定的责任,这就是作为现代社会的公众通信工具而执行一定的基本功能"[1]。

社会责任理论包括以下几个原则:(1)大众传播具有很强的公共性,因而媒介机构必须对社会和公众承担和履行一定的责任和义务;(2)媒介的新闻报道和信息传播

---

[1] 西柏特,彼得森,施拉姆.传媒的四种理论[M].戴鑫,译.北京:中国人民大学出版社,2008:83.

应该符合真实性、正确性、客观性、公正性等专业标准;(3)媒介必须在现有法律和制度的范围内进行自我约束,不能煽动社会犯罪,不能传播宗教或种族歧视等方面的内容;(4)受众有权要求媒介从事高品位的传播活动,这种干预是正当的。

社会责任理论提出的目的有两个:一是为了防止由传播事业的高度垄断而引起的资本主义内部的社会矛盾激化;二是为了防止由传媒内容的浅薄化、煽情化、刺激化而引起的社会道德和文化的堕落。当时,第二个方面已经有了一些制度化的措施,例如美国《1996年电信法》规定了限制暴力和色情内容的"V芯片"制度与节目内容分级制度。但同时,由于社会责任理论仅仅把希望寄托于"媒介自律",其效果是微乎其微的。

二、社会责任传播制度下西方主流媒体的播音策略

在世界广播电视发展史上,有两位为人称道的著名主持人——爱德华·默罗和沃尔特·克朗凯特,他们是恪守社会责任信念,努力为社会作出有益贡献的典范。

经历过第二次世界大战的美国人,都不会忘记这样一幕动人的情景:每当德军轰炸机蝗虫般扑向伦敦的时候,每当报警声、喊叫声乱成一团之际,在硝烟弥漫、战火纷飞的伦敦街头,总有一个年轻的美国人岿然不动。他手中拿着广播话筒,用平静而从

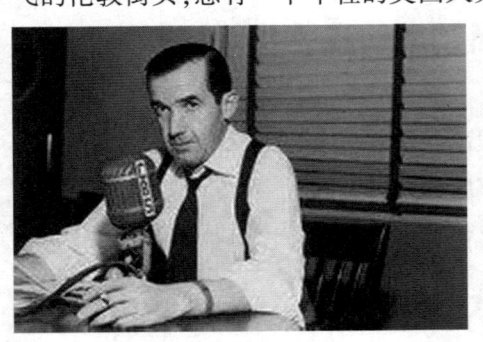

图9-1 爱德华·默罗

容的声音,向大西洋彼岸的同胞口述亲眼所见的一切,把纳粹的暴行、英国人民顽强抵抗的精神和正义的呼声,送进千家万户。他每次播音的第一句话,已经成为新闻传播史上的名言:"这里是伦敦(This is London)。"这位在血与火中从容不迫地进行现场广播报道的年轻人,就是美国广播记者的楷模爱德华·默罗(图9-1)。无论是在美国广播史还是世界广播史上,默罗都是一位极其重

要的人物。1940年8月18日,默罗亲赴前线,开始进行《这里是伦敦》的现场报道。他无畏地站在德军轰炸的主要目标——英国广播公司的楼顶上,面对狂轰滥炸的场面,现场播出战地实况,成为美国人心目中的传奇式英雄人物。

> 我现在站在屋顶上,俯瞰着伦敦全城……我想大概不出一分钟,在我们周围,就会听见炮声了。探照灯现在就在向着这一边移动。你就会听到两颗炸弹的爆炸声,听,炸弹响了!……过了一会,这一带又会飞来一些弹片。弹片来了,越来越近了。
>
> 飞机还是飞得很高。刚才我们也能听到一些爆炸——又响了,那是在我们上空爆炸的。早些时候,我们似乎听到许多炸弹落下来,落在附近几条街

上。现在在我们头顶，就是高射炮弹的爆炸声。可是附近的炮弹似乎没有爆炸。探照灯现在几乎射向我们头顶上空了。你们马上又要听到两声爆炸，而且是在更近的地方。听，又响了！声音是那样的冷酷无情……①

在麦卡锡主义风行的战后时代，默罗自觉不自觉地保护了手下一批"左翼分子"和被扣上"红帽子"的工作人员，并在此后与麦卡锡主义展开较量，这为他赢得了更多的赞誉和钦佩。

1961年，肯尼迪总统邀请默罗出任美国新闻署署长。当时，适逢默罗对电视的商业性质以及电视新闻本身陷入收视率争夺战的种种迹象大失所望，他走马上任。但由于疾病原因，他于1963年12月辞职退休。1965年4月，刚过完57岁生日的默罗因病去世。

沃尔特·克朗凯特是美国最负盛名的电视新闻节目主持人之一，他的名字几乎是电视新闻的代名词，就像默罗是广播新闻的代名词一样。约翰逊总统曾对其新闻秘书说，如果他失去沃尔特·克朗凯特，他便失去了美国。美国前国务卿、哈佛大学教授基辛格也说："当我想表达一个观点时，我打电话通知的第一批人中就有克朗凯特。"②

图9-2 沃尔特·克朗凯特

克朗凯特方面大耳，仪表堂堂，人们常常亲切地称他为"沃尔特大叔"。他来自美国中西部，发音带有中西部的乡音，听起来有一丝温柔敦厚的味道，特别亲切感人。他的惊人之处还在于，"他看起来如此平凡，属于那种只令人羡慕而不令人嫉妒的人"③。他那朴实平凡的言谈、忠厚可靠的外貌、从容不迫的风度——所有这些因素综合起来，使他在美国的多事之秋，具有一种安抚人心的魔力，仿佛是人们心中的守护神。正如芭芭拉·马图索所说，克朗凯特为整个国家提供了"保证而不是轻率，关心而不是厌世和超然"。克朗凯特在每晚节目结束时总要友好轻松地说一句："就是如此（And that's the way it is）。我是沃尔特·克朗凯特，晚安！"大家听到这里就像听到了催眠曲，开始安心入睡，似乎今晚整个世界都不会再有什么事端了。在他的主持下，CBS的电视新闻声名远播，被誉为"大事记广播"，就像《纽约时报》被当作"大事记报纸"一样。从20世纪60年代中后期到1981

---

① 曼彻斯特.光荣与梦想：第二册[M].广州外国语学院英美问题研究室翻译组,译.北京：商务印书馆,1978：729.
② 马图索.美国电视明星[M].杨照明,叶莲,倪垚,译.北京：中国广播电视出版社,1987：126.
③ 马图索.美国电视明星[M].杨照明,叶莲,倪垚,译.北京：中国广播电视出版社,1987：128.

年克朗凯特退休，CBS 的收视率在美国三大广播公司中一直保持第一。与此同时，节目主持人也一跃成为美国广播新闻界的超级明星。

克朗凯特的退休宣告了一个时代的结束，恰似默罗的去世标志着一个时代的结束。天时、地利、人和成就了他俩的不世之功，使他俩分别在电视新闻与广播新闻领域创下非凡业绩。

英国是世界上广播电视事业发展最早，也是最发达的国家之一。1922 年，英国广播公司（BBC）成立，它是英国一家由政府资助但独立运作的公共媒体。由于 BBC 从一开始就秉持着真实、客观、公正的新闻报道原则，在国际上享有很高的公信力。BBC 是世界上第一家公共广播机构，以对大众负责、为公众服务为宗旨，属于非营利性机构，经费来源于政府征收的收视许可费。但 BBC 的日常事务运作独立于政府，并在很大程度上秉持着客观报道的新闻理念和监督政治的新闻传统。然而近年来，BBC 多次出现有争议的对华报道，使受众对其产生了一定的信任危机。

BBC 已故记者理查德·迪姆布雷拜是报道特殊事件最成功的主持人之一。他是一位才华出众的播音员、作家和记者。"在他同时代的播音员中，没有一个像他那样做了那么多的准备工作。有一次，他在伦敦的皇家刺绣学校进行广播报道，皇太后即将光临。迪姆布雷拜先是描述了陈列的展品，介绍了学校的历史。然后本应是皇太后抵达的时间了，但皇太后却迟尽未来。于是迪姆布雷拜就继续说下去，谈到中国、波斯和欧洲的刺绣，介绍不同的针法和技巧，就像他和刺绣打了一辈子交道似的。皇太后抵达的时间比原定时间整整晚了 25 分钟。她解释说，她在王宫里的电视上观看了所有这一切，被迪姆布雷拜所作的介绍深深吸引住了，以至于忘了时间。"[①]迪姆布雷拜在英联邦国家中拥有大量粉丝，大家常常沉醉于他为填补空白时间所作的即兴播讲中。有一天晚上，BBC 要他到屋顶上去报道当天弥漫不散的伦敦大雾。大雾笼罩了一切，他什么也看不见，却滔滔不绝地谈了好几个小时。

理查德·迪姆布雷拜这种即兴播讲的能力是他平时大量学习的结果。采访教皇到圣地旅行时，他带了一只大公文包，里面装满了根据题目整理好的资料卡片，用橡皮筋分门别类地扎好。根据这些卡片，他围绕教皇、教皇所要参观的地方以及那些地方的历史谈了几个小时。强烈的责任感和敬业精神，使他获得广泛赞誉。现在的播音员、主持人可以用电子设备记录资料，但这种对采访对象认真负责的精神值得我们学习。

第四节　共产主义传播制度与播音策略

威尔伯·施拉姆认为，苏联传播理论的来源或者说哲学基础，是马克思主义的

---

① 约翰，沃尔特.记者生涯[M].史文新，译.北京:世界知识出版社,1985:72.

"唯物决定论和阶级斗争"学说。这项理论认为:大众传媒的基本任务是集体的鼓动员、宣传员和组织者。

一、苏联共产主义传播制度

共产主义理论产生于苏联,这一理论认为,媒介的主要目的是为社会主义制度的成功和发展作贡献;媒介受政府经济、政治行为及监督部门控制,归国家所有,只作为国家发展的助手而存在。

共产主义理论包括以下几个原则:(1)传播媒介和传播资源是国家的公有财产,不允许私人占有;(2)传播媒介必须为工人阶级服务,必须接受工人阶级先锋队——共产党在思想和组织上的领导;(3)媒介必须按照马列主义原理、社会主义意识形态和价值体系来传播信息,宣传、动员、组织和教育群众;(4)在服务于社会总体目标的同时,媒介应该满足广大人民群众的愿望与需求;(5)国家有权监督和管理出版物,取缔反社会的传播内容。

在施拉姆的笔下,苏联的大众传播媒介被描述为:大众传播媒介与组织传播媒介不可分割;大众传播媒介是作为国家和党的工具来使用的,是党实现统一的工具、发布"指示"的工具;它们几乎专用于宣传和鼓动;传播者被强制性地要求承担严格的宣传责任;它们由国家经营和控制;传播者的自由和责任也不可分割地连在一起。

自20世纪20年代和30年代苏联的广播和电视先后诞生以来,至1991年苏联解体,苏联一直实行国营广播电视制度,广电媒介归国家所有,由国家有关部门实施管理和经营。列宁指出,广播是"不要纸张的'报纸',是可以供成千上万的人同时'阅读'的'报纸',这些人甚至大多数是没有文化的"。在当时,报纸就是新闻的代名词。由此可见,苏联的广播电视事业从一开始就被视为推行各项政策的重要宣传工具、对劳动人民进行思想教育的强大武器。长期以来,苏联广播电视节目的内容比较单调,宣传性强,新闻报道时效性较差,被称为"大众新闻和宣传体系",具有权力集中、纪律严明、步调一致、活动一律的特征,广播电视不仅仅是新闻传播机构,更是整个党和国家权力的重要组成部分。苏联新闻媒介的基本职能是"集体的宣传员、鼓动员和组织者",它必须忠实地为实施党的路线、方针服务,为提高劳动人民的思想觉悟服务,这是苏联新闻媒介工作者的根本任务。

二、苏联共产主义传播制度下宣传鼓动的播音策略

苏联新闻宣传机构的首要任务不是提供新闻信息,而是进行整治宣传和思想教育。选择新闻的标准主要看它是否有利于党的利益和政治需要,摒弃抢新闻、人情味等西方新闻价值观。因此,苏联新闻播音员的主要任务就是传达党和国家的政治主张和方针政策。

在这种传播制度下,苏联播音员的代表性人物就是获得"功勋演员"称号的尤利·鲍里索维奇·列维坦(1914—1983)。他于 1931 年 11 月进入苏联国家广播电台从事播音工作,直到去世。他在话筒前工作了 50 余年,形成了自己独特的播音风格。他曾说,"在朗诵社论时,我们的任务是把这种纲领性的文章朴实而严正地传达出去,要使每一个字都不被听众所忽略。同时我们应当依据社论的主题唤起听众的不同感情:喜悦、自豪、憎恨、愤慨、劳动的热情","至于朗读国外简讯却是另外一回事儿。在朗读国外报道时,宣传员应当只是读,而不要讲述"。①他的播音生涯与苏联人民的脉搏紧密相连,人民骄傲地称他的播音是"国家的声音"。

图 9-3 尤利·鲍里索维奇·列维坦

列维坦于 1941 年加入联共(布)党,在战争年代负责播送苏联情报局战报、最高统帅部命令和其他重要新闻。其播音音色优美、富有激情和表现力,对于鼓舞人民斗志和宣传国家号令起了重要作用。斯大林的命令、指示、演说以及苏联情报局的重要战报,大多由他播出。人民群众一听到他的声音便备受鼓舞、力量倍增,敌人一听到他的声音便胆战心惊、恨之入骨。著名作家西蒙诺夫曾这样写道:"卫国战争期间,无论在硝烟弥漫的战壕,还是在沦陷区,一到播出战事新闻的时候,人们总能听到列维坦深厚、沉稳的男中音。在失利的时候,他给人们以希望;在胜利的时候,他给人们以欢乐。"就连意大利法西斯首领墨索里尼都很佩服苏联的宣传工作,他说:"苏联虽然只有一张报纸、一个广播电台,但这并不妨碍它打胜仗。"

卫国战争爆发后第三天成立的苏联情报局所发布的战报和最高统帅部命令几乎都是由列维坦播音。他的声音经常使人情不自禁地联想到政府的声音,联想到国家大难临头之时或举国大庆之日克里姆林宫荡起的钟声。作家波列伏依这样描写列维坦的魅力:"时至今日,所有从战争年代走过来的人,无论元帅士兵,无论男人女人,一听到这个男中音在某部纪录片中或某一存为史料的报道中的录音,就会按捺不住自己激动的心情。"由于列维坦的巨大影响,1941 年冬天,当德军兵临莫斯科城下时,希特勒拟定了 13 名"战犯"的名单,其中第一位是斯大林,第二位就是列维坦。

与苏联传播制度至今保持一致的朝鲜民主主义人民共和国在 1988 年出版的教科书《播音员技术》中,提出了这样的要求:"基本的发音、语调要达到业务水平,最重要的技术要求是'不能输了气势'。""语言上的气势是我们广播技术的基本要求。我国广播的作用和使命必然与革命息息相关。"《播音员技术》写道:"不仅仅是要通过广播

---

① 中央人民广播电台.广播工作参考[J].1955(3).

让我们的人民感到紧张,还要对敌人进行激烈的谴责和威慑。"有人称这种播音是"咆哮式播音"。

图 9-4 朝鲜播音员

第五节 中国传播制度的发展与播音策略

中国人民广播的创建和发展以及传播制度的建立经历了四个阶段,即抗日战争—人民解放战争时期、社会主义建设时期、"文化大革命"时期、改革开放新时期。

一、抗日战争—人民解放战争时期

中国人民广播事业诞生于 1940 年 12 月 30 日,至今已经走过了 80 多年的光辉历程。由于广播电台当时是新华社的一个组成部分,所以被称为"新华广播电台"。广播稿件由新华社编辑科提供,播出时间为每天上午、下午各一次,每次一小时左右。播出内容主要有中共中央文件、《新中华报》社论、《解放》周刊重要论文、国内外新闻等。另外,电台还播出抗日进步歌曲等文艺节目。党中央对广播宣传非常重视。1941 年 5 月 25 日,中共中央宣传部在《关于电台广播的指示》中强调:"电台广播是各抗日根据地目前对外宣传最有力的武器。"

1940 年 12 月 30 日延安新华广播电台正式试播,由清凉山新华社口播组提供广播稿,并专门派通讯员骑马送来。试播时,新华社派来女播音员徐瑞璋(麦风)和姚雯,后又调来肖岩。有人回忆当时她们播音的情景时说:"她们连晚饭也没有心思吃了,早早地走进了播音室,点上小油灯,轻轻地放下了挂在窑洞门口的毛毯,然后走到麦克风前,静静地坐在那里。当播音时间一到,小徐打开麦克风开关,做了几分钟的呼叫以后,开始播送毛主席亲自起草的那篇谈话(《中国共产党中央军事委员会发言人对新华社记者的谈话》,即党中央对'皖南事变'发表的重要谈话)。为了使真理的声音传播更广,小徐播完一遍后,小姚又播了一遍。在整个广播过程中,她们几乎拼出了全身的力量,使每一个字都深深地印入听众的心里。你听,她们播出了对国民党亲日派的严重警告:'如若他们怙恶不悛继续胡闹,那时,全国人民将忍无可忍,把他们抛到茅厕里去,那就悔之无及了。'那种充满了对敌人的蔑视和对人民力量的自信的语调,至今还深深地留在我的记忆里。"在烽火连天的抗日战争中,还有许多反战的日本友人参与了抗日宣传。譬如,1941 年 12 月,新华社从日本反战同盟会调来了日语播音员原清志。她每周广播半小时日语节目,主要宣传八路军的抗战消息,号召日军反对日本帝国主义。这是我党首次用外语广播,前后大约半年多。后原清志被调离,由日本反战同盟会的一位叫森健的播音员继续播音。

图 9-5 齐越

由于战争环境的残酷和设备技术的短缺,延安新华广播电台曾一度中断工作,直到 1945 年 9 月 5 日才恢复播音。当时的播音队伍不断扩大,先后调入了李慕琳、孟启予、于毅、钱家楣、杨慧琳、吴作贤、夏沙、于韵琴等,后来又从邯郸新华广播电台调入丁一岚、纪清等播音员。1947 年 8 月电台调来了第一位男播音员齐越(图 9-6),此后参加播音工作的还有柏培思、邱原等。陕北新华广播电台时期,播音工作经常得到党中央的重视和表扬。1947 年 4 月,周恩来在收听了羊马河战役胜利的消息后,高兴地说:"这个播音员讲得很好,应通令嘉奖。"同年 5 月,女播音员钱家楣播出了蟠龙战役胜利和真武洞祝捷大会的消息和评论。她播国民党反动派背信弃义、发动内战时严词痛斥、慷慨激昂,讲到真武洞祝捷大会时热情奔放、鼓舞人心。毛泽东称赞说:"这个女同志好厉害,骂起敌人来义正词严!讲到我们的胜利也很能鼓舞人心,真是憎爱分明。这样的播音员要多培养几个!"①解放区的人民因他们而欢欣鼓舞,敌占区的听众把他们誉为"黑夜里的一盏明灯"。

1948 年 5 月至 9 月陕北新华广播电台时期,负责新华社广播工作的是梅益、徐迈进、温济泽,尤其是温济泽,经常写信给播音组,提示宣传要点,指出播音时的注意事项,对播音工作进行鼓励或批评。这些指导或建议,对于形成我国播音传统极为重要。譬如,要求大家做到语言规范、播读正确、立场鲜明,并对工作性质、工作方式、工作态度等提出了明确的要求。这个时期的播音工作,有些方面成了播音研究的重要命题,但大多数还只是处在纠正错误、工作安排的层面,人们并没有把它们作为专业问题,上升到系统理论来加以研究。

1948 年下半年,陕北新华广播电台制定了《播音手续》《编播发稿工作细则》《口

---

① 红旗飘飘编辑部.解放战争回忆录[M].北京:中国青年出版社,1961:99.

播清样送审办法》等。其中,《播音手续》规定了播音员每天工作的程序,要求播音员"播音时必须严格依照稿件,不得错漏或更改一字""如发现错播,应立即重播""若系重大错误,应请示编辑部负责人,正式发表更正"。这些制度的制定和实施,使陕北台和其他解放区广播电台的编播工作更加具体化、责任化、规范化,培养了一批政治立场坚定、业务训练有素、工作认真负责、作风一丝不苟的广播工作者。[①]

我们在当年播音员的个人工作总结中可以了解到陕北台播音工作的一些基本情况。播音员孟启予在1948年9月的《十天播音工作个人总结》中,详细地记录了播错、播漏的每个字,断得不得当的句子以及改进的办法等,并对播得好的稿件进行表扬。齐越在《十天播音工作个人总结》中,总结了播音的缺点和错误,分析了出现错误的原因,提出了改进办法,涉及字音错误、语句错漏、语气把握等方面,认识到了责任承担、认真备稿、心态调控的重要性。这些个人总结是最早涉及播音本体的研究,虽然以个人经验总结的形式出现,但鉴于其一方面具有普遍性,另一方面以传授的方式对年轻播音员所产生的影响,仍然具有理论研究的意涵。[②]

二、社会主义建设时期

1949年3月,陕北台迁入北平,改名为北平新华广播电台。电台制定的《北平新华广播电台训练播音方法》详细指出了选择播音员的标准以及播音应注意的事项,如怎样准备稿件,如何掌握抑、扬、顿、挫、快、慢、轻、重,如何表达语气情感,规定了播音手续、播音员应遵守的制度等,系统地记录了播音应注意的一系列问题。

中华人民共和国成立以后,根据中央人民政府新闻总署关于"发布新闻、传达政令,社会教育,文化娱乐"三项任务和广播"要学会自己走路"的要求,中央和各地广播电台根据广播特点,达成了不能完全依靠报纸、通讯社,应发扬艰苦奋斗、锐意创业的精神,自力更生办广播的共识。

时任中央广播事业局总编室主任的左荧,在1951年3月1日编印的《广播通报》第2卷第1期上,发表了《从"编播合一"谈到播音应该专业化》一文,对当时试行"编播合一"的背景、目的、得失进行了阐述,认为"作为培养播音员的办法提出来的'编播合一',显然不但没有提高播音水平,相反倒降低了"。之所以如此,是因为"否定了播音工作独立发展的前途"。左荧指出"播音工作应该专业化",并对播音提出了较高的要求,说"好的播音应是亲切而有诱惑力的,使人们一打开机子就不能不听我们的播音,听就不能不听完,听完则久久不能忘怀"[③]。

1952年12月1日至11日,中央广播事业局在北京召开新中国成立后第一次全国

---

① 赵玉明.中国解放区广播史[M].北京:中国广播电视出版社,1992:93-94.
② 齐越.献给祖国的声音[M].北京:中国广播电视出版社,1989:182.
③ 左荧.从"编播合一"谈到播音应该专业化[J].广播通报,1951(1).

广播工作会议。会议提出了"重点建设,稳步前进"的发展广播事业的方针。在这次会议期间,中央人民广播电台主持召开了播音工作座谈会,讨论了播音工作的性质、任务、作用、重要性以及对播音员的要求和应学习的内容,指出播音工作常常影响宣传工作的全部效果,提出"播音员不是传声筒",是"有丰富政治情感和艺术修养的宣传鼓动家",播音员"应是人民的喉舌,要使自己的声音真正表现出伟大的中华民族的气魄,要使自己广播的一言一句都深深打动人心"。

1954年7月,齐越作为中国广播代表团成员去苏联学习,回国后在中央台传达了苏联播音工作经验,并翻译了苏联播音员撰写的一些文章。当时,中央台播音组在学习借鉴苏联播音经验的同时,开始总结自己的播音经验。经过全体播音员讨论,共写出五篇文章:《播音员和播音工作》,徐恒执笔;《克服报告新闻的八股腔》,夏青执笔;《播社论的体会》,李兵执笔;《把现实中的情景鲜明地再现在听众面前》,张洛执笔;《播音员和实况广播》,齐越执笔。这五篇文章是总结我国播音工作经验的最早的文章,梳理了几种主要新闻体裁的播音以及播音工作管理和培训播音员的办法。

1954年11月8日至20日,第二次全国广播工作会议在京召开。中央广播事业局局长梅益在会上作了题为《学习苏联广播工作经验,改进我们的广播工作》的报告。第二次全国广播工作会议后,全国掀起了学习苏联广播工作经验的热潮。

1955年3月在北京召开的"全国播音业务学习会",是新中国成立后召开的第一次全国性的播音会,中央广播事业局局长梅益、副局长温济泽、地播处处长左荧到会讲话,齐越介绍了苏联播音经验,被邀请的一些专家、学者、著名演员作了专题报告。其中,梅益的讲话涉及播音创作的方向、播音工作的态度以及创作手段、情感、技巧和修养等方面的问题。左荧也作了重要发言。专题报告内容丰富,包括台词、朗诵、语音学知识、发声机理与方法、嗓音锻炼与保护、戏剧表演体系及演员修养等。

这次大会明确了对播音的性质、地位、作用的认识,对苏联播音经验和相关学科知识进行了学习、讨论,丰富了播音表达方法,基本上形成了播音创作的基本架构,为构筑中国播音学打下了坚实的基础。

1955年3月左荧在业务学习会上作了发言,并以《播音是一种语言艺术活动》为题发表于《广播业务》试刊号。文章首先论述了播音在广播工作中的重要性,指出播音是广播工作程序中的最后一个环节。播音员是语言广播的集中体现者,肩负着重大的责任,应成为党的出色宣传员,走在全国语言规范化的前列。文章对轻视播音工作和片面强调播音工作重要性的两种错误认识进行了辨析,指出播音工作是一种语言表现艺术,并分析了播音艺术的特点。文章还认为,"播音工作是一种创造性的艺术活动",要达到吸引听众的目的,必须研究"播给谁听——播音对象""播些什么——播音内容""为什么播讲——播音目的""怎样播讲——播音技术"等问题。其中,"播音技术"就是"播音艺术"。这一看法的提出正是左荧重视播音专业化和艺术性的体现,对此后播音理论的研究具有重要意义。在论述"怎样播讲"问题时，左荧明确提出，"播音是一种艺术创作，任何艺术创作都有其独特的个性。因此，我们反对两种倾向：一种是单纯自我表现，一种是机械模仿"①。这些论述在今天仍然具有现实意义。

张颂教授认为，"这篇文献是左荧同志对播音理论的重要贡献，尤其是他对于播音的第四个要素的阐释，凸显了他的真知灼见，具有深远的理论价值和实践意义""并成为中国播音学进入草创时期的前奏，为《中国播音学》专著的诞生，奠定了重要的学术基础"。

1956 年，齐越和崔玉陵节译了苏联功勋演员符·阿克肖诺夫撰写的《朗诵艺术》，连载于《广播爱好者》，包括呼吸方式、发声吐字、重音、停顿、语调、节奏、手势和创作想象、内心视像、内在语以及创作交流等内容。虽然较为简单，但是其语言表达艺术的理论框架比较全面，为我国播音基础理论研究打下了基础。

在这个阶段，我国播音主要是学习苏联的播音经验，研究"大文章"的播法，播音理论初见端倪。这一时期，理论成果以黄皮书《苏联播音经验汇编》、白皮书《播音业务》、蓝皮书《全国播音经验汇辑》为代表。这三本书分别总结了国外(苏联)、中央台和地方台(主要是省台)的播音经验，是对当时播音经验的一次总结和推广，也为播音理论的建立提供了基本的思路，具有重要的理论与实践意义。齐越在《向苏联播音员学习》一文中从两个方面介绍了苏联播音工作的经验。他说："苏联播音员把播音看作传播共产主义思想和进行共产主义教育的具有创造性的工作。""我们要掌握这种最难的语言的艺术，我们要'稿件不离手，朗诵不离口'，抓紧一切时间学习和锻炼。"②但其中，"虽然有不少真知灼见，但明显地带有零散的经验色彩和斯坦尼斯拉夫斯基表演体系的印记"③。这篇经验介绍最早提出了"播音员要掌握日常生活中进行谈话的三个要素，并把它运用到播音中"。这三个要素就是：说什么、为什么而说、说给谁听。

在这个时期，不仅仅是播音，其他广播方面的工作也在盲目地照搬苏联的经验。虽然其中有一些值得我们借鉴，但也存在着许多充满"冷战"思维、极左倾向的观点，直到 1956 年第四次全国广播工作会议时才得到部分纠正。

1958 年 4 月 7 日，中央广播事业局召开第五次全国广播工作会议。会议的主要内容是讨论广播工作"大跃进"的方针、目的以及在办节目和事业建设中怎样贯彻多、快、好、省的方针等问题。会议认为，"广播是阶级斗争的工具"，提出了广播有三个任务：宣传政治、普及知识、文化娱乐。

1958 年春，中国第一套黑白电视广播设备试制成功。同年 5 月 1 日，中国第一座电视台——北京电视台(今中央电视台)开始试播，9 月 2 日正式播出。沈力成为中国

---

① 左荧.播音是一种语言艺术活动[J].广播业务,1955(2).
② 齐越.向苏联播音员学习[J].广播业务,1955(2).
③ 张颂.播音语言通论[M].北京：北京广播学院出版社,2002:33.

第一位电视播音员,被称作"中国荧屏第一人"。

1962年,齐越在上海播音组的讲话成为播音理论的奠基之作。以此为标志,学界开始了对中国播音学的探索。1963年9月,北京广播学院正式开办中文播音专业。教学需要进行教材建设,在借鉴姊妹艺术经验的基础上,开设了"发声教学""基本表达"(时称"语言逻辑")等课程,印发了有关教材和资料。虽然比较简单,但是播音理论的主体已经比较明确了,一些基础理论如播音的性质和任务、播音创作的目的、用气发声以及感情、停顿、重音、节奏等内外部技巧都得到了阐述,播音理论体系开始有一定的格局和基本构架,播音研究由此走向体系化。

20世纪60年代是老一辈播音员的黄金时代,在经历了延安时期的艰苦创业和新中国成立初期的业务积累后,他们在技巧、心态等方面日益成熟,播出了很多经典的作品,出现了以齐越、夏青、林田、费寄平为代表的"四大高峰"。他们在严谨生动、亲切朴实的整体播音样式中展示了个人的风格特色:齐越气势磅礴、豪放洒脱;夏青端庄严谨、铿锵隽永;林田清新晓畅、娓娓动听;费寄平宽厚和蔼、亲切爽快。

在社会主义建设时期,人们对齐越、夏青、林田、费寄平、潘捷、葛兰、林如以及后来的方明、铁城、陈刚、雅坤、虹云、丁然、常亮、赵培、徐曼、钟瑞等都不会陌生。他们在群众中的知名度与特定的历史阶段和时代风云密不可分。齐越播送的"开国大典转播"、长篇通讯《县委书记的好榜样——焦裕禄》《铁人王进喜》,夏青播送的"新中国第一部宪法",林田、潘捷、齐越、夏青等播送的"九评"都在当时发挥了振奋人心的巨大作用。各地方台也有一批颇负盛名的播音艺术家,譬如上海电台的陈醇、天津电台的关山等。这个播音艺术家群体形成了播音事业的辉煌时期,并从他们的播音实践中总结出人民广播的"十六个字播音风格":爱憎分明、刚柔相济、严谨生动、亲切朴实。

三、"文化大革命"时期

"文化大革命"时期,在极"左"思潮的干扰下,我国广播电视事业的发展受到严重挫折。"文革"开始以后,广播电视节目中的政治内容急剧增加,知识内容大幅减少。

广播新闻节目几乎都是照搬"两报一刊"(《人民日报》《解放军报》和《红旗》杂志)上的报道和文章,多数情况下是全文照播,偶有删节,也是小心翼翼,唯恐犯"政治性错误"。广播电台实际上被剥夺了编辑权。

这一时期,广播中充斥着"造反派的语言"。中央人民广播电台每次节目开始的称呼语由过去的"各位听众"改为"无产阶级革命派的战友们!革命的同志们!"接着是"伟大领袖毛主席教导我们……"播出一段毛主席语录。

十年动乱期间,播音理论和业务建设遭到严重破坏。新中国成立初期建立起来的播音理论和积累的播音经验被否定,理论学习、业务培训、语言训练被迫中断。更为严重的是,播音界的优良传统被抛弃,中央人民广播电台长期以来形成的庄重朴实的播音风格被破坏,语言变得高调、绝对化、盛气凌人,广播节目充斥着大喊大叫,形成了调门很高的空洞的"播音八股"。很多播音员在"文革"中因为形势所迫,不得不在节目中充当假话、空话、套话的传声筒,也不得不采用"高、平、空""冷、僵、远"的播音样式来迎合"阶级斗争"的需要。播音员良好的声音驾驭能力和扎实的专业基本功没有用来创造人民群众喜闻乐见的节目,却用来传播虚假、浮夸的内容,很多播音员的内心极其痛苦。

四、改革开放新时期

第十次全国广播工作会议是在时隔14年,改革开放后的1980年10月7日召开的。会议的主要任务是,总结新中国成立31年来广播电视宣传工作正反两个方面的经验,明确新时期的基本任务和奋斗目标,加强对广播电视工作的领导,发挥广播电视的长处,充分利用广播电视这一现代化的宣传工具,为提高全民族的科学文化水平、实现四个现代化作出更大贡献。

会议认为,31年来广播宣传工作取得的成就是巨大的,走过的道路是曲折的,总结起来主要有以下四点经验:

(1)正确认识广播电视的性质,正确宣传党的方针政策,密切联系群众,发挥广播电视的巨大宣传作用;

(2)坚持正确的思想路线是搞好广播电视宣传的关键;

(3)充分掌握广播电视的特点,扬长避短,提高节目的质量,满足人民群众的需要;

(4)中央广播与地方广播,无线广播与有线广播,应有分有合,互为补充,构成宣传整体,以充分发挥广播电视这个现代化宣传工具的作用。

从此次会议到1983年3月第十一次全国广播工作会议召开的两年多时间里,广播电视"自己走路",主要表现在以下几个方面:

(1)电台、电视台自己的以"短""快"为特点的新闻明显增多;

(2)广播评论重新上马,电视评论初现荧屏;

(3)出现了主持人节目;

(4)发展远程教育,开办了中央广播电视大学;

(5)电视剧得到复苏和发展。

"亲爱的同胞,新年好!从今天开始,我给诸位主持《空中之友》节目。我姓徐,名曼。我喜欢到处有自己的朋友……我将向诸位奉献上我真诚而热烈的友谊,奉献我这颗真挚的朋友之心……我愿通过空中的电波,为海峡对岸的同胞服务……"

1981年元旦钟声刚刚敲响,台湾岛上千万台收音机里,突然传出这甜美柔和的声音。这声音真挚感人,仿佛是在同海峡彼岸的同胞坐在一起促膝谈心。这是祖国大陆的声音第一次如此亲切、甜美地传入台湾同胞的耳中!从此,徐曼成为无数台湾听众的挚友,她主持的《空中之友》节目也成为台胞中最受欢迎的节目。如今,40多年过去了,提起那段往事,已过花甲之年的徐曼眉宇间仍然洋溢着幸福和自豪。

改革开放以来,"主持人节目"形式被引入国内。这类节目中也涌现出许多具有重要影响的媒介人物,如赵忠祥、宋世雄、敬一丹、白岩松、水均益、崔永元等。方明、亚坤的《在大海中永生》,徐曼的《空中之友》,赵忠祥的《人与自然》,宋世雄的《球赛解说》,白岩松的《东方时空》,崔永元的《实话实说》,敬一丹、水均益的《焦点访谈》等,都给全国观众留下了深刻的印象。

1993年中国广播电视协会主办并设立了中国播音主持"金话筒奖",2006年升级为国家政府奖。它是中国广播电视节目主持人的最高荣誉。这项评选在面向全国广泛征集参评者和作品之后,经初评、复评等严格程序,由广电业界有关领导、专家及受众代表组成的终评委员会评定。遵照评奖章程和评奖细则,经过严格评审,公正投票,最终有40个作品和人物入选"金话筒奖"。其中包括播音作品10件(广播5件、电视5件);主持作品10件(广播5件、电视5件);广播播音员、主持人10名;电视播音员、主持人10名。"金话筒奖"在全国起到了示范作用,并产生了积极的影响。

这一时期也是播音业务理论不断发展完善的时期。

1981年8月,全国第二次播音经验交流会在北京召开,着重讨论了新闻播音的特点和新闻播音中存在的问题。会议提出了播音工作必须根据改革需要,勇于创新,探索新的播音方法。大会提出了"大胆创新、百花齐放"的口号。会后,全国各地播音员贯彻会议精神,认真学习和实践,在播音业务和理论建设方面都取得了可喜的成绩。这次会议汇集各地播音工作经验,形成了《话筒前的工作》一书,并正式出版。

1994年10月,由张颂教授主编的《中国播音学》一书正式出版。这是中国播音学理论体系形成并开始走向成熟的重要标志,也宣告了一个学科的诞生。这部教材汇集了我国播音学研究领域的专家、学者的研究成果,规模宏大,共40章66万字,不仅明确了播音的学科定位,而且在理论、方法、指导思想和实践性等方面都有所涉及,初步建立了中国播音学理论的完整体系。

一些研究者对20世纪80年代中期就开始的节目主持人和主持人节目中的语言表达艺术进行梳理和总结,初步形成了理论框架。1999年,吴郁出版《主持人的语言艺术》,对节目主持艺术进行了系统、深入的研究,对节目主持人的语境、语用规则、语言功力、语言风格和主持人节目的语体特征等问题作了比较全面的阐述,对不同类型主持人节目的语言表达艺术进行了分类研究。

由于特殊的历史条件和国情,我国的播音主持事业既受到国际上四种传播制度的影响,也服从于国内改革发展的需要,正在探索一条具有中国特色的社会主义传播制度下的播音主持艺术发展道路。

随着改革开放的深入发展,中国的播音主持艺术将得到更加广阔的发展空间,也必将涌现出更多优秀的播音员、主持人。

后 记

《当代播音主持艺术概论》自2015初版以后,受到了读者的欢迎和肯定。但在这五年间,传统媒体正面临着急遽的改革,在"新媒体时代"播音主持也遇到了许多新的问题,亟待关注与研究。新版的《当代播音主持艺术概论》在修订时增加了一些适应当前需要的专业内容,并增加了融合发展中新媒体的主持艺术。

在近50年的职业生涯中,我有30年都工作在播音主持岗位上。这30年恰好是广播电视改革发展的30年。从录播到直播,从播读稿件到主持节目,从分时段节目到大板块节目,从对内播音到对境外广播……无论是在业务实践中,还是在队伍管理上,我都获得了许多感悟和体会。我在不惑之年进入高等院校从事教学与研究,总结实践中积累的经验,并结合教学科研中的心得,在本书中奉献愚思与浅见,就教于大家。在高校的教学研究中,我的研究领域涉及三个学科方向:新闻学、传播学和广播电视艺术学。所以,我很自然会运用这三个学科的视角来审视"播音主持艺术"。

作为概论,本书只是提供一个学科架构,在这个学科架构下,应该派生出一系列操作方法。譬如,新闻节目的播音主持、综艺节目的主持、体育节目的解说、服务性节目的主持、对象性节目的主持等。我撰写本书的初衷就是抛砖引玉,希望能有更多、更好的专著与教材问世,为完善播音主持学科建设尽心竭力。

在多年的广播电视专业实践和教学研究中,我有一个深刻的体会:无论选修新闻专业、编导专业,还是播音与主持艺术专业,如果只是满足于书面语言的学习,而忽视口头语言的锤炼,将会留下很大的遗憾。因为,我们常说要发挥现代广播电视的独特优势,而最能表现这种优势的就是新闻的现场报道。这就有赖于主持人、记者那种出口成章的能力,要求他能够迅速深入新闻现场,面向受众,准确及时地发回新闻报道。不能认为播音员需要字正腔圆,口播记者就可以南腔北调。反之。播音员、主持人只会播读稿件,也难以适应现代广播电视发展的要求。国内外的传播实践表明,现在无论是记者还是主持人,都已经越来越多地参与到采编领域中,成为"采、编、播"全能型人才。那种只会"播音"的主持人已经越来越少,而越来越多的记者走上了主持人的岗位。

笔者在本书撰写的过程中得到了播音老前辈的关心、督促,特别是播音学泰斗张颂教授生前拨冗作序,指出了不少问题,也给予了较高评价,这既令我汗颜,也让我受到激励和鼓舞。中央人民广播电台方明、铁城,上海人民广播电台陈醇,天津人民广播电台关山等都对本书提出了不少中肯的意见,使我受益匪浅。刘习良、韩泽、邹荫辛等领导和专家也对其中的观点提出了不少建议和意见。对此,向他们致以深深的敬意!同时向已故去的刘习良部长、张颂教授、吴郁教授、邹应辛先生表示深切的悼念!

本书得到中国传媒大学出版社的大力支持和播音主持编辑部主任赵欣及编辑张笛的精心编校,为拙著增光添彩,对她们一并表示衷心的感谢!

毕一鸣

2021 年 10 月